司法部法治建设与法学理论研究部级科研项目成果

2016年度国家法治与法学理论研究项目《美国警察拍身搜查规则研究
——以特里盘查为视角》（一般项目：16SFB2014）

山东省研究生教育质量提升计划"研究生教育优质课程（行政法学）"项目
（项目编号：07139、鲁学位[2017]1号、鲁财教指[2017]0029号）

杨曙光 著

特里盘查

美国警察
拍身搜查规则研究

TERRY STOP

RESEARCH ON THE RULES OF
AMERICAN POLICE PAT-DOWN SEARCH

社会科学文献出版社
SOCIAL SCIENCES ACADEMIC PRESS (CHINA)

目　录

引　言 …………………………………………………………… 001

第一章　警察盘查行为的基本理论 ……………………………… 005
　第一节　盘查的含义 ………………………………………… 007
　第二节　盘查的特征 ………………………………………… 030
　第三节　盘查行为的性质 …………………………………… 038
　第四节　盘查权的功能与作用 ……………………………… 046

第二章　盘查问题的提出——特里规则及"前世" …………… 051
　第一节　美国警察盘查的经典案例——特里案（1968）…… 053
　第二节　非法证据排除的经典案例——马普案（1961）…… 071

第三章　盘查内容的扩展——由武器到毒品及其他违法行为 … 099
　第一节　针对武器盘查的米姆斯案（1977）……………… 101
　第二节　关于盘查毒品的地方案例——贝尔案（2014）…… 111

第四章　交通盘查——盘查对象的扩展 ……………………………… 135

　第一节　盘查可疑乘客合法的威尔逊案（1997） ……………… 138

　第二节　交通盘查中误判法律的海恩案（2014） ……………… 148

第五章　特殊的盘查 ………………………………………………… 171

　第一节　依据明确的匿名举报盘查毒品的怀特案（1990） ……… 173

　第二节　与入室搜查相关的附带性盘查的米勒尔案（2005） ……… 182

第六章　警察盘查行为的程序 ……………………………………… 195

　第一节　警察盘查行为的启动标准 ……………………………… 197

　第二节　警察盘查行为的时间限度 ……………………………… 214

　第三节　警察盘查行为的范围 …………………………………… 220

　第四节　警察盘查行为的程度 …………………………………… 230

第七章　警察盘查的原则与人权保障 ……………………………… 241

　第一节　警察盘查的原则 ………………………………………… 244

　第二节　警察盘查与人权保障的冲突与协调 …………………… 253

结　语 ………………………………………………………………… 271

参考文献 ……………………………………………………………… 275

后　记 ………………………………………………………………… 281

引

言

　　警察盘查行为是警察在执法中履行职责的重要方面。警察为预防、侦查违法犯罪行为，维护社会公共秩序，对有合理理由产生合理怀疑的行为人进行拦截和必要的搜查。警察实施盘查行为在预防、制止违法犯罪行为中发挥积极作用，同时也在刑事侦查、收集犯罪证据等方面有着不可磨灭的贡献，其应用广泛、效果明显，在各国司法实践中备受青睐。但是，由于警察的盘查行为直接干预公民的自由与权利，可能造成公民生命、身体或财产上的特别牺牲，如果不能对其严格管控以致其被滥用，将对公民基本权利造成不容忽视的侵害。近几年，我国警察在执法中因实施盘查权没有受到合理限制而给公民的基本权利造成损害的情形屡见不鲜，诸如"著名律师李方平盘查侵权案""深圳两女孩过马路被盘查案""上海杨佳袭警案"等等，这些不当的盘查行为不仅给公民的合法权利造成了损害，也对国家和社会产生了一定的不良影响。反观美国，特里案确立了"合理怀疑"原则，并在此后的司法实践中在盘查的手段、启动方式、程序以及救济措施等方面做出了系列的司法判例加以规范。

　　警察盘查的手段主要包括拦阻、盘问、核查身份、拍身、留置等。英美法系国家将警察的盘查权称为警察拦停拍搜权、拍身搜查规则、特里盘查等（powers to stop and frisk，Terry stop，Terry stop – frisk rule）①，警察有

---

① Bryan A. Garner, *Black's Law Dictionary* (Tenth Edition), Thomson Reuters, 2014, pp. 783, 1645, 1702. Frisk, n. (18C) a pat-down search to discover a concealed weapon. —Also termed pat-down. See STOP-AND-FRISK. Cf. SEARCH (1) . —frisk, vb. Stop, n. (16C)（转下页注）

合理理由怀疑嫌疑人或车辆携带的物品是赃物、违禁物时，有权对其实施拦停、搜索。本书以美国相关判例为视角，旨在通过对美国警察盘查行为的分析与研究，从盘查的基本理论、程序规范、实施原则与救济措施等方面，深入探究美国警察实施盘查行为的基本内容以及法院通过一系列的盘查判例所确立的盘查规则。

当然，为全面并深入了解警察在执法中的盘查行为，在重点研究美国相关判例的过程中，本书亦将在必要时对其他国家的警察盘查制度予以简单说明。之所以将美国相关判例作为研究视角，一方面是因为美国是最早确立警察盘查规则的国家之一，历史较为悠久，从立法到执法方面均相对完善，并且相关判例规则对实践中警察实施盘查行为有重要的指导意义；另一方面，众所周知，美国是世界上最重视人权的国家之一，而警察实施盘查行为的本质也离不开人权理念，美国的人权理念是警察实施盘查行为的重要理论基础。另外，警察盘查行为既是警察在行政管理中不可缺少的一种手段，又不可随意实施而应受到相应限制。因此，如何权衡警察实施盘查行为在维持社会秩序、保障公共利益中的作用与对个别公民个体权利的临时侵犯以真正实现盘查的应有之义，是各国在追求人权与法治建设中必须解决的问题。通过对这一选题的深入研究，亦可以为我国警察盘查行为的立法完善提供科学论证。

（接上页注①）Under the Fourth Amendment, a temporary restraint that prevents a person from walking away.

Stop-and-frisk, n. (1963) Criminal law. A police officer's brief detention, questioning, and search of a person for a concealed weapon when the officer reasonably suspects that the person has committed or is about to commit a crime. The stop and frisk, which can be conducted without a warrant or probable cause, was held constitutional by the Supreme Court in Terry v. Ohio, 392 U. S. 1, 88 S. Ct. 1868 (1968) . —Also termed investigatory stop; investigatory detention; Terry stop; Terry search; field stop; investigatory defense. See reasonable suspicion under suspicion.

Terry stop. See STOP-AND-FRISK.

第一章

警察盘查行为的基本理论

　　警察的盘查行为是警察行使警察权的重要内容，合法地实施盘查行为对警察维护社会秩序产生积极影响，然而如何引导警察合法地实施盘查行为是研究盘查行为的根本。在研究这个根本问题之前，首先要解决一个基本问题，即警察盘查行为的基本理论。警察盘查行为的基本理论涉及盘查的概念、特点、性质、作用等基本内容，是系统、全面、深入了解警察盘查的基石。只有对警察盘查行为的基本理论形成一定认知，了解其基本特征、性质等法理依据，才能真正了解警察盘查行为存在的理由与价值，这样才能更好地发挥作用。本部分作为全书的理论基础，在对警察盘查行为的一般理论进行总结的同时，也会涉及其他国家对盘查的解读，从而从不同层面对盘查理论进行立体的探究，突出盘查理论在整个盘查研究体系中的重要性。

第一节　盘查的含义

　　警察盘查，简单来讲是指警察发现不寻常的事实，怀疑"有违法犯罪嫌疑"时，可以合理拦阻当事人，先行盘问，以消除疑点的一种权力。①警察盘查行为的目的在于维护社会治安稳定，预防打击违法犯罪行为；手段主要包括拦阻、盘问、核查身份、拍身、留置等。英美法系国家将

---

　　① 余凌云：《警察盘查之理由研究——以美英法及我国实践为例》，中国法学会行政法学研究会 2010 年会论文集，第 1326 页。

警察的盘查权称为警察拦停拍搜权、拍身搜查规则、特里盘查等（pow-ers to stop and frisk，Terry stop，Terry stop – frisk rule），警察有合理理由怀疑嫌疑人或车辆携带的物品是赃物、违禁物时，有权对其实施拦停、搜索。

一 不同国家与地区对盘查的界定

在德国，盘查被称为盘诘，根据德国 1977 年的《联邦及各邦统一警察法模范草案》第 9 条及《联邦边境保护法》第 17 条规定，警察通常有权为查明身份而作查询；如果无法当场查明身份的或所提供资料不实者，还有权把其带往警所。这是德国法中通常意义上的盘查，主要以身份的查明为核心。另外，胡建淼老师在《试论德国行政上的即时强制制度及理论》一文中除提到德国除针对单个人的盘诘外，还有同时针对多数人作出的集体盘诘（razzia）。"集体盘诘意指为查明逗留于被警察禁止出入地区的多数人的身份，而采取的有计划的盘问。"[①]

法国的盘查制度主要规定在刑事诉讼法中，其内容包括以下几点。（1）警察实施盘查行为的对象。一是警察有理由怀疑当事人已经实施犯罪；二是警察有理由怀疑当事人即将犯罪，即当事人处于预备犯重罪或轻罪的过程中；三是当事人是知情人员，即当事人能够在重罪或轻罪的侦查方面为警察提供有用的资讯；四是当事人是司法官所命令侦察的对象；五是在国境周围，警察有理由怀疑当事人没有法定的证明材料；六是警察有理由怀疑当事人对治安尤其是人命或财产安全有危害。（2）警察盘查权实施的时间限制。一类是警察查证身份的时间限制，一类是警察留置权行使的时间限制。（3）警察盘查权实施的保障措施。包括对符合法定情形的人

---

① 参见胡建淼教授《试论德国行政上的即时强制制度及理论》，《浙江社会科学》2001 年第 1 期，第 63 页，该处来源于 Hoffmann，a. a. O.，S. 755。

留置于现场或为查证身份而将该人带回警察分局、为查证身份而按指纹或照相等措施。①

在日本，盘查是指警察因异常举动及周围情事而合理判断，认为有相当理由足以认定某人有犯某罪之嫌，或认定某人对已发生的犯罪或即将发生之犯罪知情时，或为预防检举犯罪，针对行驶中的可疑汽车，或为了维护社会治安，针对演艺场、旅馆、饮食店、车站及其他公众自由出入的场所，将人或车辆拦停、盘问，对依刑事诉讼法相关法律所逮捕的人，可检查其身体是否携带凶器。② 日本的《警察官职务执行法》规定：警察官因异常举动及其他周围情事而合理判断，认为有相当理由足以认定某人有犯某罪或将犯某罪之嫌，可以当场令其停止活动进行查问（即盘查）。为前项盘问时，如果认为在现场进行对其不利，或将妨害交通时，得要求其同行至附近警察署、派出所或驻在所，以便继续盘问。对前二项所规定之人，非依刑事诉讼法等相关法律之规定，不得拘束其身体自由，或违反其意思强求至警察署、派出所或驻在所，或强其答辩。③ 也就是说，日本警察的盘查行为也是主要为维护社会公共秩序，针对公共场所中可疑的人或车辆进行盘问。

在我国台湾地区，警察盘查行为属于警察依法履行职权的重要内容，根据"警察职权行使法"及相关规定，④ 警察可依法查验人民身份证明，

---

① 高文英：《我国警察盘查权运行及其理论研究现状》，《中国人民公安大学学报》（社会科学版）2006 年第 4 期，总第 122 期，第 19 页。

② 高文英：《我国警察盘查权运行及其理论研究现状》，《中国人民公安大学学报》（社会科学版）2006 年第 4 期，总第 122 期，第 15 页。

③ 万毅、陈大鹏：《警察盘查制度若干法律问题研究》，《南京师大学报》（社会科学版）2009 年第 5 期，第 33～44 页。

④ 台湾地区"警察职权行使法"有关于盘查的规定。如第 2 条有关警察职权的规定："系指警察为达成其法定任务，于执行职务时，依法采取查证身份、鉴识身份、收集资料、通知、管束、驱离、直接强制、物之扣留、保管、变卖、拍卖、销毁、使用、处置、限制使用、进入住宅、建筑物、公共场所、公众得出入场所或其他必要之公权力之具体措施。"第 6 条关于查验身份证明的规定："警察于公共场所或合法进入之场所，得对于（转下页注）

必要时可拦截、查验，并在"人民之生命、身体、财产有迫切之危害，非进入不能救护时，得进入住宅、建筑物或其他处所"。

英美法系国家更多地将警察的盘查行为称为拦截、搜查的行为。它们最看重的是警察的合理理由，即当警察怀疑当事人可能有犯罪行为或可能携带武器威胁警察安全时是否有合理的理由可对该当事人予以搜查。根据英国1984年《警察与刑事证据法》的规定，警察若有合理理由就可以拦截和搜查任何行人和车辆。不过，这一拦截和搜查的权力仅适用于公共场所或"准公共场所"，不得适用于民居或私人建筑物。①而且为防止警察滥用权力，该法特意对某些方面作了限制性规定，例如拦停、搜索之前必须出示自己的身份证明，确定可疑的对象必须有相应的"合理怀疑"的理由，盘查行为的时间和地点都应适当等。

关于美国的盘查，不得不先提一下美国的宪法第四修正案"人民的人身、住宅、文件和财产不受无理搜查和扣押的权利，不得侵犯。除依照合理根据，以宣誓或代誓宣言保证，并具体说明搜查地点和扣押的人或物，

（接上页注④）下列各款之人查证其身份：一、合理怀疑其有犯罪之嫌疑或有犯罪之虞者。二、有事实足认其对已发生之犯罪或即将发生之犯罪知情者。三、有事实足认为防止其本人或他人生命、身体之具体危害，有查证其身份之必要者。四、滞留于有事实足认有阴谋、预备、着手实施重大犯罪或有人犯藏匿之处所者。五、滞留于应有停（居）留许可之处所，而无停（居）留许可者。六、行经指定公共场所、路段及管制站者。前项第六款之指定，以防止犯罪，或处理重大公共安全或社会秩序事件而有必要者为限。其指定应由警察机关主管长官为之。警察进入公众得出入之场所，应于营业时间为之，并不得任意妨碍其营业。"以及第8条关于警察在紧急情况下的拦停的规定："警察对于已发生危害或依客观合理判断易生危害之交通工具，得予以拦停并采行下列措施：一、要求驾驶人或乘客出示相关证件或查证其身份。二、检查引擎、车身号码或其他足资识别之特征。三、要求驾驶人接受酒精浓度测试之检定。警察因前项交通工具之驾驶人或乘客有异常举动而合理怀疑其将有危害行为时，得强制其离车；有事实足认其有犯罪之虞者，并得检查交通工具。"

① 吴俐、邢其伟：《盘查制度若干问题初探》，《东南司法评论》2009年第00期，第314页。

不得发出搜查和扣押状"。① 宪法第四修正案旨在禁止无理搜查和扣押，并要求搜查和扣押状的发出有相当理由的支持，也就是说美国警察的盘查行为涉及搜查和扣押，但是搜查与扣押的核心是一定要有合理的根据。但是，这一规则在特里案 [*Terry v. Ohio*, 392 U. S. 1 (1968)]② 之后发生改变，法院摒弃了"相当理由"标准，转而形成了"合理怀疑"标准；甚至执法中的"令状"也可以成为非必要的前提条件，直接进行"拦阻与拍触"。③ 特里案中警察的盘查行为主要是指警察有合理理由（probable cause）怀疑某人犯了罪、正在犯罪或即将犯罪，并且合理地怀疑这个人可能携带武器且有现实的危险，警方出于保护自身及他人安全考虑，可以为排除武器危

---

① 美国宪法第四修正案，原文为：The right of the people to be secure in their persons, houses, papers, and effects, against unreasonable searches and seizures, shall not be violated, and no Warrants shall issue, but upon probable cause, supported by Oath or affirmation, and particularly describing the place to be searched, and the persons or things to be seized（来源于全球法律法规网，http://policy. mofcom. gov. cn/）。朱曾文先生译为："人民之人身、住房、文件与财物不受无理搜查和扣押之权利不得侵犯；除非有正当理由，经宣誓或代誓宣言确保，并特别列应予搜查之地点与应予扣押之人或物，不得颁发搜查或扣押证。"（《美国宪法及其修正案》，商务印书馆 2014 年版，第 14 页）王希先生译为："人民的人身、住宅、文件和财产不受无理搜查和扣押的权利，不得侵犯。除依据可能成立的理由，以宣誓或代誓宣言保证，并详细说明搜查地点和扣押的人或物，不得发出搜查和扣押状"（《原则与妥协：美国宪法的精神与实践》（增订版），北京大学出版社 2014 年第 3 版，附录第 811、812 页）。

② 本书关于特里案的原文与译文均参照《特里诉俄亥俄州案——美国警察即时强制盘查的经典案例》（杨曙光、唐冉译评，载《行政法论丛》第 17 卷，法律出版社 2015 年 6 月，第 327 页），原文为"同时，特里案是涉及行政即时强制启动标准的典型案例，明确了'合理怀疑'的盘查启动标准，对规范和保障警察行政行为提供实践范例。它认为警官在街上截停嫌疑人并对他（她）进行轻拍搜身而没有合理逮捕理由的行为并没有违反第四修正案对不合理的搜查和逮捕的禁止，如果警官对某人犯了罪、正在犯罪或即将犯罪有合理怀疑，并且合理地怀疑这个人'可能携带武器且有现实的危险'的话。警方出于自身安全考虑，如果他们有合理怀疑被截停者携带武器，警方可能为排除武器危险而采取快速的表面的对嫌疑人外部衣物的搜查。合理怀疑必须基于'特定的、明确的事实'而不仅仅基于警官的预感。被允许的警官行为被简称为'截停和拍身搜查'，或'特里搜身'。特里标准后来被延伸到对车内人的短暂拘留，被称为'交通截停'"。笔者在此作了部分引用。

③ 余凌云：《警察盘查之理由研究——以美英法及我国实践为例》，中国法学会行政法学会 2010 年会论文集，第 1327 页。

险对该嫌疑人进行"截停和拍身搜查"①（stop and frisk）。该标准后来被延伸到对车内人的短暂拘留，被称为"交通截停"。

二　我国对于盘查的理解

在我国，盘查通常意义上是指警察为达到防止危害发生（尤其是预防犯罪）或者侦查犯罪的目的，在公共场所（含公共道路）或者指定场所，对产生合理怀疑的行为对象进行阻拦并做必要的盘诘、检查。② 盘查也可以分为当场盘查和继续盘查。当场盘查，是指依《人民警察法》第9条第1款的规定："为维护社会治安秩序，公安机关的人民警察对有违法犯罪嫌疑的人员，经出示相应证件，可以当场盘问、检查。"我国《公安机关人民警察盘查规范》（公通字〔2008〕55号）第2条对盘查也有具体规定："本规范所称盘查，是指公安机关人民警察在执行勤务过程中，为维护公共安全，预防、发现、控制违法犯罪活动而依法采取的盘问、检查等行为。"而当场盘查又有截停、盘问和搜查三种行为。

（一）截停

截停又称为拦截，是指当警察凭借自身经验观察等合理理由对某人有合理的怀疑，认为其可能实施了违法犯罪行为而对该嫌疑人通过拦住去路的强制方式将其阻挡以使其接受盘问。截停与搜身是一种顺承关系，只有先予以截停才有可能对其进行搜身。不过截停后也并非一定会进行搜身，也可能只

---

① "截停和拍身搜查"英文原文为"stop and frisk"，《元照英美法词典》（缩印版）（薛波主编，北京大学出版社2013年10月缩印版，第1296页）对其解释为："在警察合理地怀疑某人已经或将要实施犯罪时可以将其暂时扣留、询问，并以轻拍其外衣的方式进行搜查以确定其是否暗中携带武器。美国最高法院在特里诉俄亥俄州［Terry v. Ohio］一案中确认警察在未来取得逮捕证或不存在可成立理由［probable cause］的情况下实施拦截与搜身并不违反宪法，某些州的法律也规定警察有权实施拦截与搜身。该词也称作侦察型拦截［investigatory stop］或特里拦截［Terry stop］。（⇨frisk）。"
② 万毅、艾明、刘宁：《盘查程序研究》，上海三联书店2015年5月第1版，导论部分第1页。

进行随意盘问。拦截在一定程度上限制相对人的人身自由，因此拦截应格外注意方式的适当性，在法律规定的相应限度内实施，尽量将不利影响降到最低。例如，不能因为拦截涉嫌酒后驾驶的嫌疑人而将其开枪打伤，实践中确有超出限度造成损害的案例。另外，在截停的地点选择上，也应当选择光线比较好、场地开阔、有依托或者容易得到支援的场地或者道路等，① 一方面采取光线比较好、场地开阔、易得到支援的场地可以尽可能减少警察及周围人的人身危险性，另一方面选择该种场地也是对被盘查的嫌疑人的一种保护，在众目睽睽之下警察不能公然对其实施人身伤害以及其他不合法行为，也是减少被盘查者自身合法权益遭到损害的一种有力方式。

（二）盘问

盘问是指警察在执行职务中为了维护社会治安秩序，预防、发现和打击违法犯罪活动，对有违法犯罪嫌疑的人员进行追究式发问，包括询问被盘查人的姓名、职业、住址等基本信息以及与疑点有关的问题，判断嫌疑人是否能给予合理解释，从而查明事实真相的一种执法手段。② 我国《公安机关人民警察盘查规范》第 7 条、第 8 条中存在关于对嫌疑人员盘查的具体规定，第 9 条存在对询问嫌疑人姓名的规定。③ 警察进行盘问时不能问与案

---

① 余凌云：《盘查程序与相对人的协助义务》，《北方法学》2011 年第 5 期，第 91 页。

② 余凌云：《警察盘查论》，中国人民公安大学出版社 2011 年 5 月第 1 版，第 91 页。

③ 《公安机关人民警察盘查规范》第 7 条："盘查可疑人员时，应当遵守下列规定：（一）与被盘查人保持适当距离，尽量让其背对开阔场地；（二）对有一定危险性的违法犯罪嫌疑人，先将其控制并进行检查，确认无危险后方可实施盘问；（三）盘问时由一人主问，其他人员负责警戒，防止被盘查人或者其同伙的袭击。"列明了盘查可疑人员的三项规定。

《公安机关人民警察盘查规范》第 8 条："盘查多名可疑人员时，民警应当责令所有被盘查人背对开阔场地，并在实施控制后，分别进行盘查。当盘查警力不足以有效控制被盘查人时，应当维持控制状态，立即报告，请示支援。"列明了盘查多名可疑人员的规定。

《公安机关人民警察盘查规范》第 9 条："查验身份时，应当先查验身份证件并遵守下列规定：（一）查验证件防伪暗记和标识，判定证件的真伪；（二）查验证件内容，进行人、证对照；（三）注意被盘查人的反应，视具体情况让持证人自述证件内容，边问边查；（四）通过身份证识别仪器或者公安信息系统进行核对。"列明了盘查时对当事人身份查验的规定。

情无关之事，但其实在司法实践中盘问的内容哪些与案件有关，哪些与案件无关有时也会存在一些界限模糊的情形，需要在具体案件中根据具体情况予以把握。当然，盘问持续的时间也应有所限制，过长的盘问时间也是对被盘问人合法权益的侵害，因此在问完疑点问题后若无其他可怀疑的理由，就应允许其离开。另外，警察在对被盘查人进行盘问时还应时刻注意自己的语言、动作，避免因语气、态度问题与被盘问人发生冲突，影响警察的良好形象。

（三）搜查

"搜查"对应我国《公安机关人民警察盘查规范》第 2 条①所指的"检查行为"，而《居民身份证法》第 15 条②所规定的"查验居民身份证"也是搜查的一种。我国《公安机关人民警察盘查规范》第 11 条、第 13 条和第 14 条分别对可疑的人身、物品、车辆的检查作出了相应规定。③

---

① 《公安机关人民警察盘查规范》第 2 条："本规范所称盘查，是指公安机关人民警察在执行勤务过程中，为维护公共安全，预防、发现、控制违法犯罪活动而依法采取的盘问、检查等行为。"
② 《居民身份证法》第 15 条："人民警察依法执行职务，遇有下列情形之一的，经出示执法证件，可以查验居民身份证：（一）对有违法犯罪嫌疑的人员，需要查明身份的；（二）依法实施现场管制时，需要查明有关人员身份的；（三）发生严重危害社会治安突发事件时，需要查明现场有关人员身份的；（四）在火车站、长途汽车站、港口、码头、机场或者重大活动期间设区的市级人民政府规定的场所，需要查明有关人员身份的；（五）法律规定需要查明身份的其他情形。有前款所列情形之一，拒绝人民警察查验居民身份证的，依照有关法律规定，分别不同情形，采取措施予以处理。任何组织或者个人不得扣押居民身份证。但是，公安机关依照《中华人民共和国刑事诉讼法》执行监视居住强制措施的情形除外。"
③ 《公安机关人民警察盘查规范》第 11 条："对可疑人员进行人身检查时，应当遵守下列规定：（一）有效控制被检查的嫌疑对象，在警戒人员的掩护下对其进行检查，防止自身受到攻击和伤害；（二）对女性进行人身检查，应当由女性工作人员进行，可能危及检查民警人身安全或者直接危害公共安全的除外；（三）对拒绝接受检查的，民警可依法将其带回公安机关继续盘问；（四）对可能携带凶器、武器或者爆炸物品的违法犯罪嫌疑人检查时，应当先检查其有无凶器、武器和爆炸物品，如有，则应当当场予以扣（转下页注）

总体来说，搜查可以分为对人的搜查和对物的搜查。关于对人的搜查从特里案中的"拍身搜查"（pat down）来看，主要是指警察在实施拦截行为时，通过观察或其他方式有合理的理由怀疑该嫌疑人可能携带武器，为保护自己及周围其他人的人身安全而采取的轻拍搜身的方式。因为警察的拍身搜查行为仅是为了确认其是否持有武器，而且警察的该行为也确实影响到相对人的合法权益，因此其方式必须严格限定为通过轻拍来查验是否藏有武器。而对物的搜查包括对可疑物品的搜查和对车辆的搜查，实践中对可疑物品的搜查包括对毒品、违禁物或是威胁警察安全的武器等的搜查，对车辆的搜查应遵循"一眼看清"规则（plain

---

（接上页注③）押，必要时，可以先依法使用约束性警械，然后进行检查；（五）责令被检查人伸开双臂高举过头，面向墙、车等，扶墙或者扶车站立，双脚分开尽量后移，民警站于其身后并将一只脚置于其双脚中间，迅速从被检查人的双手开始向下对衣领及身体各部位进行检查，特别注意腋下、腰部、裆部及双腿内侧等可能藏匿凶器或者武器的部位；（六）当盘查对象有异常举动时，民警应当及时发出警告，命令其停止动作并做好自身防范，可以依法视情使用警棍、催泪喷雾器及武器等予以制止。"

《公安机关人民警察盘查规范》第13条："对可疑物品进行检查时，应当遵守下列规定：（一）责令被检查人将物品放在适当位置，不得让其自行翻拿；（二）由一名民警负责检查物品，其他民警负责监控被检查人；（三）开启箱包时应当先仔细观察，注意避免接触有毒、爆炸、腐蚀、放射等危险物品；（四）按照自上而下顺序拿取物品，不得掏底取物或者将物品直接倒出；（五）对有声、有味的物品，应当谨慎拿取；（六）发现毒害性、爆炸性、腐蚀性、放射性或者传染病病原体等危险物质时，应当立即组织疏散现场人员，设置隔离带，封锁现场，及时报告，由专业人员进行排除；（七）对于需没收或者扣押的各类违禁物品，应当会同在场见证人和被扣押物品持有人查点清楚，当场开列清单，及时上交有关部门；（八）避免损坏或者遗失财物。"

《公安机关人民警察盘查规范》第14条："对可疑车辆进行检查时，应当遵守下列规定：（一）对行进中的车辆进行拦截检查时，应当手持停车标志牌或者放置停车标志，在被检查车辆前方向其作出明确的停车示意；（二）责令驾驶员将车辆熄火，拉紧手制动，将双手放在方向盘上，确认安全后拉开车门责令其下车，必要时应当暂时收存车钥匙；（三）对人员进行检查并予以控制；（四）查验身份证、驾驶证、行驶证和车辆牌照，条件允许情况下，通过公安信息查询系统进行查询比对；（五）观察车辆外观、锁具和内部装置；（六）检查车载货物和车内物品；（七）如驾驶员拒检逃逸，应当立即报告，请求部署堵截、追缉。"

view doctrine①），注意适当限度。对物的搜查还包括进入住所的搜查，然而此种搜查必须有较高的搜查标准，一般应持有搜查令等令状才可搜查。

---

① 对 plain view doctrine 英文词组的考究如下。

（一）*Black's Law Dictionary*（Tenth Edition）（Thomson Reuters 2014 年第 10 版，第 308 页）

Clear-view doctrine. See PLAIN-VIEW DOCTRINE.

Black's Law Dictionary（2014 年第 10 版，第 1263 页）

Open-fields doctrine.（1963）Criminal procedure . The rule permitting a warrantless search of the area outside a property owner's curtilage；the principle that no one has a reasonable expectation of privacy in anything in plain sight. · Unless there is some other legal basis for the search，it must exclude the home and any adjoining land（such as a yard）that is within an enclosure or otherwise protected from public scrutiny. — Also termed open-field doctrine；open-fields rule. Cf. PLAIN-VIEW DOCTRINE.

Black's Law Dictionary（Tenth Edition）（Thomson Reuters 2014 年第 10 版，第 1336 页）

Plain-sight rule. See PLAIN-VIEW DOCTRINE.

Black's Law Dictionary（Tenth Edition）（Thomson Reuters 2014 年第 10 版，第 1336 页）

Plain-view doctrine.（1963）Criminal procedure. The rule permitting a police officer's warrantless seizure and use as evidence of an item seen in plain view from a lawful position or during a legal search when the officer has probable cause to believe that the item is evidence of a crime. · Although some states hold that the plain-view discovery must be inadvertent，the U. S. Supreme Court has held that the viewing need not to be inadvertent. Horton v. California，496 U. S. 128，110 S Ct. 2301（1990）. —Also termed Clear-view doctrine；plain-sight rule. Cf. OPEN-FIELDS DOCTRINE.

（二）《兰登书屋袖珍英汉法律词典》（上海外语教育出版社 2002 年 3 月第 1 版，第 290 页）

Plain view doctrine, the principle that police who are lawfully in a place do not need a search warrant to seize evidence of crime that is in plain view，；similarly，an officer may seize evidence obvious to the touch in the conduct of a lawful patdown for weapons. 显眼证据的原则。

（三）《韦氏法律词典》（中国法制出版社 2014 年 1 月第 1 版，第 361 页和第 362 页）

Plain view n 1：a location or field of perception in which something is plainly apparent. 2：a doctrine that permits the search，seizure，and use of evidence obtained without a search warrant when such evidence was plainly perceptible in the course of lawful procedure and the police had probable cause to believe it was incriminating— see also INADVERTENTDISCOVERY；compare FRUIT OF THE POISONOUS TREE.

（四）《元照英美法词典》（缩印版）（北京大学出版社 2013 年 10 月缩印版，第 1057 页）

Plain view doctrine 一眼看清原则 按照此项原则，警方在有合法根据进入的场所，无意中发现有关犯罪的物件，并一眼认出与犯罪有关，可即时予以扣押，并可将此物件作为证据提出，但警方不得以此原则为借口扩大搜查范围，以图获取犯罪证据。

　　以上三种盘查行为均属于当场盘查，而继续盘查又称为留置盘查，是在对嫌疑人进行当场盘查后仍有《人民警察法》第9条第1款①规定的四种情形之一时，警察可以将其带至公安机关，经该公安机关批准，对其进行

（接上页注①）

　　（五）《英汉法律词典》（第4版）（法律出版社2012年10月第4版，第824页）

　　Plain view doctrine　显明观点说（指警察执行任务时，偶然遇到与犯罪有关的东西，他无须授权即有权没收该项物品并在刑事审判中作为证据提供）。

　　（六）*Barron's Law Dictionary*（Barron's Educational Series Inc. , U. S. 1996年第4版，第372页）

　　PLAIN VIEW an exception to the general requirement of a valid search warrant to legitimize a search or seizure. "A search implies a prying into hidden places for that which is concealed, and it is not a search to observe that which is open to view." 193 N. E. 202, 203. Thus, it is not a search for an officer to observe or hear something by one of his natural senses, 474 F 2d 1071, nor when common means of enhancing the senses such as a flashlight, 422 F. 2d 185, or binoculars, 319 N. E. 2d 332, are used. But the use of such devices may be so intrusive as to constitute a search in the case of a high-powered telescope, or x-ray machine, 495 F. 2d 799. See LaFave & Scott, Search and Seizure § 2.2 (2d ed. 1987). For a plain view seizure to be reasonable the officers must satisfy two requirements: first there must be legal justification to be in the position in which seizable property is observed; secondly, it must be immediately apparent that the item is subject to seizure. 110 S Ct. 2301, 2308. See search or seizure.

　　（七）《英汉法律用语大辞典》（法律出版社2005年1月第1版，第878页）

　　Plain view doctrine 显明观点原理（指允许警察无令状扣押在搜查时认为是犯罪证据的物品，且将之作为证据使用之原理，也称为 clear view doctrine, plain-sight rule）。

　　（八）*Black's Law Dictionary*（West Publishing Co. 1979年第5版，第1036页）

　　Plain-view doctrine. In search and seizure context, objects falling in plain view of officer who has the right to be in position to have that view are subject to seizure without a warrant and may be introduced in evidence. Harris v. U. S. 390 U. S. 234, 236, 88 S Ct. 992, 993, 19 L. Ed. 2d 1069. Under "plain view doctrine," warrantless seizure of incriminating evidence may be permitted when police are lawfully searching specified area if it can be established that police had prior justification for intrusion into area searched, that police inadvertently came across item seized, and that it was immediately apparent to the police that the item seized was evidence. Smith v. State, 33 Md. App. 407, 365 A. 2d 53, 55.

　　（九）《朗文英汉法律词典》（第7版）（法律出版社2007年10月第1版）

　　无 plain-view doctrine, clear-view doctrine, plain-sight rule 等词条。

①　《人民警察法》第9条对继续盘查行为的规定："为维护社会治安秩序，公安机关的人民警察对有违法犯罪嫌疑的人员，经出示相应证件，可以当场盘问、检查；经盘问、检查，有下列情形之一的，可以将其带至公安机关，经该公安机关批准，对其继续盘问：（一）被指控有犯罪行为的；（二）有现场作案嫌疑的；（三）有作案嫌疑身份不明的；（四）携带的物品有可能是赃物的。"

继续盘问。首先，警察必须首先对其进行当场盘问，在当场盘问后仍有《人民警察法》第9条第1款所规定的四种情形时才可以带至公安机关继续盘问；其次，带至公安机关继续盘问前应向其说明理由，告知其权利义务；最后，应认真听取当事人的阐述、辩解，对发现没有犯罪嫌疑的应该立即释放其离开。本书主要对当场盘查问题进行探究，对继续盘查不做深入研究。

三　盘查的英文词义考究

前文已经述及，我国词义上的"盘查"在美国表述为"特里截停"、"特里规则"、"拍身搜查规则"或"特里盘查"，即特定的英文词组"stop and frisk"、"Terry stop"或"Terry stop—frisk rule"等，对上述英文词组的考究如下。

（一）《英汉法律词典》的两个版本释义相同

1.《英汉法律词典》（第4版）（法律出版社2012年10月第4版，第1055页）

"stop and frisk" law，"不准动并授受搜身检查"规则，指对怀疑有犯罪意图似乎带有武器的人，警察有权实施临时搜身检查的规则。Terry stop，该词典没有出现该词组。

2.《英汉法律词典》（修订本）（法律出版社1999年1月第1版，第769页）

与上述版本的表述完全相同。

（二）《元照英美法词典》（缩印版）（北京大学出版社2013年10月缩印版，第585页、第1296页和第1338页）

frisk〈美〉拍身搜查，警察轻拍嫌疑人的衣着以探测其是否暗藏武器。其目的是确保警察及在现场附近他人的人身安全，而非为审判收集证据。

警察决定实施此种搜身时应当具备两个要件：一是对当事人携带武器且具有危险性有充分程度的怀疑；二是警察正在被搜身人的面前，若该人携有武器将使其面临危险。

stop and frisk〈美〉拦截与搜身，在警察合理地怀疑某人已经或将要实施犯罪时可以将其暂时扣留、讯问，并以轻拍其外衣的方式进行搜查以确定其是否暗中携带武器。美国最高法院在特里诉俄亥俄州［Terry v. Ohio］一案中确认警察在未取得逮捕证或不存在可成立理由（probable cause）的情况下实施拦截与搜身并不违反宪法，某些州的法律也规定警察有权实施拦截与搜身。该词条也称作侦察性拦截［investigatory stop］或特里拦截［Terry stop］。

Terry-stop〈美〉特里拦截，指命令停步搜身。因特里诉俄亥俄州［Terry v. Ohio］一案而得名。（参阅 stop and frisk）

（三）《英汉法律用语大辞典》（法律出版社 2005 年 1 月第 1 版，第446 页、第 1123 页和第 1185 页）

frisk 搜身（目的仅限于寻找所藏匿的武器而不是其他证据，也称为 pat - down）比较：frisk 和 search 均可有搜身的含义，区别在于 frisk 的目的仅限于寻找疑犯身上所藏匿的武器以保证做侦破工作的警察等的人身安全，其范围只限于武器而不是为发现其他证据（其也称为 pat - down）；search（搜查）一般需要搜查证，且其目的主要是寻找违法犯罪活动的证据。

stop and frisk〔美〕拦截且搜身检查，源于 Terry v. Ohio 一案，指警官有权对合理被怀疑有犯罪意图并携带武器者实施拦截并搜身检查，而无须搜查令或理由之规则，也称为 investigatory stop，Terry stop。

Terry stop〔美〕（警察的）无令状拦截和搜查权，指在无搜查证情况下对可疑人物拦截、搜查武器、暂时拘留、审讯等，联邦最高法院 1968 年在Terry v. Ohio 案中裁定其合宪，由此得名，也称为 stop and frisk，investigatory stop，reasonable suspicion。

（四）《英汉双向法律词典》（第 2 版）（上海交通大学出版社 2011 年 2 月第 2 版）

该版词典无 frisk、stop and frisk 和 Terry stop 等词条。

（五）《兰登书屋袖珍英汉法律词典》（上海外语教育出版社 2002 年 3 月第 1 版，第 377 页）

Stop and frisk，a stop accompanied by a pat-down for weapons. This may be done upon grounds falling somewhat short of PROBABLE CAUSE for arrest or a full search，if the officer can articulate a sound basis for the procedure.

（六）《朗文英汉法律词典》的两个版本释义

1. 《朗文英汉法律词典》（法律出版社 1985 年版，第 259 页）

无 stop and frisk 和 Terry stop 等词条。

frisk（Infml.）to search（someone）for hidden weapons，goods，etc. by passing the hands over the body. The passengers were frisked before they were allowed to board the plane.

2. 《朗文英汉法律词典》（第 7 版）（法律出版社 2007 年 10 月第 1 版）

该版词典无 frisk、stop and frisk 和 Terry stop 等词条。

stop and search powers. Police powers，under P. &C. E. A. 1984，Part Ⅰ，to stop and search persons of vehicles in any place to which the public has access，for，e. g.，stolen articles，offensive weapons. Reasonable force only may be used in exercise of the power：see § 117. See Revised Code A（1991）issued under 1984 Act，§ 66；Sporting Events（Control of Alcohol，etc.）Acct 1985，§ 7（3）；C. J. P. O. A. 1994，§ 60（anticipation of serious violence）；Terrorism Act 2000，§§ 44 - 47.

"Terry stop - frisk rule" 在《朗文英汉法律词典》中被称为 "stop and

search powers"，分析其原因，《朗文英汉法律词典》是由英国人编写的，而"Terry stop‐frisk rule"是美国的判例，新版的《朗文英汉法律词典》没有frisk 这个单词，很可能在英国法律中 search 就是 frisk，且是法律用语。

（七）《巴朗法律词典》（*Barron's Law Dictionary*）的两个版本释义相同

1. *Barron's Law Dictionary*（Barron's Educational Series Inc.，U. S. 1996 年第 4 版，第 214 页、第 489 页）

FRISK quick, superficial search. It is "a contact of patting of the outer clothing of a person to detect, by the sense of touch, if a concealed weapon is being carried." 235 A 2d 235, 239. See stop and frisk.

STOP AND FRISK in reference to police conduct, a limited search for weapons confined to outer clothing. See 475 P. 2d 702 – 705. Under the Fourth Amendment as judicially construed. Police officers may "stop and frisk" a person only if they have reason to believe that that person is an armed and dangerous individual. If so, they may make a reasonable search for weapons for their own protection regardless of whether they have probable cause to arrest the individual. The standard for judging if a "stop and frisk" was proper is based on whether a reasonably prudent person in the circumstances would be warranted in the belief that his or her safety of that of others was in danger; but due weight is also given to the reasonable inferences that a police officer is light if his or her professional experience. 392 U. S, 1, 27, 30. See also search and seizure.

2. 《巴朗法律词典》（第 6 版）（*Barron's Law Dictionary*）（sixth Edition）（中国法制出版社 2012 年 8 月第 1 版，第 641 页、第 289 页）

与上述版本的表述完全相同。

（八）《韦氏法律词典》（中国法制出版社 2014 年 1 月第 1 版，第 205 页、第 468 页和第 488 页）

frisk vt：to run the hand rapidly over the outer clothing of（a suspect）for the purpose of finding concealed weapons-compare SEARCH The purpose of frisking a suspect is to insure the safety of an officer making an investigation against concealed weapons，not to uncover evidence . The officer must be justified in his or her encounter of the suspect and must have a reasonable suspicion that the suspect is armed . The scope of the frisk must be limited to the discovery of weapons.

Stop n：an act of instance of stopping；specif：a temporary detention that constitutes a limited seizure of a person for the purpose of inquiry of investigation and that must be based on reasonable suspicion-see also TERRY STOP；compare ARREST.

stop and frisk statute n：a state law that allows a police officer to stop any person without making an arrest based on a reasonable suspicion that the person has committed or is about to commit a crime.

Terry stop n［from Terry v. Ohio，392 U. S. 1（1968），case in which the right of police to stop and question a suspect was first discussed］：a stop and limited search of a person for weapons justified by a police officer's reasonable conclusion that a crime is being or about to be committed by a person who may be armed and whose responses to questioning do not dispel the officer's fear of danger to the officer of to others-compare REASONABLE SUSPICION.

《英汉法律词典》将特里规则称为"stop and frisk" law，而《韦氏法律词典》的表述是"stop and frisk statute"。"statute"的英文释文有二，其一是"a written law that is formally created by a government. Synonyms see LAW"，其二是"a written rule or regulation"。① 所以两者的意思相同。

（九）《布莱克法律词典》（*Black's Law Dictionary*）的六个版本释义

1. *Black's Law Dictionary*（West Publishing Co. 1979 年第 5 版，第 601 页和第 1273 页）

Frisk. A pat-down search of a suspect by police, designed to discover weapons, not to recover contraband. The scope of a frisk has been limited by the court to be less than a full-scale search. In determining whether a police officer had a basis for initiating a frisk, there are two matters to be considered. One concerns whether the officer had a sufficient degree of suspicion that the party frisked was armed and dangerous, and the other whether the officer was rightfully in the presence of the party frisked so as to be endangered if that person was armed. Terry v. Ohio. 392U. S. 1, 88S. Ct. 1868, 20L. Ed. 2d889. The running of hands rapidly over another's person, as distinguished from "search", which is to strip and examine contents more particularly. Kalvin Business Men's Ass'n v. McLaughlin, 126 Misc. 698, 214 N. Y. S. 99, 102. See also Stop.

Stop. Within statutes requiring a motorist striking a person with automobile to stop, requires adefinite cessation of movement for a sufficient length of time for a person of ordinary powers of observation to fully understand the surroundings of the accident. Moore v. State, 140 Tex. Cr. R. 482, 145 S. W. 2d 887, 888.

---

① 《韦氏高阶英语词典》，中国大百科全书出版社 2010 年第 1 版，第 1604 页。

"Stop", within term stop and frisk, is temporary restraint of person's freedom to walk away and is a permissible seizure within Fourth Amendment dimensions when such person is suspected of being involved in past, present or pending criminal activity. Terry v. Ohio, 392 U. S. 1, 88 S. Ct. 1868, 20 L. Ed. 2d 889; State v. Anonymous (1971 – 20), 6 Conn. Cir. 583, 280 A. 2d 816, 818. See also Stop and frisk.

Stop and frisk. Thetemporary seizure and "patting down" of a person who behaves suspiciously and appears to be armed. A police officer has the right to stop and pat down a person suspected of contemplating the commission of a crime. He need not have full blown probable cause but he must have more than a hunch. The scope of the search must be strictly tied to and justified by the circumstances which rendered the initiation of the stop justified. Terry v. Ohio. 392U. S. 1, 88 S. Ct. 1868, 20 L. Ed. 2d 889. See also frisk.

Terry stop，该版本没有出现该词组。

2. *Black's Law Dictionary* (West Publishing Co. 1999 年第 7 版，第 677 页、第 1432 页和第 1484 页)

Frisk, n. A pat-down search to discover a concealed weapon. See STOP AND FRISK. Cf. SEARCH. -Also termed pat-down.

Stop. Under the Fourth Amendment, a temporary restraint, that prevents a person from walking away.

Stop and frisk, n. A police officer's brief detention, questioning, and search of q person for a suspects that the person has committed or is about to commit a crime. The stop and frisk, which can be conducted without a warrant or probable cause, was held constitutional by the Supreme Court in

Terry v. Ohio, 392U. S. 1, 88 S. Ct. 1868（1968）. -Also termed investigatory stop；Terry stop. See REASONABLE SUSPICION.

Terrystop. See STOP AND FRISK

3. *Black's Law Dictionary*（West Publishing Co. 2004 年第 8 版，第 692 页、第 1460 页和第 1513 页）

Frisk, n. A pat-down search to discover a concealed weapon. —Also termed pat-down. See STOP AND FRISK. ［Cases：Arrest→63. 5（8）；Automobiles→349. 5（10）；Search and Seizures→70. C. J. S. Arrest § 40；Search and Seizures §§ 88 – 89.］

Stop, n. Under the Fourth Amendment, a temporary restraint that prevents a person from walking away. ［Cases；Arrest→63. 5 C. J. S. Arrest §§ 38 – 42.］

Stop and frisk, n. A police officer's brief detention, questioning, and search of a person for a concealed weapon when the officer reasonably suspects that the person has committed or is about to commit a crime. The stop and frisk, which can be conducted without a warrant or probable cause, was held constitutional by the Supreme Court in Terry v. Ohio, 392 U. S. 1, 88 S. Ct. 1868（1968）. -Also termed investigatory stop；Terry stop；field stop；investigatory defense. See REASONABLE SUSPICION. ［Cases：Arrest→63. 5. C. J. S. Arrest §§ 38 – 42.］

Terry stop. See STOP AND FRISK

4. *Black's Law Dictionary*（Thomson Reuters 2009 年第 9 版，第 739 页、第 1555 页和第 1611 页）

Frisk, n.（18C）a pat-down search to discover a concealed weapon. —

Also termed pat-down. See STOP AND FRISK. Cf. SEARCH (1) . [Cases：Arrest→63.5 (8)；Automobiles→349.5 (10)；Search and Seizures→70]

Stop, n. （16C） Under the Fourth Amendment, a temporary restraint that prevents a person from walking away. [Cases；Arrest→63.5.]

Stop and frisk, n. （1963） A police officer's brief detention, questioning, and search of a person for a concealed weapon when the officer reasonably suspects that the person has committed or is about to commit a crime. The stop and frisk, which can be conducted without a warrant or probable cause, was held constitutional by the Supreme Court in Terry v. Ohio, 392 U. S. 1, 88 S. Ct. 1868 （1968） . —Also termed investigatory stop; investigatory detention; Terry stop; field stop; investigatory defense. See reasonable suspicion under SUSPICION. [Cases：Arrest→63.5]

Terry stop. See STOP AND FRISK.

5. *Black's Law Dictionary* （Thomson Reuters 2014 年第 10 版，第 783 页、第 1645 页和第 1702 页）

Frisk, n. （18C） a pat-down search to discover a concealed weapon. —Also termed pat-down. See STOP-AND-FRISK. Cf. SEARCH （1） .—frisk, vb.

Stop, n. （16C） Under the Fourth Amendment, a temporary restraint that prevents a person from walking away.

Stop-and-frisk, n. （1963） Criminal law. A police officer's brief detention, questioning, and search of a person for a concealed weapon when the officer reasonably suspects that the person has committed or is about to commit a crime. The stop and frisk, which can be conducted without a warrant or probable cause, was held constitutional by the Supreme Court in Terry v. Ohio, 392 U. S. 1, 88 S. Ct. 1868（1968）. —Also termed investigatory stop; investigatory detention; Terry stop; Terry search; field stop; investigatory defense. See reasonable suspicion under SUSPICION.

Terry stop. See STOP-AND-FRISK.

6. *Black's Law Dictionary*（West Publishing Co. , fourth pocket edition, 2011 年，第 326 页、第 719 页和第 753 页）

Frisk, n.（18C）a pat-down search to discover a concealed weapon.

Stop, n.（16C）Under the Fourth Amendment, a temporary restraint that prevents a person from walking away.

Stop and frisk, n.（1963）A police officer's brief detention, questioning, and search of a person for a concealed weapon when the officer reasonably suspects that the person has committed or is about to commit a crime. The stop and frisk, which can be conducted without a warrant or probable cause, was held constitutional by the Supreme Court in Terry v. Ohio, 392 U. S. 1, 88 S. Ct. 1868（1968）.

Terry stop. See STOP AND FRISK

（十）通用的朗文词典对"frisk"的释义

1. *Longman Modern English Dictionary*（1976 年版）

To search（a person or his cloths）for weapons or stolen goods, by quickly feeling over his clothing.

2. *Longman Dictionary of Contemporary English*（1978 年版）

To search（someone）for hidden weapons, goods, etc. , by passing the hands over the body.

3. *Longman Dictionary of the English Language*（1984 年版）

To search（a person）for something（e. g. a concealed weapon）by running the hand rapidly over the clothing and through the pockets.

4. *Longman Concise English Dictionary*（1985 年版）

To search（a person）for something, especially a hidden weapon, by passing the hands over his/her body.

5. *Longman Dictionary of Contemporary English*（1987 年版）

To search（someone）for hidden weapons, goods, etc. , by passing the hands over the body.

6.《朗文当代高级英语辞典》（商务印书馆 1998 年 8 月版，2000 年 9 月第 5 次印刷）

To search（someone）for hidden weapons, goods, etc. , by passing the hands over the body.

《朗文英汉双解活用词典》（上海译文出版社 1991 年版）、《朗文英汉双解词典》（外语教学与研究出版社 1991 年版）和《朗文当代英汉双解词典》（香港朗文出版［远东］有限公司 1988 年版）均采用以上释义。

7.《朗文当代高级英语辞典》（外语教学与研究出版社 2004 年 3 月版，2004 年 8 月第 2 次印刷）

To search someone for hidden weapons, drugs etc. by feeling their body with your hands.

《朗文当代高级英语辞典》（第 4 版缩印版）（外语教学与研究出版社 2010 年 7 月第 1 版，第 902 页）和《朗文当代高级英语辞典》（第 5 版）（外语教学与研究出版社 2014 年 5 月第 1 版，第 1008 页）均采用以上释义。

（十一）通用的牛津词典对"frisk"的释义

1.《牛津现代高级英汉双解词典》（牛津大学出版社 1984 年版）

Pass the hands over（somebody）to search for concealed weapons.

2.《牛津现代高级英汉双解词典》（牛津大学出版社 1985 年版）

Pass the hands over（somebody）to search for concealed weapons.

3.《牛津现代高级英汉双解词典》（商务印书馆 1988 年 5 月第 1 版，第 466 页）

Pass the hands over（sb）to search for concealed weapons.

4.《牛津现代高级英汉双解词典》（商务印书馆 2004 年版）

To pass your hands over sb's body to search them for hidden weapons, drugs，etc.

5.《牛津高阶英汉双解词典》（第 7 版）（商务印书馆 2009 年 4 月第 3 版，第 818 页）

To pass your hands over sb's body to search them for hidden weapons, drugs，etc.

6.《牛津现代高级英汉双解词典》（牛津大学出版社 1982 年版）

无相关释义，仅解释为"jump and run about playfully"。

7.《牛津简明英语词典》（*the Concise Oxford English Dictionary*，ninth Edition）（外语教学与研究出版社 2000 年 2 月第 1 版，第 542 页）

Feel over or search（a person）for a weapon，etc.（usu. rapidly）.

8. *Concise Oxford English Dictionary*（eleventh Edition）（Oxford University Press 2008 年第 11 版，第 569 页）

（of a police officer of official）pass the hands over（someone）in a search for hidden weapons or drugs

《布莱克法律词典》后面的四个版本的释文基本相同，与经典的《布莱克法律词典》1979 年第 5 版在表面的文字表述上明显不同，当然其实质含义没有本质差别。经典的《布莱克法律词典》1979 年第 5 版没有"Terry stop"这个词组，但后面的四个版本均对"Terry stop"进行了解释，并将其等同于"stop and frisk"。

以上九种专业法律词典对特里规则的一般表述为："search of a person for a concealed weapon when the officer reasonably suspects that the person has committed or is about to commit a crime"。这里需要关注"a concealed weapon"和"the person has committed or is about to commit a crime"，警察实施特里规则的目的是搜查有犯罪嫌疑的人是否隐藏武器。但是，正如下文对后继判例的介绍与分析，特里规则被逐渐地扩大适用，这在"9·11"事件以后表现得尤为明显，在搜查内容上扩展到毒品以及其他违法（尚未构成犯罪）的行为，在搜查的空间与对象上扩展到车辆和车上的乘客（交通盘查），同时美国联邦最高法院还在特殊个案中扩展了特里规则的适用范围。

九种专业法律词典对特里规则的界定并没有跟上新的形势，只有《朗文英汉法律词典》（第7版）将"stop and search powers"的范围扩大到"for, e. g. , stolen articles, offensive weapons"。当然《朗文英汉法律词典》（第7版）是英国人而不是美国人编写的词典。

对比通用的朗文词典和牛津词典对"frisk"的解释，牛津词典的解释更为严谨一些，2000年之前的牛津词典将警察采取"frisk"行为的目的解释为"concealed weapons"，2000年以后的版本则扩大解释为"hidden weapons, drugs, etc. "，这暗合了美国联邦最高法院对特里规则的逐渐扩大适用；早期的朗文词典将"frisk"的目的解释为"hidden weapons, goods, etc. "，后面的也没有做修改。

第二节　盘查的特征

截停、盘问和搜查构成警察当场盘查的基本内容，但是仅从概念出发还不足以完全理解盘查的基本理论，因此，本节将从盘查的一般特征与笔者观点来进一步阐释盘查的基本理论。

一　盘查的一般特征

传统认为，盘查的特征包括：主体的法定性、对象的违法犯罪嫌疑性、即时性、强制性、自由裁量性和限权性。分别阐述如下。

（一）主体的法定性

实施盘查行为的主体均是依照国家法律履行警察职责，对国家安全和社会公共秩序具有管理职能的警察。我国《人民警察法》第 9 条："为维护社会治安秩序，公安机关的人民警察对有违法犯罪嫌疑的人员，经出示相应证件，可以当场盘问、检查。"以及《公安部关于公安机关执行〈人民警察法〉有关问题的解释》第 1 条："依照人民警察法第九条的规定，公安机关的人民警察在执行追捕逃犯、侦查案件、巡逻执勤、维护公共场所治安秩序、现场调查等职务活动中，经出示表明自己人民警察身份的工作证件，即可以对行迹可疑、有违法犯罪嫌疑的人员进行盘问、检查。"均规定我国行使盘查权的主体是公安机关的人民警察。

（二）对象的违法犯罪嫌疑性

美国特里案中确立了警察可以启动盘查权的"合理怀疑"（reasonable suspicion）规则，即警察通过其经验观察等合理根据以此怀疑某人实施违法犯罪行为，也就是认为某人有违法犯罪的嫌疑；也就是说著名的特里案所确立的"合理怀疑"规则是警察判断该行为人是否有"违法犯罪嫌疑"的依据，由此可见，对象的违法犯罪嫌疑性是警察实施盘查行为的基础和前提。

我国《人民警察法》第 9 条明确规定："为维护社会治安秩序，公安机关的人民警察对有违法犯罪嫌疑的人员，经出示相应证件，可以当场盘问、检查。"据此，盘查权的对象是"有违法犯罪嫌疑的人员"。另外，《居民身份证法》第 15 条也有相应规定，人民警察依法执行职务，对有违法犯罪嫌疑的人员，需要查明身份的，经出示执法证件，可以查验居民身份证；《城市人民警察巡逻规定》（1994 年 2 月 25 日中华人民共和国公安部令第 17 号）第 5 条规定，人民警察在巡逻执勤中可以盘查有违法犯罪嫌疑的人员，检查涉嫌车辆、物品。对象的违法犯罪嫌疑性是警察实施盘查行为的基本要件，只有确立此基本要件才能讨论如何判断该对象是否有"违法犯罪嫌疑"，才有后续的"合理怀疑"这一经典规则。因此，对象的违法犯罪嫌疑性是盘查行为的重要特征。那么，如何在司法实践中正确解读这一基本特征，确保警察在合理的权限范围内行使盘查权，从而保证公民合法权利不受侵害，是本节重要的研究内容，笔者将在第二部分详细阐述。

（三）即时性

盘查的即时性主要表现在以下三个方面。

第一，盘查启动具有即时性，也就是通常所说的紧急性。从实践来看，警察在发现可疑的违法犯罪嫌疑人后，会快速进行截停、盘问、搜查等一系列盘查行为，一般不需要履行严格的审批报批手续，这也体现出盘查权行使的程序相对简便。盘查行为的即时性更多强调的是一种缺乏预先的正式的行政行为，[①] 也就是当场根据紧急情况而做出的行为。

第二，盘查地点的即时性，也就是通常所说的盘查行为的当场性。《人民警察法》第 9 条规定，"为维护社会治安秩序，公安机关的人民警察对有违法犯罪嫌疑的人员，经出示相应证件，可以当场盘问、检查"；《公

---

① 余凌云：《警察行政权力的规范与救济——警察行政法若干前沿性问题研究》，中国人民公安大学出版社 2002 年 1 月第 1 版，第 5 页。

安部关于公安机关执行〈人民警察法〉有关问题的解释》第 1 条规定，"公安机关的人民警察在执行追捕逃犯、侦查案件、巡逻执勤、维护公共场所治安秩序、现场调查等职务活动中，经出示表明自己人民警察身份的工作证件，即可以对行迹可疑、有违法犯罪嫌疑的人员进行盘问、检查"。由于情况的紧急性，警察采取当场盘问、检查的方式对有违法犯罪嫌疑的人进行查验。当然，当场盘问、检查之后如有法律规定的情形可带至公安机关继续盘问，这并不影响之前行为的当场性。

第三，盘查的暂时性。警察实施盘查行为，对有违法犯罪嫌疑的人进行截停、盘问、搜查，在一定程度上限制了公民的权利；而且，警察启动盘查行为也只是通过一些合理的主观判断，决定当场对其实施盘查行为，事先一般也不需要履行审查批准程序，也具有一定的自由裁量性。因此，该行为无论从时间、地点、启动程序上都应受到严格限制，而警察在实施盘查行为时一定是暂时性的。也就是说警察在巡逻、执勤过程中发现形迹可疑的人或举止、神情反常之人时所采取的必须是临时性措施，必须在时间的控制上是短暂的，而且经盘查之后如果没有什么问题，就应立即放行。

（四）强制性

警察的盘查行为具有一定强制性，即当警察依据自身经验等合理理由，有合理依据怀疑当事人有违法犯罪嫌疑时，可以对其进行截停、盘问、搜查，而当事人应予以配合。这种职权的行使是维护公共安全、社会利益的需要，因此也必须具有一定的强制性。笔者认为，警察的盘查行为是一种即时强制，而不是单纯的直接强制。该行为的实施并不是因为当事人实施了违法犯罪行为而应受到处罚，仅仅是警察对当事人当时的某种行为或状态产生怀疑而将其拦截进行检查，若没有发现问题则应立即放行。因此，此种强制性是公民协助警察维护社会秩序的一种义务，并不涉及对违法犯罪的惩罚，也不只是预防性强制或只是制止性强制。① 另外，若经过警察盘查，发现有违法犯罪行为而采取强制措施，则这种在盘查行为之后的强制措施，便不再是即时强制。

（五）自由裁量性

自由裁量性是警察实施盘查行为的一个重要特征，特里案所确立的"合理怀疑"规则也是对警察自由裁量权的限制。当警察根据自身经验或可靠线报对某人有违法犯罪的嫌疑产生合理怀疑而实施盘查行为时，其所谓的"自身经验"、"可靠线报"以及"合理怀疑"都有一定的自由裁量性；任何一部法律都没有规定怎样的经验才是合理的，也并未提到什么样的线报才是"可靠"的；而在盘查行为实施中，截停的方式、盘问的内容、检查的手段等都有一定裁量性。如此，法治的本意要求警察在实施盘查行为时要注意限度，不仅是启动盘查程序的限度，也包括手段和方式都应控制在合理的范围内。

---

① 参见罗豪才、湛中乐主编《行政法学》（第 3 版），北京大学出版社 2012 年 1 月，第 252～262 页。此教材第五章第七节关于行政强制的界定："行政强制是指行政主体为了保障行政管理的顺利进行，通过依法采取强制手段迫使拒不履行行政法义务的相对方履行义务或达到与履行义务相同的状态；或者出于维护社会秩序或保护公民人身健康、安全的需要，对相对方的人身或财产采取紧急性、即时性强制措施的具体行政行为的总称。"……"即时性强制措施是指遇有严重影响国家、集体或公民利益的人或物，行政机关为了维护社会秩序的稳定，依照法定职权，对违法行为人的财产或人身自由采取紧急措施予以限制的行政行为，这是法律赋予某些特定行政机关的一种紧急处置权。"……"即时性强制措施，根据其适用对象和呈现的形态，又可以分为预防性强制措施和制止性强制措施。预防性强制措施，是指行政主体对可能发生危害行政管理秩序的人或物，依法采取的即时性强制措施。预防性强制措施适用的主要特点是：相对方的行为和物即将对社会或公共利益产生危害，非采取即时强制不足以防止危害结果的发生。""制止性强制措施，是指行政主体对正在实施危害行政管理秩序的相对方采取的限制其财产或人身自由的即时性强制措施。制止性强制措施适用的主要特征是：相对方危害社会的行为已经发生，非采取即时制止性强制措施不足以遏制违法行为的继续和发展。"笔者认为，警察实施盘查行为是一种即时强制行为但并不单纯的是预防性强制措施或是制止性强制措施。因为，首先警察实施盘查行为虽然有预防或制止犯罪发生的作用，但现实中也有很多情况是犯罪已经发生，作案者在逃跑或销毁证据中因违反交通规则等有轻微违法现象而被警察拦截，警察在处理轻微违法行为时意外发现有其他犯罪的可能，警察根据合理的理由对其实施盘查行为。笔者认为此种情形既不能认定为预防性强制措施，因为此犯罪已经发生，也不能认定为制止性强制措施，因为此时犯罪嫌疑人并没有再实施其他类似犯罪行为，因此，笔者认为盘查行为本质上是即时强制行为，但又不仅仅是一般意义上所说的即时强制行为，从某一方面来说是一种特殊的即时强制。

2012 年 6 月 17 日晚，张大虎独自骑摩托车从工厂回家，因"一时心慌"没有听从警察让其下车接受检查的指令，警车追上他后因担心他再次逃跑而用电击棒打他并对他使用辣椒制剂的催泪喷射器。在张大虎告诉警方自己绝不会逃跑后，警察才停手，并询问了他的姓名、地址并确定他无违法犯罪嫌疑才让其离开。[①] 该案中，警察使用电击棒和辣椒制剂的催泪喷射器来实施盘查行为明显超过必要限度。但是，在实践中此种现象屡见不鲜，一是因为立法不够严明，二是警察素质参差不齐，三是对相关可疑人员从内心存在些许偏见，宁可错抓不可放过的传统思想根深蒂固。因此，如何将警察的自由裁量权限制在适当范围内，保护公民合法权益免受侵害，也是盘查权研究的重要方面。

（六）限权性

警察对有犯罪嫌疑的人进行盘查，无论是截停、盘问还是搜查，都在一定程度上限制了公民的权利。警察行使盘查权必然要求当事人在一段时间内停止自己的活动，接受盘问检查；而且，在接受盘问、检查时，无论是对当事人基本信息的询问，诸如姓名、家庭住址、工作单位，还是对当事人"轻拍搜身"、场所检查等均对当事人隐私有所涉及；所以说，限权性是警察盘查行为的一个重要特征。也因此，更应该加强对警察行使盘查权的监督，防止权力滥用，避免对当事人合法权益造成损害。

二 笔者的观点

警察部门在执法过程中，依据执法行为适用情况的不同，可以分为一般例行的执法行为和特殊应急的执法行为。一般例行的执法行为的特点是，相对人依照法律规定履行义务，警察部门依法履行职责，进行正常的管理活

---

① 《民警被指喷硫酸烧伤拒盘查男子 回应系辣椒水》，新浪新闻中心网，http://news. si-na. com. cn/s/2012－06－21/092224633268. shtml，2017 年 5 月 2 日访问。

动，在相对人没有违法的情况下，并不限制其人身自由和其他权利，在相对人违反法定义务的情况下，依法进行制裁。如警察部门进行户口登记、宾馆消防监督、车辆年检检查等。特殊应急的执法行为的特点是，采取这种行为必须是因特殊紧急情况的出现，维护公共利益的法定职责要求警察部门必须立即采取措施，如消防队员强行拆除民房以防止火灾蔓延。在这种特殊情况下，执法行为可超出一般法律的普遍禁止性规定，而适用特殊的法律规定或行政法原则，但不能超出一定的限度和强度；而且该行为的适用具有严格的地域性和时间性，在特殊情况消失后，执法行为也应当解除，即该特殊应急的行为只能给相对方造成最小的侵害，所采取的措施应当与所达的目的合乎比例。例如，我国《人民警察使用警械和武器条例》（以下简称《条例》）第 7 条规定，警察使用警械，应当以制止违法犯罪行为为限度，当违法犯罪行为得到制止时，应当立即停止使用。盘查属于特殊应急的执法行为。

作为特殊应急执法行为的盘查体现了警察行政法的重要原则——必要性。正如拉丁法谚所说 "Necessitas est lex temporis et loci" （必要就是法律，但应依时间和地点而定）。① 必要性是警察部门在执法过程中行使自由

---

① 拉丁法谚 "Necessitas est lex temporis et loci"，该拉丁法谚的英文翻译为 "Necessity is the law of time and of place"。相关的拉丁法谚为 "Necessitas non habet legem"，该拉丁法谚的英文翻译为 "necessity has no law"，必需的情况下考虑不到法律，必要无法律。笔者检索不同的词典的词义如下。（1）《英汉法律词典》（第 4 版）（法律出版社 2012 年版，第 726 页）必须就是法律，但应依时间和地点而定。（2）《元照英美法词典》（北京大学出版社 2017 年 3 月精装重排版，第 953 页）〈拉〉"必要" 乃必要发生时发生地之法律，指因时因地之所必要，其 "必要" 即为法律，但黑尔（Hale）法官对此持异议。他认为一个需要衣食的人偷了别人的东西，即构成重罪；饥饿的海员杀死并吃掉了他的同伴，也构成谋杀罪。一个行动自由的人虽然可用 "必要" 为自己的民事违法行为辩护，但 "必要" 不能成为其犯罪的借口。（3）*Black's Law Dictionary*（West Publishing Co. 1979 年第 5 版，第 928 页）Necessity is the law of time and of place。（4）*Black's Law Dictionary*（Thomson Reuters，2014 年第 10 版）没有该词条。
"Necessary and Proper Clause" 条款与本问题无直接联系，因篇幅所限，笔者不做过多阐述。对于 "Necessary and Proper Clause" 的解释可查阅网站 http://legal-dictionary. thefreedictionary. com/Necessary + and + Proper + Clause，笔者最后访问时间为 2018 年 2 月 28 日。

裁量权所必须遵守的原则，该原则强调警察的执法行为以达到排除已存在的危险目的为限；后来必要原则在大陆法系逐渐演变为比例原则，其适用范围扩展到所有行政领域，它要求行政机关所采取的措施应与所达的目的合乎比例。

必要性主要包括以下三方面内容。第一，妥当性，即行政权力的行使、行政措施的采取是为了达到法定目的。妥当性明显体现了依法行政的基本内涵，如果一个行为违反这一要求，则丧失合法性。例如，有一工厂的废气对环境不利，法规规定用编织过滤网来阻止工厂排出的废气，这是与妥当性要求背道而驰的。[①] 第二，不可替代性（也称最小损害性），即在有多种同样可达成行政目的的方法可供选择时，行政机关应选择对公民权益侵害最小者，不能逾越必要的限度，否则违反必要性原则。也就是说，已经没有任何其他的能给公民造成更小损害的措施来取代该项措施了。例如，对于违法的企业，行政机关可依法给予罚款、吊销执照或责令停产停业的处罚，如果只需对企业处以罚款即可达到制裁和防止其违法的效果，行政机关即不得施以责令停产停业等其他影响过烈的行政处罚措施。[②] 第三，相称性（也称比例性），行政机关采取的方法对公民权益造成的损害不得与欲达成之目的显失均衡，两者之间应保持恰当的比例，否则违反相称性原则。正如德国谚语所说："警察为了驱逐樱桃树上的小鸟，虽无鸟枪，但也不可用大炮打小鸟。"我国也有类似的俗语，如不得"竭泽而渔""杀鸡取卵"等。

警察部门的盘查行为应该符合必要性要求。必要性是指手段应按目的加以权衡，即任何执法措施所造成的损害应轻于达成目的所取得的利益才具有

---

① 范剑虹：《欧盟与德国的比例原则》，《浙江大学学报》（人文社科版）2003 年第 5 期，第 98 页。

② 杨解君：《行政法学》，中国方正出版社 2002 年版，第 73 页。

合理性。比例性要求在目的与手段之间保持比例，不至于警察部门为了实现盘查的目的而造成公民权益的过度损害。在具体盘查案例中，所造成损害与执法目的之间的比例关系是：随着行政相对人抗拒手段的升级，警察部门所采取的执法措施逐渐强化，双方始终处于均衡状态。但是，在一般情况下，若警察部门为达成目的而使用武器剥夺行政相对人生命——这种最为极端和严厉的措施，则打破了这种均衡的比例状态，因为《条例》第 3 条将武器界定为致命性的装备，适用武器制止违法行为有严格的限制条件。

警察部门的盘查行为应该满足适用必要性所必须具备的妥当性、不可替代性和比例性三项要求，"Necessitas quod cogit, defendit"① （必要可以用来为采用强制手段执法辩护或证明它是正当的）。事实上，警察部门在依法执行职务时应受两大原则的支配，一为合法性原则，另一为合理性原则。必要性在我国行政执法中应属于合理性原则的范畴，必要性要求警察部门在特殊情况下执法必须注意把握合理的分寸和尺度，选择适当的执法方式、方法和幅度。在盘查案件中应用必要性有助于更好地判断警察部门是否滥用自由裁量权。

第三节　盘查行为的性质

研究盘查行为，一定要探讨盘查行为的性质。这不仅是因为在生活中

---

① 拉丁法谚 "Necessitas quod cogit, defendit"，该拉丁法谚的英文翻译为 "Necessity defends or justifies what it compels"。笔者检索不同的词典的词义如下。（1）《英汉法律词典》（第 4 版）（法律出版社 2012 年版，第 726 页）必需可以用来为不得不实施的行为辩护或证明它是正当的（此谚语适用于中下层行政、司法官员执行公务的行为）。（2）《元照英美法词典》（北京大学出版社 2017 年 3 月精装重排版，第 953 页）〈拉〉"必要"可作为辩护，指不得不从事的行为是正当的行为。常用于行政司法官员执行公务的行为。（3）*Black's Law Dictionary* （West Publishing Co.，1979 年第 5 版，第 929 页）Necessity defends or justifies what it compels. Applied to the acts of a sheriff, or ministerial officer in the execution of his office. （4）*Black's Law Dictionary* （Thomson Reuters 2014 年第 10 版）没有该词条。

警察时常会实施盘查行为，有必要了解其本质；而且不同性质的行为应当适用不同性质的法律进行规范，也有利于更好地研究盘查的相关问题。①对于盘查行为的性质，学界一直持有不同观点，那么警察的盘查行为究竟是一种行政行为还是一种刑事行为，抑或是一种双重性质的行为？

一　不同国家与地区对该问题的理解

之所以有行政行为和刑事行为之争，一方面可能是由实施盘查行为的主体人民警察特殊的性质决定，人民警察既可以行使行政权也可以行使刑事侦查权。例如，我国《治安管理处罚法》第 2 条明确规定："扰乱公共秩序，妨害公共安全，侵犯人身权利、财产权利，妨害社会管理，具有社

---

① 参照吴俐、邢其伟《盘查制度若干问题初探》，载《东南司法评论》2009 年卷，厦门大学出版社，第 309～319 页。第 310 页"盘查之性质界定"第二段："我们之所以要对盘查的性质做一番考察，一是因为盘查在生活中发动的经常性及其对公民权利的易侵犯性，有必要研究其到底为何物。二是因为不同性质的行为应当用不同性质的法律进行规范。正如民事法律用以调整民事行为，刑事法律用以规范犯罪行为一样，若将盘查界定为行政行为则用行政法对其进行规范就更为适宜；若将其界定为侦查行为则用刑事法律进行规范效果更好。对症下药、量体裁衣是解决目前我国盘查制度中存在问题的有效方法。此外，由于我国公安机关的性质与任务以及《人民警察法》对盘查对象的规定，更使得考察盘查的性质成为必要。公安机关既是行政机关，行使行政权，又是广义的司法机关，享有广泛的刑事侦查权，且根据《人民警察法》第 9 条的规定，盘查、留置的对象有两类，即有违法嫌疑的人员和有犯罪嫌疑的人员。公安机关这种打击违法犯罪和维护社会治安的双重任务，再加上《人民警察法》关于盘查、留置适用对象的双重规定，必然导致人民警察的盘查行为性质模糊，然而正是由于法律规定存在模糊之处，也才有了法律被滥用的空间。实践中公安机关普遍以留置盘查代替刑事拘留的做法就是最好的明证。"此文作者专门对探究盘查性质的重要性作了详细的阐述，而且提及公安机关的双重性以及《人民警察法》关于盘查、留置适用对象的双重规定更突显了明确盘查性质的重要性。第三段也阐释了目前学界关于盘查行为性质的三种观点："一是大多数学者认为盘查属于行政职权。如胡建淼主编的《行政法学》，将强行留置与盘问列入行政强制措施的手段。留置是指行政主体依法将相对人带至一定场所，在一定时间内限制其人身自由的强制措施。盘问是指行政主体对相对人的查问。二是认为其应属于刑事职权。例如惠生武所著《警察法论纲》就将警察的盘问检查权和留置审查权列入警察刑事职权部分。三是认为盘查属于一种过渡性质的或者说是双重性质的活动。如我国台湾地区学者林钰雄认为盘查是介于预防性与干预性、介于行政法（警察法）与刑事诉讼法的处分。"并且此文作者也认同"将盘查定性为行政行为更为合适"这一观点。

会危害性，依照《中华人民共和国刑法》的规定构成犯罪的，依法追究刑事责任；尚不够刑事处罚的，由公安机关依照本法给予治安管理处罚。"可见公安机关是管理社会治安，对违反《治安管理处罚法》者给予处罚的主体，此时其行使的是行政权。而我国《刑事诉讼法》第 3 条也明确提及，"对刑事案件的侦查、拘留、执行逮捕、预审，由公安机关负责"，于是公安机关也行使刑事侦查权。不仅如此，《人民警察法》第二章"职权"中第 6 条"公安机关的人民警察按照职责分工，依法履行下列职责"，第 1 项"预防、制止和侦查违法犯罪活动"就是极为明显的刑事侦查职责，紧接着第 2 项"维护社会治安秩序，制止危害社会治安秩序的行为"和第 3 项"维护交通安全和交通秩序，处理交通事故"则是非常明显的行政职责。而公安机关的人民警察属于实施盘查行为的主体——人民警察的一种，① 因此，实施盘查行为的主体的双重属性也确实给盘查行为的性质带来争议。另一方面，法律规定不明确也是一种原因。《人民警察法》第 9 条"为维护社会治安秩序，公安机关的人民警察对有违法犯罪嫌疑的人员，经出示相应证件，可以当场盘问、检查"中的"有违法犯罪嫌疑"，既包含有违法嫌疑又包含有犯罪嫌疑。而对违法行为的管制是一种行政权，对犯罪行为的侦查则是刑事司法权，法律对盘查行为的性质没有明确界定。

在日本，警察盘查行为是由行政法来规范的，在形式上决定了警察实施的盘查行为的行政属性；并且，日本属大陆法系，因此警察权的行使应受到检察机关的指挥与控制，而警察盘查权的行使并未受到日本检察机关的控制。② 不仅如此，日本对警察盘查行为的规定主要体现在《警察官职

---

① 《人民警察法》第 2 条："人民警察的任务是维护国家安全，维护社会治安秩序，保护公民的人身安全、人身自由和合法财产，保护公共财产，预防、制止和惩治违法犯罪活动。人民警察包括公安机关、国家安全机关、监狱、劳动教养管理机关的人民警察和人民法院、人民检察院的司法警察。"可见公安机关的人民警察应属人民警察的一种。
② 万毅、艾明、刘宁：《盘查程序研究》，上海三联书店 2015 年版，第 88 页。

务执行法》中，而这一法规属于行政法规。因此日本警察临检权依该国法制应属行政行为，并非司法行为。① 在我国台湾地区，盘查权属于警察临检权，台湾辅仁大学法律学研究所博士吴景钦在其《警察职权行使法中关于临检规定之正当性探讨》一文中提道："临检与盘查，一向是警察的主要工作，举凡特种行业的检查、交通酒测，甚至对于行人的路检等，皆可纳入警察临检的范围"，并且在该文中吴景钦博士也明确指出警察盘查行为属行政行为，并给予了明确的理由，"大法官会议"释字第 535 号解释文中提到"警察勤务条例规定警察机关执行勤务之编组及分工，并对执行勤务得采取之方式加以列举，已非单纯之组织法，实兼有行为法之性质"。② 另外，在台湾，警察盘查行为是由"警察职权行使法"等行政性的文件予以规定的。这些均体现了台湾警察盘查行为的行政属性。③

在美国，盘查权被视为一种宪法上的搜查、扣押，在形式上决定了盘查权的刑事属性；其次，美国警察盘查的目的是事前的犯罪预防和事后的刑事侦查，搜集刑事证据；而且，虽然美国的警察盘查主要由判例法规定，但是美国 1942 年的《联邦统一逮捕法》（the Uniform Arrest Act 1942）规定，警察若有合理的理由怀疑在户外之嫌犯正在或即将犯罪时，可以加

---

① 高文英：《我国警察盘查权运行及其理论研究现状》，《中国人民公安大学学报》（社会科学版）2006 年第 4 期，第 19 页。原文："日本警察临检权依该国法制应属行政行为，并非司法行为，同时日本警察临检受法无明文规定即不得行使职权的法制国家原则的约束，较强调保障人权。"从这段话可以看出日本的警察临检权依照该国法律的性质与规定应为行政行为，而且日本临检权特别注重遵循公法的一般原则，即"法无明文规定不得为"，从而较为注重人权保障。

② 吴景钦：《警察职权行使法中关于临检规定之正当性探讨》，载台湾地区《军法专刊》第 50 卷第 6 期，第 14 页。

③ 当然，台湾也有学者有其他观点，例如台湾学者林钰雄认为盘查是介于预防性与干预性、介于行政法（警察）与刑事诉讼法的处分。吴俐在《盘查制度若干问题初探》（载《东南司法评论》2009 年卷）一文中，在第 310 页对警察盘查行为的性质进行分析时，提及了学术界对盘查性质的三种看法，第三种"认为盘查属于一种过渡性质的或者说是双重性质的活动"，其中举例说明了台湾学者林钰雄的观点，并引用了其编写的《刑事诉讼法》（上册）（中国人民大学出版社 2005 年版）第 319 页的内容。

以拦阻，并可询问他的姓名、地址、在外逗留的原因和去哪里。① 由此可见，警察的盘查对象应为"在户外之嫌犯"，尤其是后面的"正在或即将犯罪"更明确了盘查的刑事属性，此为对警察当场盘查的规定。而后又规定了"任何可疑人无法证明自己的身份，或解释自己行为令警察满意时，警察可加以拘留，并进一步侦讯"②的继续盘查行为。从"拘留""审讯"这些明显的刑事侦查用语上也可以看出继续盘查的刑事属性。英国的警察盘查制度与美国的有许多相似之处，英国最早规定警察对行人、车辆可以拦停、搜索的法律，是1984年颁布的《警察与罪证法》，该法第一章就规定了警察盘查权；之后，1985年运动比赛法、1994年刑事司法及公共秩序法、2000年防恐怖规定也规定了警察的拦停、搜索的权限。③ 而这些法律大多属于刑事司法类的法律；尤其是把警察盘查行为中的拦截和搜查作为一个统一的整体规定其实施条件的1984年警察与刑事证据法执行规程，无论是从该法的属性还是其具体的规定上看其均具有明显的刑事属性。

在我国大陆地区，关于盘查行为的性质众说纷纭，大体分为三种学说。第一种学说主张警察盘查行为是一种行政行为。例如余湘青教授主编的《公安行政法原理与实务》（第2版）④ 一书中将"当场盘查"与"继续盘查"部分放入"主要的公安行政强制措施"部分讲述，可见其已将盘查视为行政强制措施的一种，本质上是行政属性。另外，邓国良教授在《程序的魅力——警察行政执法程序规则研究》一书中也明确提出，"盘查

---

① 万毅、陈大鹏：《警察盘查制度若干法律问题研究》，《南京师大学报》（社会科学版）2009年9月第5期，第38页。

② 万毅、陈大鹏：《警察盘查制度若干法律问题研究》，《南京师大学报》（社会科学版）2009年9月第5期，第29页。

③ 高文英：《我国警察盘查权运行及其理论研究现状》，《中国人民公安大学学报》（社会科学版）2006年第4期，总第122期，第11~23页。

④ 余湘青主编《公安行政法原理与实务》（第2版），高等教育出版社2013年8月第2版，第193页，第十章"公安行政强制"第二节"公安行政强制措施"第三部分"主要的公安行政强制措施"中，第一项就是"当场盘查"，第二项是"继续盘查"。

是对有违法犯罪嫌疑的人员所采取的即时性行政强制措施，其行为具有暂时性，而不具有最终的处罚性"。① 持此种观点的学者，多数会认为警察盘查行为本质上是一种即时强制。第二种学说是主张盘查行为是一种刑事侦查行为，因为在刑事诉讼案件中运用盘查的频率明显高于行政诉讼中运用盘查的频率。钱忠勇学者在其《浅谈盘查押解技战术在实战中的规范》一文中提及："盘查是指人民警察在执行职务的过程中依法对违法犯罪嫌疑人员进行的盘问和检查活动，是对可能具有违法或犯罪行为的嫌疑人进行仔细盘问和对其随身携带的物品进行认真检查，从而发现和确认违法、犯罪行为或犯罪重大嫌疑的重要查缉措施。"② 他认为警察盘查行为更属于一种刑事上的缉查措施。第三种学说主要认为警察盘查行为是既具有行政性质又具有刑事侦查性质的双重性质或是过渡性质的行为。最典型的代表是万毅教授在《论盘查》③ 一文中提到盘查属于一种过渡的"灰色地带"的警察活动，"盘查可以说是一种介于行政警察和司法警察职能之间、介于刑事侦查

---

① 邓国良：《程序的魅力——警察行政执法程序规则研究》，中国人民公安大学出版社 2014 年 9 月第 1 版，第 128 页对盘查性质的阐述。

② 钱忠勇：《浅谈盘查押解技战术在实战中的规范》，《北京人民警察学院学报》2001 年第 3 期，总第 71 期，第 45 页。原文："盘查是指人民警察在执行职务的过程中依法对违法犯罪嫌疑人员进行的盘问和检查活动，是对可能具有违法或犯罪行为的嫌疑人进行仔细盘问和对其随身携带的物品进行认真检查，从而发现和确认违法、犯罪行为或犯罪重大嫌疑的重要查缉措施。实践证明，人民警察在执行侦查、清查、巡逻和设卡拦截等任务中，如能合理、恰当地运用盘查技战术，不但能够及时有效地发现各类违法犯罪分子和犯罪嫌疑人员，并相机予以缉捕，而且能够有效地保护自己，减少不必要的伤亡。"后一句更能明显体现钱忠勇学者将盘查看成与巡逻和设卡拦截等相同性质的查缉措施。

③ 万毅：《论盘查》，《法学研究》2006 年第 2 期，第 130 页。万毅老师对此做了阐释："笔者认为，对盘查作双重定位更为准确。从认识论原理上讲，不同事物之间的界分是相对的，在性质不同的甲事物与乙事物之间，往往并非绝然对立，而是存在着一种过渡的中间状态，处于这种状态下的事物既可能具有甲事物的部分特征，也可能具有乙事物的某些特征。从刑事侦查实践来看，在预防犯罪的行政警察职能和追诉犯罪的司法警察职能之间确实存在着一个'灰色地带'，它在形式上属于行政警察预防犯罪的职能，但其执行过程往往会侵犯公民基本权利，其执行结果也经常促成逮捕、搜查、扣押等司法警察活动。这一'灰色地带'的警察活动，便是盘查，因此，盘查可以说是一种介于行政警察和司法警察职能之间、介于刑事侦查程序与行政调查程序之间、也介于警察法与刑事诉讼法之间的、具有双重属性的警察行为。"

程序与行政调查程序之间、也介于警察法与刑事诉讼法之间的、具有双重属性的警察行为"。之后其在《盘查程序研究》一书中，提出"新双重属性说"，区分"侦查性盘查"与"预防性盘查"两种模式，认为"侦查性盘查"是指盘查明显针对刑事案件而展开，如路检盘查案，则应定位为刑事行为；而"预防性盘查"是指盘查并非明显针对刑事案件而展开，如特里拍身案，形式上属于行政预防行为之范畴，[①] 但本质上其仍是持双重属性观点。

二　笔者的观点

笔者认为，在中国，仅包括拦截、盘问、搜查的盘查行为虽然从表面上看也确实存在某些刑事特征，但从本质上来说其仍是属于行政行为。

首先，我国《人民警察法》、《居民身份证法》、《城市人民警察巡逻规定》、《公安部关于公安机关执行〈人民警察法〉有关问题的解释》、《公安机关适用继续盘问规定》（2004 年 6 月 7 日中华人民共和国公安部令第 75 号）以及《公安派出所执法执勤工作规范》（2002 年 3 月 11 日中华人民共和国公安部令第 13 号）这几部法律法规均对警察的盘查行为作出了规定。从规定盘查行为的法律法规中可以看出，这几部法律规定的均是行政机关及其工作人员的行政权力，因此属行政法规。此外，吴俐等在《盘查制度若干问题初探》一文中还提及一反例："即便是依据《公安机关办理刑事案件程序规定》第 132 条[②]的规定，也不能得出盘查属于刑事强

---

① 万毅、艾明、刘宁：《盘查程序研究》，上海三联书店 2015 年版，第 97 页。

② 1998 年 5 月 14 日发布的《公安机关办理刑事案件程序规定》和 2007 年 10 月 25 日发布的《公安机关办理刑事案件程序规定修正案》均已被废止，新修订的《公安机关办理刑事案件程序规定》已经于 2012 年 12 月 3 日在公安部部长办公会议上通过，自 2013 年 1 月 1 日起施行。本文发表于 2009 年，尚未实行新法，旧法第 132 条的规定为："对被留置盘问的犯罪嫌疑人需要拘留、逮捕、取保候审或者监视居住的，应当在留置期间内办理法律手续。"新法将"被留置盘问"修改为"继续盘问期间"，用语更加规范，但其基本意思并未更改。新法第 153 条规定："继续盘问期间发现犯罪嫌疑人需要拘留、逮捕、取保候审或者监视居住的，应当立即办理法律手续。"仍然表明继续盘问期间若发现需要对犯罪嫌疑人采取强制措施的，应当在法定留置期间内，依据程序规定的要求，办理相应的法律手续。

制措施的结论。因为该条规定在留置期间发现需要对犯罪嫌疑人采取强制措施的，应当在法定留置期间内，依据程序规定的要求，办理相应的法律手续。这恰好说明了盘查措施中对相对人权利影响最大的留置盘查不是刑事强制措施。"① 另外，相关的刑事强制措施均是有法律明文规定的，我国《刑事诉讼法》规定的行政强制措施只有拘传、取保候审、监视居住、拘留和逮捕五种。

其次，警察盘查行为虽具有强制性，但对当事人权利的限制较小，一般是在当场较短时间内进行盘问、查验，但刑事行为中的强制措施对人身自由限制较大且时间较盘查行为时间长。根据我国《人民警察法》的规定，经过盘查后若排除其违法犯罪嫌疑应立即放行；若有第9条规定的四项情形之一的，可以将其带至公安机关，对其继续盘问，该盘问时间一般限制在24小时之内，并且在规定时间若仍无法作出决定的应立即释放。② 可见盘查只是一种临时性限制权利的措施，不带有制裁性。

再次，一般来说无论是刑事侦查行为还是刑事诉讼行为，因对当事人权利限制较大，均有严格的程序规定，面对刑事案件，公安机关自由裁量权小，但是在警察盘查行为的启动和具体适用程序上都有较大的自由裁量权。

最后，从救济方式上来看，当事人认为警察盘查行为给其合法权益造成损害的一般提起行政诉讼，确认该行为违法，并请求对造成的损害给予

① 吴俐、邢其伟：《盘查制度若干问题初探》，载《东南司法评论》2009 年卷，厦门大学出版社，第 310～311 页。
② 《人民警察法》第 9 条第 2 款："对被盘问人的留置时间自带至公安机关之时起不超过二十四小时，在特殊情况下，经县级以上公安机关批准，可以延长至四十八小时，并应当留有盘问记录。对于批准继续盘问的，应当立即通知其家属或者其所在单位。对于不批准继续盘问的，应当立即释放被盘问人。"第 3 项："经继续盘问，公安机关认为对被盘问人需要依法采取拘留或者其他强制措施的，应当在前款规定的期间作出决定；在前款规定的期间不能作出上述决定的，应当立即释放被盘问人。"

赔偿。另外，在实践中，盘查的行政性质也得到法院的支持。最高人民法院在 2001 年 7 月 4 日分别在批复重庆市高级人民法院、陕西省高级人民法院的请示报告中明确指出，留置盘问中未尽监管职责的行为属于不履行法定职责的行为，应当承担行政赔偿责任。① 可见最高人民法院也将警察盘查行为界定为行政行为。

因此，笔者认为盘查行为在本质上是行政行为。

第四节　盘查权的功能与作用

警察实施盘查行为是其依法履行职责行使职权的重要方面，对维护公共安全，预防、发现、控制违法犯罪活动以及执行追捕逃犯、侦查案件、巡逻执勤、维护公共场所治安秩序、现场调查等职务活动②起着积极作用。据调查，日本"社区警察"曾在 11 个月内，共计破获案件 248295 件，其中有 110820 件是以盘查的方式破获的。英国政策研究所曾调查表明，伦敦警方每年阻拦嫌疑人达 150 万人次，从而发现违法犯罪者 10 万人左右；另据英国内政部调查，伦敦警察总局每年通过盘查而逮捕的罪犯占该总局逮捕总数的一半。③ 可见，警察行使盘查行为对维护社会秩序产生积极作用，笔者将从以下三个方面具体阐释盘查权的功能与作用。

---

① 聂福茂、余凌云：《警察行政法学》，中国人民公安大学出版社 2005 年 1 月第 1 版，第 122 页。

② 《公安部关于公安机关执行〈人民警察法〉有关问题的解释》关于"如何理解、执行关于盘问、检查的规定"："依照人民警察法第九条的规定，公安机关的人民警察在执行追捕逃犯、侦查案件、巡逻执勤、维护公共场所治安秩序、现场调查等职务活动中，经出示表明自己人民警察身份的工作证件，即可以对行迹可疑、有违法犯罪嫌疑的人员进行盘问、检查。"

③ 转引自万毅、艾明、刘宁《盘查程序研究》，上海三联书店 2015 年版，第 1 页。原文来自郑善印《警察临检法制问题之研究》，《刑事法杂志》第 46 卷第 5 期。

一　预防犯罪的功能

克利夫兰（Cleveland）的一位执行任务的巡逻警探麦克法登（McFadden）在他常年巡逻的市中商业区发现街角有两名陌生男子（即特里——Terry 与奇尔顿——Chilton）。他看见他们轮流沿同一道路来回溜达，并停下来共计约 24 次凝望同一家店的橱窗。每次走完这段路两人都会在一个角落里商谈，其中一次有第三名男子卡茨（Katz）加入，卡茨随后迅速离开。由于怀疑他们"为持枪抢劫而踩点"，警探进行跟踪并发现他们在十几条街外的一家商店前与第三名男子汇合。警探走近三人，表明其警察身份，询问三人的姓名。这三人含糊不清地嘟囔了几句。于是麦克法登警官让特里转过身去，拍身搜查其外衣，并于上衣口袋中发现了一把手枪，但无法将其缴出。警官命令三人进入商店，他脱掉特里的外套，从中抽出一把左轮手枪，并命令三人双手抱头贴墙站。他拍身搜查奇尔顿和卡茨的外衣并从奇尔顿的上外套口袋中没收了一把左轮手枪。

本案即是经典的特里案，从中可以看出巡逻警探麦克法登通过观察及自身经验，有合理理由怀疑该三人有持枪抢劫的犯罪预备，通过拍身搜查搜得枪支后对其采取强制措施，避免了犯罪的发生。

二　刑事侦查功能

我国某市公安局两位民警在本市长途汽车站附近街面巡逻，发现一辆红色夏利出租车在他们前方不远处停下，车门打开时一名男青年一条腿跨出出租车，头伸出车门，见到两名巡警后突然又缩回车内。这名男青年的反常举动引起两名巡警的警觉，两名巡警依职业经验判断此事非常可疑，故上前将出租车内的两名青年请下车，对二人进行现场盘查，并检查身份证件及其随身携带的旅行包，发现包内有十多万元人民币和港币，问及钱的来源，二人支支吾吾，十分惊慌；巡警将二人带至派出所进行继续盘问。经查，二人携带的钱款为诈骗所得的赃款，正准备逃离时，被现场抓获。①

2010年7月19日凌晨3时许，湖南省望城县新康乡民警及巡防队员在辖区内例行巡逻，当行至高乔大道时，发现一位形迹可疑男子。巡逻民警高度警觉，立即下车对该男子进行盘查。在盘查过程中，该男子言辞闪烁，神色慌张，一会称其是修长湘高速的，一会儿称才来两三天，还没有上班，随身只带一只手机和充电器，说不清暂住何处。凭借丰富的侦查工作经验，民警认为该男子具有重大的流窜作案嫌疑，于是带回公安机关继续盘查。在将该男子带回派出所的途中，民警获取了一条重要信息，该男子经常去长沙市岳麓区望城坡的一个叫"某招待所"的地方，并且，在回派出所途中，该男子手机多次响动，民警分析认为其应该还有同伙。于是民警根据该男子曾提到的"某招待所"这一线索，立即赶赴望城坡围绕该招待所展开调查。民警立即对入住的每一个旅客的信息进行筛选，对入住人员进行盘查，在对一个湖北来凤县的男子进行检查时，发现该名男子随身携带撬锁、插门的工具，于是对其进行盘问检查，通过盘问发现疑点重大，带回公安机关通过审讯后其交代了入户盗窃的犯罪事实。②

由此可见，警察行使盘查行为对侦查刑事案件以及打击违法犯罪具有重大作用，许多案件都是以此侦破的，对刑事侦查活动做出重要贡献。

---

① 案例来源于邓国良《程序的魅力——警察行政执法程序规则研究》，中国人民公安大学出版社2014年版，第135页。
② 《长沙：望城警方通过巡逻盘查成功破获系列入室盗窃案》，湘警网，http://www.hnga.gov.cn/hnga/qfqz/gzff/news-12629.html，2017年5月2日访问。

三　整治社会秩序功能

2012 年 6 月，山东省威海荣成市开展了"打黑恶、反盗抢"安民行动，市公安局通过强化巡逻盘查工作，在崖头、石岛两地的 3 处重要出入口 24 小时设卡，对过往可疑车辆、人员进行盘查，在 36 个小时内破获刑事案件 7 起、治安案件 14 起，抓获一批犯罪嫌疑人，缴获一批作案工具。①

2014 年，广东省东莞市黄江公安分局在该镇合路村裕发步行街周边路段集中开展清查整治行动，重拳打击突出违法犯罪，大力整治社会治安突出问题，消除各类治安隐患。此次行动设清查、遣送、审查等 8 个职能小组，重点针对行动区域内出租屋违规开设临时房、未落实实名制登记、未安装治安监控等问题进行检查登记，盘查出租屋内的可疑人员、物品，达到整治一片、安定一方的工作目标。本次行动共出动民警 26 人，辅警队员 80 人，户管员 5 人，清查出租屋楼宇 50 余栋，盘查可疑人员 163 人，查处非法携带管制刀具案 1 起、吸毒案 3 起。通过规模用警，集中清查，进一步强化了出租屋管理，净化了辖区社会治安环境。②

2017 年 2 月，台湾地区高雄市警方于"二二八"连续假期拼治安，由于夜店、酒店等发生多起暴力案件，为维护社会治安、强化值勤能量，"内政部警政署"通令发出扩大临检扫荡动员令。高雄市由苓雅警分局执行"闭锁式扩大临检暨同步查缉毒品勤务"，集结保安警察大队、妇幼警察队、刑事警察大队的优势警力，强化扩大临检扫荡力度，针对苓雅区精华商业路段中山路、中华路等区域划设区块，执行高强度的闭锁式临检。据悉，查获数件违反"毒品危害防制条例"案件、窃盗案件等，惩治了犯

① 《市公安局 36 小时查破获 21 起案件》，威海新闻网，http://www.whnews.cn/weihai/node/2012-06/27/content_5355951.htm#，2017 年 5 月 2 日访问。
② 《黄江集中清查行动盘查可疑人员 163 人破获案件 4 宗》，东莞阳光网，http://news.sun0769.com/town/ms/201410/t20141019_4552913.shtml，2017 年 5 月 2 日访问。

罪、维护了社会治安。①

　　合理行使盘查权，无论是在预防、打击犯罪，还是在维护社会秩序、震慑不法分子方面均发挥着积极作用，因此，如何依法合理行使盘查权使其发挥最大功效是盘查权研究的最终落脚点。

---

① 《连假拼治安 高市警执行闭锁式临检》，法律法规网，http://www.lc123.net/xw/tp/2017 - 02 - 26/650319.html，2017 年 5 月 2 日访问。

第二章

盘查问题的提出——特里规则及『前世』

为了理清这一系列案件的发展演变过程，较直观地看美国联邦最高法院对盘查相关案件的审理观念与态度的变化，也为了探寻盘查行为本身的界定与发展，笔者整理、归纳了特里案及其前世案件之判决书，又依盘查内容的扩展、交通盘查（盘查空间和盘查对象的扩展）和特殊的盘查对后续相关案件进行了分类。本章主要涉及盘查问题的提出——特里规则及其"前世"。特里案是涉及行政即时强制启动标准的典型案例，它明确了"合理怀疑"的盘查启动标准，对规范和保障警察行政行为提供了实践范例。它实际确立了"截停与轻拍搜身"的特里规则（Terry stop-frisk rule），对美国后来的判例产生了直接而深远的影响。与作为其"前世"的马普案（*Mapp v. Ohio*, 367 U. S. 643 1961）放在一章，既反映从美国宪法第四修正案"非法证据排除规则"到"合理怀疑"的变化，也看出特里案判决与之前判例的渊源。

第一节　美国警察盘查的经典案例
——特里案（1968）

特里案①是美国联邦最高法院关于盘查的里程碑式的判例，对后来的

---

① 杨曙光、唐冉：《特里诉亥亥俄州案——美国警察即时强制盘查的经典案例》，载《行政法论丛》第 17 卷，法律出版社 2015 年 6 月版，第 327 页。本章节对特里案的援引为直接引用，案例原文来自 http://caselaw. lp. findlaw. com/，同时参阅 Westlaw 和 Lexis 数据库进行了校对。

相关判例有重大影响。特里案涉及了盘查启动标准及盘查手段和深度等问题，明确了"合理怀疑"的盘查启动标准，赋予了警官为排除嫌疑人武器使用之危险而进行外部轻拍搜身的权利，对规范和保障警察盘查行为提供了实践范例。

一　特里案简介

巡逻警探麦克法登在他常年巡逻的市中商业区发现街角有两名陌生人（上诉人特里与另一人奇尔顿）。他望见他们依次在同一条路上来回走动，并停下来看着同一家商店的窗户约 24 次。每次走完这段路他们都要在一个角落里讨论，其中一次卡茨加入，后又火速离开。警方追踪并发现他们在十几条街道外的一家商店前加入了第三名男子，因为怀疑他们"为持枪抢劫而踩点"，于是警察走近他们，表明其身份并询问他们的姓名。这三人回答含糊不清。因此，麦克法登警官让上诉人（特里）转过身来，搜查了他的外套，并在他的夹克口袋里发现了一把手枪，但是无法拿出。警察命令他们三人进入商店，并脱掉上诉人特里的外套，并拿出了一把左轮手枪，要求三人双手抱头并倚靠墙站立。他拍身搜查奇尔顿和卡茨的外套并从奇尔顿的上外套口袋里没收了一把左轮手枪。三人被带到警察局，特里和奇尔顿被指控有武器。被告申请非法证据排除。虽然审判庭驳回了原告关于枪械在逮捕时偶然搜查中被没收的说法，但也并没有同意排除非法证据的要求，并认同了手枪的证据效力。因为警察有理由相信他们二人的行为是可疑的，他们的盘查也是经过授权的，并且当有合理理由相信他们可能持有武器时，警察有权出于自我保护的目的来拍身搜查他们的外衣。审判庭对侦查性"临时扣留"和"逮捕"做了区分，并区分了寻找武器搜索的"拍身搜查"和全面搜查犯罪证据。州上诉法院确认他们二人有罪，州最高法院因没有"实质性宪法问题"而驳回了本案的上诉。

美国联邦最高法院判定，警察在街上拦截了嫌疑人并进行轻拍搜身，虽没有合理的逮捕理由但也未违反宪法第四修正案的禁止无理搜查和逮捕的规定。当警察所发现的不同于以往的行为使其根据经验合理地推测将有犯罪，而且当他表明警察身份进行盘问时所应对的人可能持有武器并存在现实的威胁，加之相遇之初的情形不足以消除其对自身安危和他人安全的担忧时，他便有权出于对自己和附近一带他人的保护而仔细地对嫌疑人的外衣进行有限的搜查，以期发现可能被用来袭击警察的武器。这样的搜查是宪法第四修正案范畴下的合理搜查，任何搜查出的武器都可以被合理地纳为对持有人不利的证据，也即如果警官对某人正在实施犯罪或为犯罪做准备有合理怀疑，可对其进行截停。警方为了自己的安全，如果他们有合理的理由怀疑犯罪嫌疑人"可能携带武器且有现实的危险"，可以对其外套予以快速表面搜查，以消除武器的危险。合理的怀疑一定是根据"特定的、明确的事实"而不仅仅是基于警察的主观判断。被允许的警官行为被简称为"截停和拍身搜查"，或"特里搜身"。

二 关于特里案适用宪法第四修正案的论证

宪法第四修正案规定："任何公民的人身、住宅、文件和财产不受无理搜查和查封……"① 这种至高无上的个人人身安全权不仅在家中处理私事的房主具有，城市街道上的公民也有。正如最高法院所强调的那样，个人拥有和控制自己自由的权利不受非法律明文规定的其他人的限制和干预。普通法下的任何权利都不比此更神圣和详细。

美国联邦最高法院近年的结论认为，"第四修正案保护的主体是人而

---

① 美国宪法第四修正案：任何公民的人身、住宅、文件和财产不受无理搜查和查封，没有合理事实依据，不能签发搜查令和逮捕令，搜查令必须具体描述清楚要搜查的地点、需要搜查和查封的具体文件和物品，逮捕令必须具体描述清楚要逮捕的人。

不是地方"，只要一人有合理的"隐私权合理预期"①，他便享有不受政府无理侵扰的权利。当然，此权利的内容与附属权利（incident）一定是由其载明的文本确定的。因为"宪法并未禁止所有搜查和逮捕，只禁止不合理的搜查和逮捕"。比如说，当特里走在克利夫兰的街道上时毫无疑问其是受宪法第四修正案保护的，问题在于在此种类似的情况中，他们的人身安全是否会因如此无理的搜查和逮捕而遭受危害。

一方面，人们常常认为警察在处理一些事务时是应有一些随其掌握的信息量而变的层级灵活的应对方式。为此目的，有一种观点认为，应区分"临时扣留"（stop）和"逮捕"（arrest）（或者说对人身的扣留，seizure）以及"拍身搜查"（frisk）和"搜查"（search）等相关词句。因此，我们认为警方应有权"临时扣留"某人，因此，我们认为警方应有权"暂时拘留"某人，并暂时怀疑其涉嫌犯罪，而暂时对其截停予以盘问。毫无疑问，他很有可能拥有武器，警察应该有"拍身搜查"来寻找武器的权力（power）。如果"临时扣留"和"拍身搜查"确定了嫌疑人犯罪的理由，则应授权警方正式逮捕并对该人进行全面的搜查。对于这一方案的论据某种情况下是根据"临时扣留"和"拍身搜查"所导致的只会是轻微不便和可忽略不计的羞辱的观念，为了有效执行法律，当警察存在合理怀疑的情况时，警察可以合理地对公民行使权力。

另一方面，也有人认为警察的权力应严格限于逮捕和搜查的法律规定，因为这已成为宪法第四修正案的法理传统。有人认为，不完全依赖于公民意愿的警务活动或仅做有可成立理由逮捕的警务活动是不存在或者说不能存在的。此种观点赞同宪法第四修正案主要是对违反公民安全的情形

---

① 英文原文为"expectation of privacy"，笔者将其译为"隐私权合理预期"，源于卡茨诉联邦政府案（*Katz v. United States*）的判例，套用英语人寿保险中年金计算的常用表达"expectation of live"（生命期望值）。

规定了严格的法律。与此同时，它配备了一个高度完善的司法控制系统，以使联邦当局执行宪法命令。而本次所体现出的有争议的现场盘查实践领域所带来的推动更为各法院所默许，这将导致司法控制的蜕化并推动警察对自由和人身安全的实质性干涉，警察的推动要受"发掘犯罪的竞争性计划中"最初的行为影响。这被认为只会加剧我们拥挤的城市中心警察和居民之间的紧张关系。

在这方面，联邦最高法院在讨论本案涉及的纠纷时，必须考虑司法职能在控制警察和公民在街上举行会议的局限性。州法院特此把此种争论分为警方在街道上拦截、检查和对武器的搜查的权利（right）（街上的行话叫"临时截停与拍身搜查"，stop and frisk）

但这是有偏见的，因为争论不在于警察行为的抽象合理性，而在于搜查和逮捕中所显示出的不利于上诉人的证据的可采性问题。宪法第四修正案所规定的证据排除规则自产生以来一直被用作阻吓（deterrent）警察不法行为的手段。因此这一规则的核心（thrust）是阻吓。此外，从以往的情况来看，这是在刑法范围内阻止警察不合理行为的绝无仅有的有效用的方法，如果此规则不成立，则宪法所规定的公民不受不合理的搜查和逮捕也将成为笑柄。根据宪法建立的法院不能也不应该违反公民的宪法权利，允许政府不受限制地使用这种侵入的结果。因此，在联邦最高法院的制度中，证据排除规则阐明了这样的理论：采用和排除证据的司法程序允许某些行为符合宪法保障，并否认政府机构的其他一些行为。联邦最高法院认为，在刑事审判中使用证据对于承认授权提供证据的行为是必要的，排除证据会妨碍宪法确认。

但是，排除非法证据作为司法控制手段也有其自身的局限性。它不能合理地用于排除警察的法律调查技术的结果，因为许多类似的行为涉及在没有逮捕令的情况下侵扰宪法保护的对象。此外，在某些情况下，这一规则作为一种阻吓手段是薄弱的。公民与警察在街上的相遇状况是非常多的，不仅只是单纯友好的交流，或者说只是为了信息的收集，当然也会涉及逮捕、受伤甚至失去生命的武装冲突。再者，武装冲突也不尽相同。有些是以一种非常友好的形式开始，却在交谈中摄入了一些本没有想到的内容而出现了逆转。警察有很多目的要开始这种接触，有些与起诉犯罪无关。① 也有一些警察的"现场调查"（field interrogation）② 行为违反了宪法第四修正案。但联邦最高法院坚决驳斥对此类行为的宽恕并不一定意味着联邦最高法院遵守证据排除规则。查明犯罪是警察的重要目标，无论该规则会起多大的作用，然而，它（非法证明排除规则）都无力阻止对宪法所保障的权利的侵犯，这个时候警方要么是不热衷于起诉犯罪，要么是因为其他的原因而放弃了原本可以取得胜利的起诉。

三　关于特里案适用合理怀疑标准的论证

下级法院表示麦克法登警探在搜查武器之前有理由建立起来的观点是"超出合理理解、夸大事实"的。然而，下级法院驳回了被告的动议，因

---

① 这类警察行为仅仅是为了帮助酗酒的人找到回家的路，在此人变得吵闹之前没有将其逮捕的意思；或者警察可能会对可能变为暴力的家庭争吵进行调解；警察可能在执行打击卖淫活动中接近一名本地周知的卖淫女而不需要引出起诉她们时的大麻烦；或者警察可以在听到将发生械斗的传闻后对城市特定部分的青少年展开拉网式武器搜查。

② 笔者未检索到"field interrogation"，但检索到"field interview"，源自 http://www. ehow. com/info_8223154_field-interview. html#ixzz2CM6DOA4w eHow. com，该文对其解释为：Police officers can't formally interrogate everyone who may have information about a crime. Beyond the logistical problems and time demands of arresting and interrogating numerous individuals, constitutional regulations prohibit wanton arrests. To help gather information while investigating crimes, law enforcement officials perform field interviews, informal questioning of a suspect performed on the spot of contact that aren't as structured as formal interrogations that follow the arrest of a suspect。此外，另一篇文章"Field Interviews and Pat-down Search"亦可作参考，其中对"field interview"的解释为：The brief detainment of an individual, whether on foot or in a vehicle, based on reasonable suspicion for the purposes of determining the individual's identity and resolving the officer's suspicions。故笔者将其译为"现场调查"（field interrogation）。

为警察根据自己的经验有合理的理由相信被告的行为是可疑的并且有必要进行调查。

在对警察的整体调查和案件背景进行宪法辩论的一般性理解之后，最高法院专注于案件事实所呈现的一个狭隘（narrow）的问题：在他们掌握可以确定的逮捕理由之前，警察进行个人人身扣留及有限的武器搜查（limited search for weapon）是否都是不合理的。鉴于这个问题的范围狭窄性（narrowness），最高法院无法在没有根据的逮捕理由情况下详细阐述警察权力范围的宪法限制。

经典的"临时扣留与轻拍搜身"之间的区别很容易将人们的注意力引到宪法第四修正案有关核心审查的内容：在各种场合下，政府强权部门对公民人身安全的侵犯是否合理。"搜查"和"扣留"并非护身符。也有一些人认为宪法第四修正案在警察停止上有部分不能算作"技术性逮捕"或"全面"搜查时压根没有起到一些限制性作用，然而最高法院却并不赞同此观点。不过，也有人觉得警察在公共场所对一名或许无助的双手抱头贴墙而站的公民实施如此的搜查是一种"微不足道的屈辱"的观点有些不切实际。① 这严重侵犯了公民的神圣尊严，这可能会造成极大的羞辱和强烈的羞耻感，所有这一切都不容小觑。

最高法院首先想到的是政府利益的性质和程度。其中一项普遍利益应该是有效的预防犯罪和刑事调查；正因如此产生了一种警察可以基于调查可能的犯罪行为在适当的情况下用一些适当的方式来接近一个人的观点，尽管警方也并没有什么可成立的理由将其逮捕。麦克法登警官在决定靠近特里及其同伙时所依据的正是这一合法调查的职权。他观察了 Terry、Chilton 和 Katz 的一系列动作，甚至他们也可能并不清楚，就是这些观察确

① 警察必须通过敏感的手指感知嫌犯（prisoner）身体的每一部分。必须对嫌犯（prisoner）的手臂和腋下、腰身和后背、腹股沟和要害部位、大腿以下至双脚的表面进行彻底的搜查。

定了对其进行下一步调查的必备条件。站在角落里的两个男人没有什么不寻常的事情，他们也许在等谁。毫无疑问，在这种状况下，人们沿着街道行走，无论是独自行走还是结伴同行都并没有什么可疑的地方。此外，商店的橱窗本就是用来观望的。但是，本案的这种情况与以往的非常不同：这两个人在街角逗留了相当长的时间，并且他们很显然也并不是在等待某人或某事；两个人轮流沿着同一条街走，在同一个窗口停了大约 24 次并且向里张望。每当两人走完这条路时，都会在街角处讨论一番；之后第三名男子加入讨论后又迅速离开，两人最终沿第三人的路线与其在十几条街外汇合。若一个有着 30 年商店反扒侦查经验的警察都不能在他所负责的街区对该行为作进一步盘查，那么该警察也确实是非常不称职的。

现在，最高法院必须研究此案中麦克法登警官的行为，从而确定他对特里的搜查和逮捕在其动机和表现方面是否合理。麦克法登对特里、奇尔顿和另外一名男子的行为观察很久，他们的动作使他认为他们是在做持枪抢劫的预备工作。最高法院认为，基于麦克法登警探在陪审团前描述的事实和情境，一个理性、谨慎的人会确信上诉人持有武器并对正在调查其可疑行迹的警探造成安全威胁。上诉人和奇尔顿的行为与警察认为他们谋划白天行抢的猜测相符，这种抢劫很可能会涉及武器的使用。从警探第一眼注意到他们再到他走上前去表明自己警察的身份的这段时间里，三人的行为并未提供充分的证据打消警探的猜测。尽管三名当事人已经离开了现场，但没有任何迹象表明他们放弃了抢劫的意图。因此当麦克法登警探靠近聚在商店橱窗前的这三人时，他所做的观察已使其有足够合理的理由担心他们持有武器，而且三人对他打招呼、表明警察身份、询问他们姓名的回应并未消除该合理怀疑。最高法院不认为警探当时所做的逮捕特里并对其进行拍身武器搜查的决定是多变且臆想的结果，其也不能简单地被当作一次侵扰；盘问过程中的警察需迅速作出如何保护自身和他人免受潜在威胁的决定并以有限的行动实现这一目的，在案的记录证明了这样一位警察的温和得当的行为。

本案中的搜查范围不存在严重问题。麦克法登警探轻拍搜查了上诉人及其两名同伙的外衣，直至感觉到武器前，他并未将手伸进他们的衣服口袋，也未伸入他们的外衣里，之后他也仅是伸向手枪并将其抽出。他对卡茨的人身侵扰仅限于外衣面，因为在他拍身搜查的过程中没有发现任何疑似武器的东西。麦克法登警探将搜查严格限制在探究三人是否有武器和发现武器后进行械除的最小必要性之内。他所实施的并不是为发现或然存在的犯罪证据而进行的全面搜查。

四　关于特里案的搜查仅限于武器的论证

下级法院一直觉得，警察因为自我保护的目的是完全有权对他们这些被合理怀疑持有枪支的人的外套进行拍身搜查的。而下级法院对侦察性"临时扣留"和"逮捕"也进行了区别，并区别了哪些是为搜查武器①而采取的"拍身搜查"措施，哪些是为获得犯罪证据而采取的全面搜身。下级法院认为拍身搜查对警察履职是不能缺少的，因为若是没有这样的措施，"警察的答复很可能是一颗子弹，在拍身搜查中发现的一把上满子弹的手枪是可以作为证据的"。

但是，案件的核心不是麦克法登警官盘查上诉人的可疑行为是否合适，而是对于警察因为在盘查中采取了针对武器的搜查措施而对上诉人的人身安全构成了一定的侵扰是不是合适的，也就是警方是否有权对特里的人身安全施加一定的影响。最高法院更关心的问题并不是调查政府在犯罪

---

①　例如，在本案中，俄亥俄州上诉法院称，最高法院需认真区分此处授权的"轻拍搜身"仅包括对危险武器的"轻拍搜身"。它绝不授权进行针对走私、证据材料或缺少合理逮捕理由时的其他行为的搜查。这种搜查遵从于宪法第四修正案，并需要可成立的理由。

中的利益，而是警方正采取更多措施使自己相信他们所面对的人不会拥有会突然造成致命伤害的武器。更确切地说，要求警察在履职时承担不必要的风险是不对的，或者说也是无法体现真正的人权的。美国确有相对久远的武装暴力犯罪传统，而且每年都有在履职中遭受损害的官员，并且几乎所有的死亡和大部分的伤害是由枪支和刀具引起的。

在这种情况下，最高法院不能因为缺乏可挽回的逮捕理由而忽视保护执行法律的官员的必要性，也不能忽视保护那些可能成为暴力受害者的必要性。如果警察可以证明近距离的嫌疑人持有武器并对警察或其他人构成真正的威胁，否认警察必须采取必要措施来确定该人是否真正持有武器并减少当时的人身伤害的权力（power）就会显得有些冷漠。

然而联邦最高法院仍要考虑的是，当警官在缺少因犯罪而逮捕的理由仍被授权可以对武器进行搜索时，个人权利因此受到侵扰的实质和程度。即便是对外套的有限的局部的武器搜查也是对人身安全的（尽管很简单）侵害，不仅如此，这一过程也一定是烦躁的、害怕的，甚至是一种羞辱。上诉人争辩说，只有在警察调查开始时涉及拥有武器或犯罪的罪行才能接受或合法逮捕此类入侵。

上诉人没有声称在有理由逮捕他们之前，警方应该限制对任何可疑情况的调查。他也没有否认警察发现他们正面临的是危险的人。此外，他也不相信警官在搜查嫌疑人以发现武器时的行为都不具有正当性。不同的是，他认为警方在等待逮捕的理由之后采取这一步骤是合理的。如果时机成熟，上诉人将承认警方有搜查涉嫌武器、犯罪结果或工具以及逮捕所附的"纯粹"证据的权利（right）。

然而论证过程中存在两点不足。首先，没有考虑对搜索范围的传统限制，因此不可能注意到搜查的目的与逮捕中有限的武器搜查之间的区别。虽然前者的合理性在于需要保护对秘密携带武器进行逮捕的警察，而且也因此涉及对该人的相对强烈的搜查。不过，无可成立的逮捕理由而进行的武器搜查必须同其他搜查一样严格受证明其动因正当性的紧急情形的制约。因此，必须限制寻找也许能够用于伤害警察和附近其他人的武器的必要限度。它实际上被归类为"完整"搜索，尽管它仍然是一个严重的入侵。

关于上诉人辩论的第二个反驳点是，他假设逮捕的法涉及的特殊利益——减少警方面临的威胁与调查中个人不可侵犯的尊严——之间平衡。但情况绝不是仅此而已。逮捕是一种侵犯个人自由的行为，与有限的武器搜索完全不同。逮捕是犯罪起诉的最开始阶段。它的目的是维护守法和遵纪守法的利益，不论其最终是否会被判决或被定罪，并且不可避免地伴随着随后对个人自由的干涉。相比之下，对武器的保护性搜查只是对个人不可侵犯的尊严的一种简单（虽然远非微不足道）的侵犯。但无法得出结论，因为只有获得的信息可以使他确信某人已经或将要犯罪，警方才能合法地逮捕该人。因此，除了逮捕外，在没有上述理由的情况下，警方的任何入侵都是不合理的。另外，警察能够在了解了很多信息后确保其能出于打击犯罪的目的而合法地将某人扣押于拘留所前就合理地产生了一些危险的担忧。因此，上诉人的误解是根据确定逮捕中"搜查"和附带搜查的合理性的标准来选择的。他假定了这两个案件中应被保护的利益和对人身安全的侵扰可能是等同的，因而忽略了宪法第四修正案范畴下分析特定行为类型合理性的一个重要方面。

最高法院对此类案件中强调的合理平衡的评估得出以下结论：须有狭义规制的权力（narrowly drawn authority）来许可出于保护警察的合理的武器搜查，此时警察有理由相信其所面对的是一个持枪的危险分子，且不论其是否有将其作为犯罪分子逮捕的可成立的理由。警察并不需要完全确信此人持有武器；争议点在于，在这种情形下，一个理性、谨慎的人是否确信其安全或他人安全遭受威胁。确定此种情形下警察的行为是否合理时，应重视的不是其起初的、不具体的怀疑或者其"预感"（hunch）而是其可以根据经验从事实中得出的合理推论。

最高法院得出结论认为，从特里那里发现的手枪可以合理地被用作不利于他们的证据。麦克法登警探在扣留上诉人并对其进行武器搜查时有合理理由相信上诉人持有武器且十分危险，而且他为保护自己和他人必须迅速采取措施以查清真相减少威胁。警察小心地把搜查限制在找寻某些特别事物的合理范围之内。当然这类情形中的每一案件都会因各自的案情而异。最高法院仅对今天的案件有以下想法，那就是如果警察根据经验感受到有异常的行为让他感觉很有可能有犯罪发生，这是基于一种合理经验的预判，并且如果他表明了自己的身份并对其进行继续盘问，那么这时他就可能面对的是一个持有武器的罪犯，这一危险的情形和之前的预判都不能够消除对自身安全的担忧时，警察也就可以为自己的安全和周围人物的安危而采取轻拍搜身的措施，以期发现可能被用来伤害警察的武器。这样的搜查是宪法第四修正案范畴下的合理搜查，任何搜查出的武器都可以被合理地纳为对持有人不利的证据。

五　本案的协同意见与反对意见

（一）哈伦（Harlan）大法官和怀特（White）大法官的协同意见

警察在采取"临时截停"措施的同时也有采取"拍身武器搜查"的权利（right）是合理地受到宪法第四修正案保护的制约的。最高法院一直觉得如果这一权利不再基于警察应有合法、有效的逮捕证，更不基于其可成立的条件时，那么采取这种措施警察就必须具有合理性。既然在该案中或者说在大部分案件中值得怀疑之处均是因轻拍搜身而获得的证据到底能否被作为证据使用，是否需要作为非法证据被排除，那么最重要的就是如何轻拍搜身才算是合理的。

若俄亥俄州可以证实警察在尚未有足够成立的理由的明确的怀疑时能够强行对其进行拍身搜查，而且怀疑其秘密持有武器并缴械，如此法官也不会怀疑起源于这一权威的行为具有宪法上的合理性。对民众造成严重的现实威胁的是（嫌疑人可能）秘密携带武器。假使此种威胁不能授权（警察）进行例行的武器排查，也"有可能"促成此行为的产生。哈伦大法官提到这一分析过程是因为一定要指出这一情形是不适用于本案的。根据审判团之前所作出的相关案例来看，俄亥俄州也没有授权警察轻拍搜身以及解除嫌疑人武装的常规权利。当没有州授权时，警察和其他公民一样都没有权对路人或其他只处于常规盘查阶段的人实施拍身搜查（pat down）。所以俄亥俄州法院也不能从任何普通法权威中为麦克法登警察采取合理的措施提供保护，这其中也为包括他们自己在内的公民可以不受到武器威胁"轻拍搜身"的合宪性找到依据。

与此不同的是俄亥俄州法院更赞同若警察在执勤时合法地面对一位可能有恶意的人时，有权根据当时情况的必要性对其他更为广泛的权利采取武器解除或为自我保护而进行轻拍搜身的措施。哈伦大法官是同意该观点的，而且认为最高法院也是支持该观点的，不过该观点也只是为支持这一判决提供了哈伦大法官所能想到的合理支撑，然而哈伦大法官认为最高法院有两处逻辑推论的阐述并不详尽。

尽管轻拍搜身已经证实是为当警察与公民相遇时来更好地保护警察，那么他也一定要有想法层面的合理理由以证明该次相遇迫使其实施强行的临时拦截。而且包括警察在内的任何公民都可以躲避他们所认为的危险分子，尤其是在警察有权为保护自我人身安全而接触此人的武器时，他一定首先不需要躲避此人而一定要现身的权利。这一权利一定是大于自由的

（且为全部公民所享有），如此才可以向别人询问，这主要是一般情况下被问话的人也有平等的权利来拒绝回答他人的问询并径自走开；他自然觉得不用接受由于保护提问者而进行的拍身搜查。哈伦大法官想阐释的是本案中拍身搜查的权利根据为盘查犯罪嫌疑人而进行的强行拦截的合法性。

不过，若该种临时扣留是非常合理的，当怀疑有一些暴力犯罪的可能性时，但是，如果在此种临时扣留是合理的情况下，若是怀疑存在一些暴力犯罪的可能性，轻拍搜身的权利就一定要即时、自动地出现。正像合法逮捕中附带的全面搜查不需要其他的正当理由一样，合法扣留中附带的有限轻拍搜身同样都是迅速、常规的。警察合理却强行地面对一个可能有严重罪行的人，并且在对其盘问时更要冒着有可能"收到"一枚子弹的危险，这是没有道理的。

该案件确实对适当实施临时截停和附带轻拍搜身有一定说明作用。麦克法登警察并没有其他可以站得住脚的逮捕理由，不过他所观察到的情况确实能够使一名老道、谨慎的警察有一定理由怀疑特里很有可能参与偷盗或抢劫。他有正当合理的理由来接近特里，短暂地限制其行动的自由并进行盘问，这一系列行为提供了适当的宪法基础。警察除怀疑特里有可能在谋划暴力犯罪以外确实没有其他任何理由来推测特里持有武器。麦克法登警官并没有要求特里必须大声回答问题或给他解释自己在场和行为的时间便强行对其进行拍身搜查。麦克法登警察对特里的人身自由进行暂时性的限制的该项权利的根源确实是考虑到了当时的情况，授权其与特里相遇从而尝试阻止或调查犯罪。

（二）道格拉斯（Douglas）大法官的反对意见

道格拉斯大法官也认为上诉人在宪法第四修正案范畴内被"扣留"了的观点是成立的，以及对上诉人及其同伴的拍身武器搜查是"搜查"。不过，"搜查"和"扣留"是怎样因为宪法第四修正案的标准而作为合宪依据的这也是无法得知的，除非存在"可成立的理由"使人相信：（1）已有犯罪发生或（2）犯罪正在发生或（3）犯罪将要发生。

最高法院的观点也的确摈弃了对"可成立的理由"的要求。尤其是若是对在公共场所闲逛（loitering）这一事实存在争议，当然这就是原告的指控，于是就会存在"可成立的理由"。不过这里提到的犯罪是所谓的秘密持有武器，而且也并没有理由可以说警察有"可成立的理由"从而确信犯罪正在发生。若已经申请逮捕令，就连治安官也没有权力签发，因为他只能当有"可成立的理由"时才能这样做。联邦最高法院认为警察的"扣留"以及"搜查"这一行为的权力是远大于法官对此进行许可的权利的。联邦最高法院已经多次阐释了这一状况。

一言以蔽之，直到今天警察完全是有权力在没有令状时采取逮捕措施或是展开搜查的，不过这也只能是他们基于自身的经验予以判断一些能符合宪法上可成立的理由的情形。在实施无令状"扣留"措施时，警察掌握的相关被逮捕者的事实一定能让治安官确信的确存在可成立的理由。"可成立的理由"一词强调了确定性，这是像"合理怀疑"这类词不具有的含义。另外，"可成立的理由"的含义也确实早已深刻地刻在了宪法的史册。就像审判庭在 *Henry v. United States*，*361 U. S. 98*，*361 U. S. 100 - 102* 中所说的：

> 至于可成立的理由，历史上其实早有涉及。普通逮捕证（warrant）上被逮捕人的姓名一栏是空白的，加上为詹姆斯·奥蒂斯（James Otis）所抨击的授权清理动产令（writs of assistance），这两者都经常可以在许可警察根据其怀疑而采取逮捕和搜查的实践中见到。因为在向治安官申请之前是不能有"可成立的理由"的，警方的控制代替了司法控制（judicial control）。

就像美国早期在宪法第四修正案之前或一段时间之后所表现的，普通的流言、报道、怀疑甚至是"可靠的怀疑理由"都不能形成逮捕的令状，这一原则直到今天还在沿用。

审判庭认为应严格贯彻"对可成立的理由的"要求制度。因为宪法所规定的这一标准不仅是对警察的保护也是对公民权益的一种保障。若警察有所谓的可成立的理由并采取相应的措施，即便之后发现公民并没有犯罪，警察也是可以受到保护的……尽管无令状的有限搜查在附带法定逮捕时是合法的，但是若无证逮捕是为辅助附带搜查时，就需要有可成立的理由……官员的这一豁免权的扩张很难不危害公民的隐私或安全。

若最高法院要求警察应有"可成立的理由"才能采取"扣留"措施，那么其他任何逮捕对人身自由的侵犯也只能在宪法第四修正案的范畴下才能是"合理"的。这一界限对警察单纯的猜测和事实进行了有益处的区别，基于警察自身的经验可以让一个理性谨慎的人得出被扣留的人已经或者将要实施犯罪的结论。

正像他们的名字所暗含的，审判庭在处理可成立理由上实际是研究了一种可能性的问题。当然这一系列的问题的技术含量并不是非常高：这确是理性谨慎的人，而不是法律专家们怎样思考日常生活中的事实和实践问题。

给予警察比治安官更大的权力是在极权主义（totalitarian）路上所迈出的一大步。也许这对于适应现代违法现象（lawlessness）而言是有益的。不过这一选择也一定是人民通过宪法修正案所做的慎重选择。宪法第四修正案与宪法第五修正案有非常紧密的联系，不过直到宪法第四修正案修改之前，个人的人身和财产在没有合理理由相信（即可成立的理由）已有或将有犯罪行为发生时不可侵犯。

历史上一直有要求最高法院提供宪法保障并给予警察优势地位的呼声。但是这种要求在目前已经非常强烈。不过如果人权不再是那么独特和至高无上的，若是警察只要不喜欢一个公民就可以阻挡，并且警察可以依据裁量权"扣留"和"搜查"此人，联邦就算是进入了一个新的政体，也一定要经过全民的全面讨论才能选择这种政体。

六 法庭判决

第一，宪法第四修正案给予公民有反对不合理的搜查和逮捕的权利，经宪法第十四修正案① "保护的主体是人而不是地方"② 的规定在联邦应

---

① 美国宪法第十四修正案：凡于合众国出生或归化合并受合众国管辖者，均为合众国及其他居住州之公民。任何州均不得制定或实施剥夺合众国公民之特权或豁免权之法律；任何州未经正当法律程序不得剥夺任何人之生命、自由或财产；亦不得拒绝给予在其辖下之人同等之法律保护。众议员名额应按各州人口总数比例分配之，但不纳税的印第安人除外。各州年满 21 岁且为合众国公民之男性居民，除因参加叛乱或犯其他罪行者外，其选举合众国总统与副总统选举人、国会议员、州行政和司法官员或州议会议员的权利被取消或剥夺时，该州众议员人数应按上述男性公民的人数同该州年满 21 岁的男性公民总人数的比例予以削减。无论何人，凡先前曾以国会议员、合众国官员、州议会议员或州行政或司法官员，宣誓拥护合众国宪法，而又参与反对合众国的暴乱或谋叛，或给予合众国敌人以帮助或庇护者，不得为国会参议员或众议员、总统和副总统选举人，或在合众国或任何一州任文职、军职官员。但国会可以每院三分之二的票数取消此项限制。经法律认可的合众国公债，包括因支付平定暴乱或叛乱有功人员的养老金和奖金而产生的债务，其效力不得怀疑。但合众国或任何一州都不得承担或偿付因资助对合众国作乱或谋叛而产生的任何债务或义务，或因丧失或解放任何奴隶而提出的任何赔偿要求；所有此类债务、义务和要求均应被认为是非法和无效的。国会有权以适当立法实施本条各项规定。

② 英文原文为"protect people not places"，笔者将其译为"保护的主体是人而不是地方"，源于卡茨诉联邦政府案的主审法官斯图尔德的判决书。

特里案判决书中多次提到卡茨诉联邦政府案，此案的案情是：1967 年，一名叫卡茨的人因在电话中传播赌博信息而遭到逮捕。在对卡茨的审判中，控方出示了对卡茨的电话录音作为证据，录音是通过对卡茨使用的公用电话亭安装窃听设置得到的。对于此次窃听，办案人员没有取得搜查令及任何法律文件。检控方坚持认为电话亭是公共场所，不受宪法第四修正案保护，无需搜查令就能进行窃听。

主审此案的大法官斯图尔德认为，宪法第四修正案保护的是人们正当的隐私权，保护的主体是人而不是地方。即使一个人身处公共场所，但如果他不想把自己的某些行为或物品暴露给公众，那么他的这种隐私权就应当属于宪法第四修正案的保护范畴。当卡茨进入电话亭关上电话亭的门的时候，他希望享有的权利是他的电话交谈不被外面的人听到，简单来说，他不应被窃听。所以侦查人员窃听来的录音属于非法证据，法庭不予采纳。

卡茨案的意义在于，它扩大了宪法第四修正案对普通公民的保护范围，让人们在公共场合中也得到隐私权的保护。而且它采用合理期望标准来判断每一个具体情况是否属于宪法的保护范畴。按此标准，只要当事人在处于某一空间时，主观上期望隐私，同时这种期望又被社会认为是合理的，那么这个空间就属于宪法第四修正案保护的地方。

用，因此就像适用于家里或者其他处所的人一样也如此适用于路上的公民。

第二，本案的争议点（issue）不是抽象的警察行为的合理性，而在于"搜查与逮捕"（search and seizure）途中所显现出的不利于上诉人的证据的可采性。

第三，证据排除规则无法用来合理地排除合法且有素的警方调查技术，审判庭准用这些技术并不否认除非法证据排除以外的限制警察滥用权力的救济方式，因为非法证据排除并非最有效措施。

第四，宪法第四修正案适用于如下"临时扣留与轻拍搜身"的程序。

（1）警察在宪法第四修正案的范围内"逮捕"（seizure）该人，无论警察何时靠近（accost）一人并不允许其离开。

（2）为了搜查武器而对某人的衣服外套进行拍打寻查正是宪法第四修正案所指的"搜查"（search）。

第五，一名经验丰富、谨慎细致的警察在特定状况中确保自身以及其他人的安全免受暴力威胁时，可以对他们认为持有武器的危险人员合理地采取武器搜查措施，不管他们是否有可成立的理由（probable cause）① 都应是由于犯罪而逮捕该人，而不论是否确定该人持有武器。

（1）尽管警察在采取措施时都要保证搜查和逮捕时持有逮捕证，但是街区警察在现场搜查中一定要迅速采取一系列措施时可以不遵守该程序。

（2）所有特定搜查和逮捕的合理性都一定要根据特定的情况来进行判断，而并没有根据一个细致理性的人是否能够确保应采取的行为是合适的评判标准。

（3）本案中警察决定靠近上诉人和他的同伙时，是在实施对可疑行为

---

① 宪法第四修正案要求搜查和扣押必须是"合理的"（reasonable），而经过本案后要求为"合理根据"（probable cause），程度有所降低。

盘查的权力或是说职责。

（4）当一名警官有合适的理由确信他所近距离盘查的行为可疑的人可能持有武器时，为避免人身安全所遭受的威胁，也的确能采取必要的措施来确认他们是否持有武器。

（5）无可成立的逮捕理由（probable cause of arrest）而进行的武器搜查一定要严格地受情况紧急性的限定。

（6）警察在还没有掌握合法化逮捕的信息前如果有合理的危险忧虑，就可在无逮捕证的情况下侵扰（intrusion）该公民。

第六，警察对于上诉人和他的同伙进行的保护性搜查（protective seizure）以及进行的有限的搜查在动因和履行方面都是合理的。

（1）上诉人和他同伙这一系列的动作符合警察的推测：很有可能是在谋划持枪抢劫。

（2）警察的搜查仅限于确定三人是否持有武器时的最低必要范围内，而且他基于保护自己和附近他人的目的而采取的侵扰也只是限定在确认是否有武器。

第七，从上诉人身上找到的左轮手枪被适当地用为反对他的证据。因为逮捕前的搜查具有宪法第四修正案范畴内的合理性。

州上诉法院确认上诉人特里有罪，州最高法院以本案不涉及"实质性宪法问题"而驳回上诉。美国联邦最高法院维持原判。

第二节　非法证据排除的经典案例
——马普案（1961）

关于非法证据排除规则，当时，无论是在美国法院系统还是在更广泛的美国社会公众层面，该规则是否可取这一问题，已经引发激烈的争论。在威克斯案 [*Weeks v. United States*, *232 U. S. 383*（*1914*），或称 "Weeks

案"] 和沃夫案 [*Wolf v. Colorado, 338 U. S. 25（1949）*] 中，美国联邦最高法院认为，通过判例将权利法案提供的各种保护适用于各州，是一种极端强硬的做法，美国联邦最高法院并不愿意将这一立法政策施加于各州。但是，最终，在马普案①中，美国联邦最高法院将非法证据排除规则这一救济手段作为宪法要求施加于各州，并由此赋予了宪法第四修正案某种实质意义，即以违反宪法第四修正案方式获得的证据必然予以排除。这三个判例也展现了美国联邦最高法院对待非法证据排除规则这一救济手段基本态度的演进历程。所以，在美国，非法证据排除规则意义上的"非法"事实上是指"违反了宪法"，而非一般意义上的普通法。②

一 马普案简介

在 1957 年 5 月 23 日，克利夫兰的三名警察根据一条消息到达了马普的住所，该消息称"一名因近期爆炸案的问询调查而被通缉的人正躲在房中，且房中有大量警用物品"。这栋住所的顶层住着马普小姐和其与前夫所生的女儿。警察到达该房屋时敲了门并请求入内。但是马普在致电其律师后拒绝让无搜查令（without a search warrant）的警察进入。警察将情形汇报给总局，并对该房屋实施了监控（surveillance）。

大约三小时后，又有至少四名警察到达现场，警方再次要求进到房屋内。马普小姐并未立刻来到门边，此时警察强行（forcibly）打开了房屋多扇门中的一扇并得以入内。当马普小姐的律师到达时，在已经保障自身进入安全并持续藐视法律的警察们却不让律师见马普小姐，亦不让该律师进入（entry）。在警察以高压暴力方式进入客厅时，马普小姐正从楼上顺楼

---

① 本章节对马普案的援引为直接引用，案例原文来自 http://caselaw. lp. findlaw. com/，同时参阅 Westlaw 和 Lexis 数据库进行了校对。
② 吴宏耀等:《美国联邦宪法第四修正案：非法证据排除规则》，中国人民公安大学出版社 2010 年 1 月第 1 版，第 82 页、第 83 页、第 90 页和第 97 页。

梯下到一半。她要求看一下搜查令。一名警察手里举着一张称作令状的纸。马普小姐夺下这张"令状"（warrant）并将它放在怀中。警察在持续的争夺中夺回了纸张并将马普铐住，因为在警察从她身上取回"令状"时她的反抗显得"好斗"（belligerent）①。警察无情地对待马普，其中一名警察"抓过"（grabbed）她，"反剪其双手"（twisted［her］hand），马普"因为很疼"（it was hurting）而大喊大叫并请求他。马普被手铐铐住，并被粗暴地带到其位于楼上的卧室，在那里，警察搜查了衣橱、抽屉、壁橱和几个手提箱。他们也检了相册以及马普的私人材料。搜查范围扩展到二楼包括孩子卧室、客厅、厨房和餐厅在内的其他地方。房屋的地下室和那里面的一个大箱子也被搜查了。马普被判所持有的淫秽物品是在这一场大搜查中发现的。

初审时，起诉中并未出示搜查令（search warrant），但也没有无法出示的解释或证明，充其量"证据中在关于是否有审核搜查被告人住所的令状问题上有相当大的疑问"。俄亥俄州最高法院认为可以得出定罪应被撤销的"合理主张"（reasonable argument），因为获得（证据）的手段"冒犯"（offend）了公平正义之感，"但是法庭认为事实清楚之处在于证据不是在对被告人突然用力或进攻时所得"。

被告在俄亥俄州普通诉讼法院（Ohio Common Pleas Court）被判持有淫秽物品罪。俄亥俄州上诉法院（Ohio Court of Appeals）维持了该判决，俄亥俄州最高法院（170 Ohio St 427，11 Ohio Ops 2d 169，166 NE2d 387）维持了该州上诉法院的判决。俄亥俄州最高法院注意到被告被判所持有的物品是在对被告住所的搜查中发现的，因此认为记录不足以判断是否有搜查被告住所

---

① 英文原文为"belligerent"，笔者将其译为"好斗"，《元照英美法词典》（缩印版）（薛波主编，北京大学出版社2013年10月缩印版，第140页）对其解释为："好战的；好斗的；从事战争的；交战的。"

的令状，但认为依据俄亥俄州法律，非法搜查和扣留所得的证据可以用于刑事诉讼，而且根据美国最高法院对沃夫案的判决，联邦宪法允许州采取在俄亥俄州盛行的规则。法庭不到六名法官持多数意见，认为被告被定罪所依据的法律是违宪的，该法律使得知晓持有淫秽书籍和图片成为犯罪，但是根据俄亥俄州法律，这种多数不足以实现撤销上诉法院的判决。

在上诉中，美国联邦最高法院撤销了俄亥俄州最高法院的判决，将案件发回该法院重审。克拉克法官的意见代表美国联邦最高法院五名法官的意见，该意见推翻了沃夫案的先例，并认为作为程序问题，违反宪法第四修正案的搜查和逮捕中所获得的证据不得被州法院或联邦法院采纳。

二 基于宪法第四修正案的非法证据排除规则

Boyd 案后不到 30 年时间里，美国联邦最高法院在威克斯案中认为："第四修正案……使得美国各法院和联邦官员在行使权力时受到了限制（limitations）和约束（restraints）（并且）……永远保护公民、人身、住宅、信件和财产不受假借法律之名的不合理搜查和扣押（all unreasonable searches and seizures）……联邦制度下所有被委以（entrusted）执法之任的人都有义务使修正案生效并付诸实施。"

尤其是在处理违宪①扣留（unconstitutionally seized）所得证据的使用问题时，法院得出结论："如果信件和私人材料可以被这样扣留并用作不利于被指控犯罪的公民的证据，第四修正案声称的对不受此类搜查和扣留的

---

① 英文原文为"unconstitutional"，笔者将其译为"违宪"，《元照英美法词典》（缩印版）（薛波主编，北京大学出版社 2013 年 10 月缩印版，第 1369 页）将其解释为："不合宪的；违宪的；与宪法相抵触的。该词有两种不同的用法，一种可以称之为英国用法，是指立法与某一公认的普通原则相抵触，这仅意味着此项立法是不明智的，或是建立在错误的或不正当的原则之上，或者与普遍接受的政策相冲突。另一种可称之为美国用法，是指立法与成文宪法尤其是美国宪法的某一条款相冲突。"

权利的保护就变得无效，目前所列的内容也很可能不为宪法所容。法院和公务人员将犯罪者正法的努力固然很值得表扬，但不能以牺牲经过多年来辛苦努力反映在基本法中的重要原则为代价。"

而且，法院在该案中明确表明使用扣留的证据涉及"对被告人宪法权利的否定"（a denial of the constitutional rights of the accused）。因此在 1914 年的威克斯案中，法院"首次"认为"在联邦公诉中，第四修正案禁止采纳非法搜查和扣留中获得的证据"。法院自此要求联邦法执法人员严格遵守该规定，法院认为这一规定，即使从司法角度看，也是简洁明确、合乎宪法要求（constitutionally required）的威慑性保护的，若不坚持此规定，宪法第四修正案早沦为"一纸空文"（a form of words）。很简单，这意味着"依据违法扣留（unlawful seizures）和强制认罪（enforced confessions）进行的指控得不到法院判决的支持……"，而且这样的证据"应当完全不被采纳"（shall not be used at all）。

（一）沃夫案重述

威克斯案宣判 35 年后，法院在 1949 年的沃夫案中首次讨论了宪法第四修正案对各州实施宪法第十四修正案正当程序条款（due process clause）的影响。如是写道："我们可以毫不犹豫地说如果州断然核准警察对隐私的侵扰，这将与第十四修正案的保障背道而驰（run counter）。"

然而法院表明，"不受警方的任意侵扰的个人隐私安全"依据有序自由的理念是绝对的，"该权利在正当程序条款中针对各州具有强制执行力"，并宣布"坚决坚持"威克斯案的判决，法院判决威克斯案的排除规则不能作为"权利的重要组成"强制各州适用。法院不将隐私权重要性视作依据正当程序条款施加给各州的缰绳的理由是基于事实的考虑，而几十年前，隐私权是宪法第四修正案限制联邦执法活动对个人隐私入侵的一部分。尽管这些无关于对排除规则是不是宪法第四修正案的重要部分的判断，正如正当程序条款已经赋予排除规则体现的针对各州的权利，我们将考虑沃夫案所依据的事实基础的现实有效性。

沃夫案的审判庭首先提出在威克斯案排除规则（exclusionary rule）的适用上"州观点的对立""格外令人印象深刻"。关于这一点，法院不能"漠视州的经验，该经验认为警察行为的巧合性太过轻微以至于不足以通过推翻（州）关于证据的规则来要求震慑性救济"。在 1949 年，沃夫案判决之前，差不多有三分之二的州被迫适用排除规则，现在不算沃夫案，已经有一半的州通过立法或司法判决完全或部分地采取或遵守沃夫规则。值得注意的是，现在适用这个规则的州中有加利福尼亚州，该州最高法院"被迫做出这一结论，因为依其他的救济都不能保护这种对宪法规定的遵守……"关于加利福尼亚的例子，我们认为沃夫案中确立的未能强迫州使用排除规则的第二个基础是"其他保护方式"都提供了"隐私权"，加利福尼亚州的实践经验表明，其他救济都是无益且无效的，这种经验得到了其他州的印证。然而这种将宪法第四修正案降为其他救济保护未果现象自沃夫案以来已经得到注意。类似的，随着时间的推移，沃夫案所说的"有分量的证言"（weighty testimony）遭到了反对。最高法院法官卡多佐反对在纽约适用威克斯排除规则，并说"联邦法律若非太过严苛就太过宽松"。然而法院之后的判决很大程度上使得该论证的影响蒙尘。这其中包括了最近抛弃的"银盘"（silver platter）原则，在埃尔金斯案（*Elkins v. United States*）中，该原则允许联邦司法使用州警察违宪扣得的证据，之前的规则在质疑使用如此获得的证据致使排除程序"最终对宪法保护来说是可参考的"方面十分严苛，但该要求已经出现松动，这种松动适用于任何人，即使是"合法地出现在"非法搜查中的人，最终形成了防止州使用联邦人员违宪扣留的证据的方法。因为不可能有确定的公式，我们无可否认地遇到了"重复出现的"搜查合理性的问题，当处理宪法性问题时，我们并不期望要求有所减少。无论如何，"合理性是审判法院所要判断的第一要务"。

因此，沃夫案审判庭在 1949 年意识到针对州的隐私权的可执行性，因为该案基本上与宪法性考虑无关，未能成功引入威克斯规则。很显然致使这一结果的事实考量在任何分析下都不可能是控制性的。

（二）宪法第四修正案保障公民的隐私权

沃夫案 5 年后，法院在回应对一个又一个开庭期后在此出现的要求推翻威克斯排除规则的适用原理的请求时，认为不应这样做，除非州有"充足的时机来适用或排除（Weeks）规则"，并再一次写道："直至 1949 年 6 月，本院才认为搜查和扣留的基本禁止（the basic search-and-seizure prohibition）依第四修正案完全适用于各州。"

在上一个审判期，法院在埃尔金斯案中又一次认真地重审了沃夫原则，并指出搜查和扣留中的"控制性原则"（the controlling principles）以及可采性问题"似乎很明确"（seemed clear），直至沃夫案宣布宪法第十四修正案的"正当程序条款本身并不要求各州适用 Weeks 案的排除规则"。同时，法院指出，"沃夫案确立的宪法原则……即联邦法院……禁止州执法人员的不合理搜查和扣留"未明确"州扣留的证据的可采性在联邦法院审判最初所依据的基础……"。法院得出结论，尽管它取消了这么做的限缩基础，但必须认同所有在危险搜查和扣留中所得的证据不论其来源在联邦的审判中都不具有可采性。今日我们再度审视沃夫案隐私权不受州不合理的侵扰的宪法材料，在判决的十几年后，引领我们去关闭法庭那扇开启的大门，那扇门仍旧为警察臭名昭著地滥用基本权利的非法行为所获得的证据而开，而那种基本权利就是为了保障所有人免受违法行为的侵害。我们认为违宪搜查可扣留（by searches and seizures in violation of the constitution）所得证据，依据同一权力，不能为州法院所采纳。

自从宪法第十四修正案的正当程序条款宣布宪法第四修正案的隐私权

对州具有强制性，它通过向联邦政府课以同一排除惩罚而具有对州的执行力。若非如此，便如同针对不合理联邦搜查和逮捕的保护在没有威克斯案时便会成为"一纸空文"（a form of words）一样，对于人类无法估量的自由宪章毫无意义、毫无作用（undeserving of mention）。同样的，没有这一规则，不受州对隐私侵害的自由也会变得如此短暂，并被割裂了同不受强行获取证据的粗暴行为对待的自由之间的核心概念的联系，不值得法院将其尊重为自由。法院高度重视"有序自由的概念"中所暗示的自由。当法院在沃夫案中认为修正案因正当程序条款而适用于各州的时候，正如我们已看到的，法院的诸多案件如一地认为对于联邦公务人员而言，宪法第四修正案包括对违宪所得的证据的排除。即使沃夫案"坚决地坚持"（stoutly adhered）其主张。当隐私权在实现时让位于州，该权利不容易因分割惩罚的取消而受影响，而根据 Boyd 案、威克斯案以及 Silverthorne 案，对权利的保护和享有都被视为依赖于这种惩罚。因此，在将正当程序的实质保护扩展到州或联邦的所有违宪性不合理搜查时，在逻辑上和合宪性上都有必要将作为隐私权的重要部分的排除原则要求视作沃夫案新重视的权利的本质内容。总之，沃夫案采纳的宪法新权利不能一贯地容许对最重要的宪法权利的否认，即排除被告人因违法扣留而被迫给出的证据的规则。换种方式理解，就是表面赋予权利实际上却扣留权利特权与享有。就在去年①，法院认为排除规则的目的"在于通过消除动机来实现对其无视和阻止，即以唯一有效的方式迫使尊重宪法保障"。

的确，我们没有意识到支配其他基本宪法权利的实施的限制，类似于我们今日拒绝的限制。隐私权，如同公民其他被格外仔细保护的权利一样重要，会与其他被宣布为"自由社会所必需的"权利截然相对。法院从不

---

① 1960 年。原文"Only last year"Mapp 案 Argued：March 29，1961 Decided：June 19，1961。

犹豫同向施加给联邦政府一样严格地向各州赋予言论自由权（the rights of free speech）和出版自由权（a free press）、知情权（rights to notice）和公开审判（to a fair, public trial）的权利，其中包括已被付诸实践的不因被强迫逼供而定罪的权利，无论该供词逻辑上如何有关、如何可靠。当涉及逼供时，这便再明确不过，此时相关的证据规则都被推翻，而毫不考虑"这类行为的巧合性"是否轻微、是否经常发生。为什么同一规则不能适用于等同于逼供证言的违宪所得的财产、材料、结果、文件等？我们认为对联邦政府来说的宪法第四修正案和宪法第五修正案，对各州来说的不受不合理侵害的自由和不因强迫供述定罪的自由之间，确实有"密切的关系"（intimate relation），关系存在于它们……在多年的努力后……对"人权和民事自由"的理解。它们表达了"同一个宪法目的补充阶段——为了保持个人隐私的不可侵犯性"每条修正案和每种自由的哲学智慧，尽管在影响的层面并不取决于彼此，但互为补充——至少它们共同在各自的层面认为任何人不得因违宪证据而定罪。

（三）基于理性和真理应该明确排除规则

此外，我们认为排除规则是宪法第四修正案和宪法第五修正案的重要部分，这种观点不仅是对先前案例的逻辑性叙述，而且是非常有道理的。宪法与常识之间并无矛盾（war）①。不久前，一个联邦的公诉人可以不适用非法扣得的证据，但是一街之隔的州检察官却可以，尽管他应该依同一修正案的强制禁止规定行事。这样，通过采纳非法获得的证据，州起到了鼓励不遵守联邦宪法的作用，而其理应支持联邦宪法。再者，正如埃尔金斯案所

---

① 英文原文为"war"，笔者将其译为"矛盾的"，《元照英美法词典》（缩印版）（薛波主编，北京大学出版社 2013 年 10 月缩印版，第 1412 页）对其解释为："战（指相对立的各方之间的争议或竞争）"。这里字面意思是"宪法与常识之间并无争斗"，引申为"宪法与常识之间并无矛盾"。

说，"良性联邦的本质在于避免联邦与各州之间不必要的冲突"。在这一审判期，在 Schnettler 案 ［*Wilson v. Schnettler*, 365 *U. S.* 381（1961）］中便出现了这样的冲突，而事后证明这是完全不必要的。尽管有 Rea 案中的保证，我们在 Schnettler 案中通过拒绝限制联邦工作人员在州法院证明以及在其执行公务时违宪获得的证据的方式，已经充分认识到我们在这方面的实践。直至今日被注意的双重标准仍很难将这一理论付诸实践。在无排除规则（non-exclusionary）的州，同样是人而非圣贤的联邦工作人员，如我们案件中所显示的，经不住诱惑跨过一步之隔的街道带着非法获得的证据去找州检察官。基于该证据的诉讼在州法院中完全无视强制性的宪法第四修正案。如果违宪搜查的证据在联邦法院与州法院都不具有可采性，这种规避（evasion）的诱惑（inducement）终将消失。诸如 Rea 案和 Schnettler 案中的妥协将无须存在，而每个案件都强调我们迄今为止的矛盾方法中的危险不确定性。

联邦与州在依据宪法标准处理犯罪时的合作将会得到促进，其唯一前提是意识到互相尊重彼此方法的同一基础标准的义务。"无论在特定案件下对这一规则如何坚持都会成为有利于有罪之人的技术问题。刑法历史表明对法律实施方法中的缺点的宽容将削弱其长久的有效性。"否定到对两个法律执行的合作机构中的一个缺点，这很自然趋于滋生对结果同样受到连累的"工作安排"的合法怀疑。

也有人，比如最高法院法官卡多佐（Cardozo）（时任纽约上诉法院法官）认为，依据我们的宪法排除原则，"罪犯将因警察的失误而逍遥法外"。在有些案件中，毫无疑问这将成为事实。但是，正如埃尔金斯案所言，"还存在另外一种考量——司法完整性的需要"。如果必需的话，罪犯可以逍遥法外，但放走他的必须是法律规定。能摧毁政府的莫过于政府不能遵守其自身的法律，更甚者是无视其存在的许可。正如布兰代斯（Brandeis）法官在 *Olmstead v. United States*, 277 *U. S.* 438, 485（1928）案的反对意见中说的：

"我们的政府是有力的、无所不在的老师。无论好坏，它通过自己的例子教育所有的人……如果政府变为违法者，就会滋生对法律的蔑视（contempt）；它会引得每个人都自立为法（become a law unto himself）；它会引起无政府状态。"也不能轻易认为排除规则的适用作为实际问题束缚了执法活动。就在1960年，法院明确地考虑了这一观点并认为，相反的，"有一类实际证据"（pragmatic evidence of a sort）是不被人想要的。法院指出："联邦各法院已依据 Weeks 案的排除规则运作了近半个世纪，但是没有人认为美国联邦调查局因此被置于无效，也没有人认为联邦法院的刑事司法运作因此被打乱。除此之外，各州的经历令人印象深刻……排除规则的有关活动已经停止了但又似乎不屈不挠地（inexorable）存在着。"

定罪的缺陷为趋于摧毁公民自由所依赖的宪法限制系统的州开启了大门。注意到宪法第十四修正案所体现的隐私权对各州都适用，而且不受州公务人员粗暴侵犯隐私的权利具有宪法来源，我们不能坐视这一权利沦为空头"支票"（empty promise）。因为它与正当程序条款所保护的其他基本权利在方式上和效果上都具适用性，我们不能再任这一权利因以执法之名的警察一时兴起选择终止享有这一权利的行为而消灭。我们基于理性和真理的判决，给予了公民宪法所赋予的保障，而给了警察亦不少于正式执法所应有的权力，给予了法院审判中必需的司法完整性。

三 本案的协同意见

（一）布莱克法官的协同意见[①]

自 Weeks 案的判决以来，在将近50年的时间里，联邦各法院拒绝允许将违反宪法第四修正案"不合理的搜查和扣押所得"的材料和结果纳入

---

① 英文原文为"concurring opinion"，笔者认为应译为"协同意见"，《元照法律词典》（薛波主编，法律出版社 2003 年 5 月第 1 版，第 278 页）将其译为"同意意见"。

不利于被告人的证据范围。然而，在 1948 年判决的沃夫诉科罗拉多案中，法院认为"在州法院进行的违反州法律的诉讼中，第四修正案不禁止采纳不合理搜查和扣留的所得为证据"。基于以下理由布莱克法官同意这一观点："出于我在 Adamson v. California, 332 U. S. 46, 68 案的反对意见中所说的原因，我同意法院的结论，即第四修正案对不合理搜查和扣留的禁止也对各州有效。因此如果我那时认为第四修正案不仅禁止'不合理的搜查和扣留'，而且禁止采纳因此而违法之所得为证据的话，我那时会支持撤销判决。但是我同意法庭似乎简单的暗示，即联邦排除规则并不是第四修正案的命令而是司法确立的一条可能被立法机关否决的证据规则。"①

布莱克法官仍不认为仅凭宪法第四修正案就足以阻止将违反该修正案命令搜查和扣留的材料和结果采纳为不利于被告人的证据。因为宪法第四修正案本身不含有任何条文明确排除对这种证据的采纳。布莱克法官十分怀疑这样的规定可以仅从一个禁止不合理搜查和扣留的修正案命令中合理地推导出来。但是基于自沃夫案以来法院面对的案件，对问题进行的反思引出结论，即当将宪法第四修正案对不合理搜查与宪法第五修正案对自证其罪（self-incrimination）的禁止结合时则会得到证明排除规则（exclusionary rule）正当性与必要性的宪法基础。

宪法第四修正案和宪法第五修正案之间密切的相互关系——且这两条修正案适用于本案件——很早就引起了重视，并确实明确地为法院在 Boyd 案中的观点提供了基础。在该案中法院充分探讨了这一关系并宣布，"不认为将扣留的某人私人书籍和材料采纳为不利于其证据的做法与强迫其自证其罪有何本质不同"。达特里奇法官（Mr. Justice Rutledge）正是主要据此提出了在沃夫案中的反对意见。尽管彼时布莱克法官反对这一观点，这

---

① 《美国判例汇编》第 338 卷，第 39 页、第 40 页（338 U. S. 39 – 40）。

一观点的影响，至少在其看来，随着对最近案件中问题的更为透彻的理解而变得具有强制性。在最后的分析中，似乎对布莱克法官来说，Boyd 原则尽管可能并没有由严谨的宪法明文要求，但该原则从历史角度得到了广泛证明，且有合理的理论基础并与其认为的对权利法案最合适的解释方式完全一致—— 一种由布莱德雷法官（Mr. Justice Bradley）在 Boyd 案中充分确立的方式。"关于人身和财产的安全的宪法规定应被公证自由地解释（liberally construed）。一个严谨的字面解释剥夺了两条修正案一半的效力，导致权利逐渐贬损，似乎这更具合理性（sound）而非实质性。法院有义务注意公民的宪法权利防止被鬼鬼祟祟的行为侵犯。"

布莱克法官认为，沃夫案 3 年后判决的 Rochin 案（*Rochin v. California*）证实了布莱德雷法官和达特里奇法官依据宪法第四修正案与宪法第五修正案之间的相互关系要求排除违宪扣留证据（the exclusion of unconstitutionally seized evidence）的正确性。在 Rochin 案中，三名警察，既无司法令状也无可成立的理由，便出于进行搜查的目的进入了 Rochin 的房屋，并毁损了通向 Rochin 和其妻卧室的门。警察一进到屋里就看见 Rochin 拿起并吞下了两粒胶囊。他们立刻扣留了他并把他铐好送往医院，医院通过洗胃重新获取了胶囊。调查表明胶囊含有吗啡，而该证据成为在州法院指控其犯罪的基础。

当这个定罪的有效性问题被摆在法院面前时，他们发现这是一个关于宪法第四修正案与宪法第五修正案交织的完美案例。的确参加过 Rochin 案审理的每一个人都注意到了这种交织关系并至少在一定程度上据此证明撤销该案判决的正当性。尽管多数意见谨慎地避免提及宪法第五修正案的规定，"任何人……不得在任何刑事案件被迫自证其罪"，至少证明他们不是不知道该规定存在，写道"强迫供述违反了公众的公平和得体之感……认为欲给一人定罪，则警察不能攫取其脑之所想而可以攫取其体之所有。那这便是责任之无效，这种责任是宪法历史发展赋予本院的"。因此警察所使用的手段在多数意见看来"太接近于允许宪法区别的支架和螺丝"，并且这一案件当场被推翻，因为这些方法违反了宪法第十四修正案的正当程序条款，即"内心的冲击"（shocks the conscience），"冒犯了正义"（offend［s］'a sense of justice），"不尊重文明行为的某些行为"（respect certain decencies of civilized conduct）。

布莱克法官对 Rochin 案的撤销持同意意见，但是基于宪法第十四修正案使得禁止自证其罪的宪法第五修正案适用于各州，而且基于一个广泛而非限缩的解释，即禁止采纳这一"糖衣"（capsule）证据就如同禁止使用 Rochin 所言一样，可能会强迫开口。在得出这一结论时，布莱克法官援引并依据 Boyd 案，当然，该案的宪法原理对其处理案件十分必要。然而彼时这些观点绝对属于少数观点，只有道格拉斯法官（Mr. Justice Douglas）和其反对多数意见中使用的灵活而不确定的"震撼法庭良知"（shock-the-conscience test）的标准。

Rochin 案 2 年后，在 Irvine 案（*Irvine v. California*）中法官们再次被要求讨论基于一种明显违宪并震撼法庭良知的过程而获得的证据进行定罪的有效性问题。法院在该案中写的五份意见显示了沃夫案和 Rochin 案判决所带来的困惑和不确定。克拉克法官在同意意见中强调"震撼法庭良知"测试的不如人意之处，认为这一"测试"产生了如此的不确定性和难预测性以至于不可能预测（foretell）——而不是瞎猜——对住宅的威胁性隐私入侵要如何严重才能产生震撼从而获得宪法保护。诚然，这一特别方式的实际结果仅为五名法官反感当地警方的行径时，定罪便被推翻，犯罪之人可以逍遥法外。

Irvine 案中只有一件事情很明确，就是七名法官反对沃夫案和 Rochin 案中明确确立的"震撼法庭良知"的宪法标准。即便如此也没有减轻这一法律领域中的疑惑，因为互相矛盾的先例持续存在，加之法院在 Irvine 案中不能确立多数观点，所以局面之不确定性一如往常。最后，法官们消除了这一不确定性。在布莱克法官看来，本案中的法庭观点里，法官们再次拒绝了沃夫案和 Rochin 案中令人困惑的"震撼法庭良知"的标准，而是基于 Boyd 案中提出的准确、易懂、更具预测性的宪法原则撤销了州的定罪。其完全赞同布莱德雷法官的观点，即 Boyd 原则所依赖的宪法第四修正案和宪法第五修正案在自由的宪法框架中有重要意义，而且认为它们都应得到自由且不吝啬的解释。法院应尽可能知道修正案覆盖的范围。在布莱克法官看来，法院的意见涤荡了宪法这一领域中的疑惑和不确定性，出于这一原因以及其他原因，其同意改变先前的观点，转而认为 Boyd 原则对木案具有约束指导意义，并支持法院的与该原则一致的法庭判决和法庭意见。

（二）道格拉斯法官的协同意见

尽管道格拉斯法官支持法庭意见，但其还是补充了几句。本案的刑事审判程序开始于一场非法的搜查和扣留。警察凭暴力（forcefully）进入住宅并扣留了之后用以证明房屋主人犯罪的材料。

马普与自己 15 岁大的女儿独住在克利夫兰市的一栋复式二层公寓中。1957 年 5 月 23 日下午 1 点 30 分时，三名警察来到这所房屋。他们按了门铃，出现在窗边的上诉人问他们意欲何为。根据警方之后的证明，他们来这儿是因为一条秘密消息，消息称"房子里躲藏着一名因近期爆炸案的问询调查而被通缉的人"，然而警察对马普的问题只回答说他们想问询她但不说他们想问询的主题。

上诉人与一位律师因未决民事事务而保持联系，她告诉警察她将致电这位律师询问是否可以将他们放进来。根据律师的建议，她告诉警察只有出示有效的搜查令才可以让他们进来。在接下来的两个半小时中，警察对房屋展开了包围。4 点钟时，警察人数增加到至少 7 人。上诉人的律师来到现场；其中一名警察告诉律师他们有搜查令，但是拒绝拿给他看。相反，警察绕到后门去，首先试图踢开门，当行不通的时候他弄碎门上的玻璃从里面打开了门。

上诉人在通往其住处的楼梯上时，她要求看一下搜查令；但是警察在她面前晃着一张纸却拒绝让她看。上诉人夺过这张纸并将其藏在衣服前襟下。警察扣住了她，并拿回了纸，并把她跟另一位警察铐在一起。她因此被铐着带到楼上，进入公寓的两间卧室中较大的那间，与此同时，公务人员进了房子并对其公寓的四间房间和地下室进行了全面搜查。

涉及搜查的证言大致并无分歧。警察的方式，他们在外面漫长的等待，对所有门的观察，带着那张纸增援的武装力量（arm），破门进入房屋，将手放在上诉人身上并铐住她，在上诉人像因犯一样在卧室坐着时，大量警察彻底搜查每间房间及每个家具。然而在本案之基础问题上的证言则有直接的矛盾。要了解这一矛盾的含义，就必须了解本案是建立在明知持有四本册子——两本影集和一小点涂鸦基础上的，所有这些东西都被称为淫秽物品。

据参加搜查的警察说，这些东西中，有些是在上诉人的衣橱中发现的，有的则是在床边的手提箱中发现的。据上诉人说，大部分东西是在地下室的纸板箱中发现的；其中一个是在她的床边的手提箱中发现的。上诉人和她一个朋友说，所有的这些东西都是最近一名寄宿者的零碎东西，此人突然离开去了纽约，并在那儿被拘留。无论这两个版本哪个正确，当俄亥俄州最高法院宣读上诉人被指控所依据的法令时，上诉人便被判有罪。

即使基于非法搜查所获得的证据，俄亥俄州最高法院仍支持定罪。因为在俄亥俄州非法搜查和扣留所获的证据在刑事诉讼中有可采性，至少它不是"在对被告人突然用力或进攻时所得"——这种证据在联邦诉讼中不具有可采性。正如之前案例判决所说，"第四修正案的作用在于使美国所有法院和联邦公务人员受到限制和制约"，因此在无令状时从住宅中获得的证据（在该案中为文件材料和通信内容）不被联邦诉讼所采纳。

道格拉斯等在沃夫案中认为，宪法第四修正案因宪法第十四修正案中的正当程序条款而适用于各州。但是多数意见认为 Weeks 案的排除规则并不强求州适用，各州可以依其所选适用这些约束。那一结果是有必要的支持（vots）才得胜的。但是从各方面说这不是理性或原则之音。

正如 Weeks 案中所述，如果违反宪法第四修正案的扣留所得的证据可作为不利于被告人的证据，"其不受此种搜查和逮捕的权利就毫无意义，而且……也有可能不为宪法所容"。

当我们允许州给予非法入室这种"不光彩的勾当"（shabby business）（使用沃夫案，墨菲法官的表达）以合宪许可（sanction）时，我们确实夺走了宪法第四修正案的很多有益作用。当然还存在其他理论上的救济方法。其中之一是警察系统层级的纪律性处分，包括警察对犯罪的起诉。但是正如墨菲法官在沃夫案中说的，"自我检查是一个高尚的想法，如果我们希望地区检察官因在其自己和同事授意的突袭中善意（well-meaning）违反搜查和扣留条款而起诉自己或其同事，则自我检查的可赞美高度又上了一个层次"。

如果不用证据排除规则，还剩的另一个救济方式就是房屋主人对违宪的警察所采取的（防卫性）侵害行为。墨菲法官表明了公民使用这种方式会有多么麻烦和艰难，而且表明即使公民占据上风，救济是如何有限。真相就是，对进行非法搜查和扣留的警察实施（防卫性）侵害行为主要是假象性救济（illusory remedies）。

沃夫案没有采取司法行动以使排除规则更易被各州采纳，实际效果上将使针对不合理搜查和扣留的保障减弱，正如达特里奇法官在其反对意见中所说的，"死寂的文字"（a dead letter）。

沃夫案于 1949 年判决后立刻引起关于合宪性争论的风暴，而时至今日该争论业已停息。道格拉斯法官相信本案十分合适来结束沃夫案给法律带来的不均衡性。之所以这是一个合适的案子，源于它所呈现的案件事实——而其他案件很少如此：拥有无阻碍的权力（untrammelled power）来侵入公民的住宅并且将其扣留的人（警方）的那种随意的傲慢。

从更为限缩、更为技术性的层面来看，本案也是一个合适的案例。搜查的非法性问题以及证据可采性问题已向州法院提出，因此依据实用性实践规则（applicable rule of practice），这些问题合乎情理地向法院提了出来，这些问题是在上诉的通知中提出的，包括管辖权陈述和上诉人对其优点的简要说明。诚然，所提出的主张主要是针对案件中的另一个问题，但这通常也是事实。当然，一个诚挚的拥护者坚信，只要他再多得一个辩论的机会，他所代表的观点即可获胜。但是受法庭完善的裁量权所限，所有的辩论主张都必须有停止的时候。法院 1960 年的一个案例尤为如此，在那个案件中，法庭说："一个主张的支持方和反对方多次碰撞在一起，以至于不需要冗长的详细阐述。"

此外，充满活力的沃夫案的持续影响似乎对 Wilson 案中所揭示的那种证据提供了买账的基础。一旦证据不能为联邦法院所采纳，却能为州法院所采纳，这种"双重标准"（double standard）的存在，正如法院所指出的那样，将导致"工作安排"（working arrangements），削弱联邦政府的政策，并将执法部门的某些方面减少到低劣的业务。支持这种实践的规则并没有背后的原因。

（三）斯图尔特法官表达一致的节略意见①

斯图尔特法官完全同意哈伦大法官的反对意见的第一部分，并对法院判

---

① 英文原文为"memorandum"，笔者将其译为"一致的节略意见"，笔者认为"memorandum"为"memorandum opinion"的省略形式。《英汉法律词典》（第 4 版）（夏登峻主编，法律出版社 2012 年 10 月第 4 版，第 686 页）的"memorandum"词条对"memorandum opinion"解释为："一致的节略意见（指判决上法官判决意见）。"《元照英美法词典》（薛波主编，北京大学出版社 2017 年 3 月精装重排版，第 907 页、第 1006 页）的"memorandum"和"opinion"词条均没有提及"memorandum opinion"词组。《布莱克法律词典》（Black's Law Dictionary，Thomson Reuters 2014 年第 10 版，第 1266 页）的"opinion"词条对"Memorandum opinion"解释为："（1912）A unanimous appellate opinion that succinctly states the decision of the court; an opinion that briefly reports the court's conclusion, usu. without elaboration because the decision follows a well-established legal principle or does not relate to any point of law. —Also termed memorandum decision; memorandum disposition; (slang) memdispo."

决的宪法问题不发表看法。但是其本想撤销本案的判决书，因为其认为上诉人被定罪所依据的俄亥俄州修正法典的第 2905.34 款（2905.34 of the Ohio Revised Code），用哈伦法官的话说，"违背了宪法第十四修正案所保护的、不受州行为的侵害的思想和言论自由的权利"。

四　哈伦大法官、弗兰克福特法官以及怀特法官持反对意见

哈伦大法官认为，法院在否决沃夫案的适用时忘记了司法限制的含义，考虑到遵循先例，司法限制是在判断法院先前判决是否应被推翻时应该考虑的因素。除此之外，在否决沃夫案时哈伦大法官也相信沃夫案规则比现在取代它的新规则根据了更合理的宪法原理。

（一）破坏法律的稳定性

人们从法院的陈述中可以得出，如果不加以控制，这个上诉的核心问题是，州非法扣留的证据在州诉讼中可否被合宪地采纳，这个问题自然需要我们直面对沃夫案的审视。然而情况并未如此。因为虽然这个问题的确是由法院和下级法院从上诉人的从属性观点中提出的，但本次上诉中法院面对的新核心问题是，规定仅知晓持有或实际控制淫秽物品便构成犯罪的俄亥俄州修订法典的第 2905.34 款，作为上诉人被定罪的依据，该条款是否与宪法第十四修正案保障的不受州干预的思想自由和表达自由权一致。这是俄亥俄州最高法院所判决的主要问题，也是上诉人管辖权声明中提出的问题，更是法院的摘要和辩论涉及的问题。

在这种事态下，哈伦大法官觉得可以说法院的五名法官仅是推翻了沃夫案而已。本着对多数意见的尊重并出于对遵循先例原则在宪法裁决中承载的不同于非宪法性案件的不同作用的认识，哈伦大法官认为没有理由认为这个案件为重新审视沃夫案提供了合适的机遇。

有规则认为应尽可能避免宪法性问题的判决，法院的所作所为得不到这

条原则的支持。因为在推翻沃夫案中，法院没有讨论俄亥俄州第 2905.34 款的有效性问题，而只是选择了两个宪法问题。此外，哈伦大法官承认法院选择了两个问题中更难却不合适的那个。如同俄亥俄州最高法院所解释的那样，俄亥俄州法令惩罚明知持有或实际控制淫秽物品，不论持有或控制出于何种目的（有例外，但不适用于本案），不论被指控人在发现其为淫秽物品后是否有任何合理机会将其丢掉，这肯定提出了比法院今日判决更简单却缺乏长远影响的合宪性问题。以哈伦大法官之见，不推翻多个州刑事执法长期依赖的判决，本案的公平正义亦可得到伸张。

因为联邦最高法院面前的案子不要求其涉及沃夫案的有效性问题，哈伦大法官认为即使沃夫案需要审查，本案也并未给该案提供恰当的审查时机。再粗略的审视也会显示沃夫案的原则在州刑法的执行中的重要性。诚然，在"非排除"（non-exclusionary）方面，沃夫案仅是说出了当时就存在于各州的假设，即适用排除规则的联邦案件"对州没有约束力，因为他们解释的联邦宪法、第四修正案和第五修正案不适用各州"，尽管这种观点不能反映出这种持续性依赖的全部方式，在过去的三个审判期中，州非法获得的证据的可采性问题在法院法律援助简易处理的案件中就出现了十五次。这不仅意味着我们现在讨论的问题在依据沃夫案处理的州案件方面有困难的实际分歧，还意味着若我们决心审查这一原则，以后有的是机遇。

法院在此得到的机遇是根据一个并未对问题做摘要而又进行了不切题的辩论的案件，在此背景下，法院得到这个机会。未经充分辩论就推翻沃夫案的做法是不明智的，而因为沃夫案判决发生不久（1949 年），而且现在多数意见中的三名法官曾一度明确解释使人相信这种确定的担忧，这使得这一不明智之举愈加严重。哈伦大法官认为联邦最高法院要求各州适用这一规则，而联邦最高法院对州的责任，以及对联邦程序有序遵守的责任，都要求联邦最高法院寻求帮助，这种帮助能用足够的摘要和辩论得出重要问题的判决。这从来不是对司法权的假定，这种假定认为仅仅改变裁决或法庭成员就足以保证经深思熟虑判决的宪法原则。

因此，如果法院决心重新审视沃夫案，哈伦大法官认为很快就会出现一个对哈伦大法官们有利的有全面摘要和辩论的合适机遇。无论如何，至少目前的案件，考虑到在摘要和辩论中与沃夫案有关部分的不足性，在再次辩论中应尘埃落定。考虑所有目的，法院之行为最终导致未经辩论便撤销了沃夫案。

哈伦大法官必须说的是，法院目前所做的一切很有可能无法促进法院裁判进程的严肃性，亦无法促进其判决的稳定性。然而，因为无法劝说多数观点的法官采取全然不同的程序性之路，哈伦大法官现在转而讨论今日判决的是非曲直（merits）。

（二）非法证据排除规则的适用违反理性

多数意见反对沃夫案的核心内容是这样一种主张，即沃夫诉美国案的规则排除了联邦法院使用违反宪法第四修正案而获取的证据，该规则并非来源于法院对联邦司法体制的"司法监督权"，而是来自宪法的要求。之所以如此，在哈伦大法官看来是因为任何人不能认为法院有对州法院的司法监督权。尽管哈伦大法官相当怀疑沃夫案多数意见之基本主张的合理性，但是出于现有的目的，哈伦大法官还是会认为 Weeks 案的规则"来源于宪法"。

本案中多数意见的核心是以下的三段论：（1）联邦法院刑事审判中排除对非法搜查和扣留所得证据的采纳的规则是宪法第四修正案的组成部分；（2）沃夫案认为依据宪法第四修正案不受联邦行为侵犯的"隐私权"根据该修正案也不受州行为的侵犯；而且（3）因此从逻辑上和合宪性上说 Weeks 排除规则也有必要针对各州而实行。

这种推理最终依赖于不合理的前提，即因为沃夫案向各州引入了被作为宪法第十四修正案的"有序理由的概念"的宪法第四修正案下的隐私权原则，必然结果就是无论宪法第四修正案的结构在使联邦先例特殊化的过程中如何发展，都可能被视为"有序自由"（ordered liberty）的一部分（367 U.S. 643，679），并因此对州也有强制力。在哈伦大法官看来完全无法得出这种结果。

不能过分强调沃夫案不认为这样的宪法第四修正案可以作为正当程序的一个方面，这种对宪法第十四修正案的观点，如沃夫案所指出的，已经深受质疑，但是隐私权仍是"第四修正案的核心"。宪法第四修正案和宪法第十四修正案的要求之间，无论是在权利范围还是在实施方式方面希冀或强加任何严谨的替代方法，都是不合适的。因为不同于我们在沃夫案中对宪法第十四修正案所说的，宪法第四修正案并没有规定普遍原则；这是一个设定在预先法律背景中的特殊要求，该法律背景至少要有对解释判决和授权法令的构建。

因此，即使在仅探讨特定的搜查和扣留依宪法是否"不合理"（unreasonable）的案件中——比如对州公务人员的侵权案件——如果我们仅仅是基于宪法第四修正案下的联邦先例的强行一致政策而理解公民隐私的普遍原则，那么对宪法第十四修正案的理解就是错误的。但本案所涉及的不仅于此，因为我们现在审视的不是认为警察的所作所为合宪的决定（因为州法院的答案很明显是肯定的），而是上诉人合理地被证明有罪而且其行为就当前的目的而言应受州的合宪惩罚的决定。既然没有丝毫主张认为俄亥俄州的政策"肯定性地惩罚……警察对隐私权的侵害"，对比 Marcus 案（*Marcus v. Search Warrants*, post, p. 717），法院现在所做的就是要求各州不仅遵守联邦对"搜查和扣留"的实质标准，而且适用联邦对违反这些规则的基本救济。哈伦大法官认为十分明确的是 Weeks 排除规则只是一种救济，通过处罚警察的不当行为，意在预防未来此类行为的发生。

哈伦大法官不会强求各州采取联邦排除救济。多数意见之理由现在变为对沃夫案的反对，对哈伦大法官来说这尤为不能令人信服。

首先，有人认为"沃夫案依据的事实基础"已经发生改变，因为比起沃夫案判决之时，现在有更多的州遵循 Weeks 排除规则。尽管如此，一项最近的调查表明，目前一半的州仍坚持普通法的"非排除"规则（common-law non-exclusionary rule），而且其中之一的马里兰州将此规则限制在对轻罪的适用上。但是在所有情形中，毫无疑问，与本案的情形相去甚远。法庭似乎也确实意识到了这一点。如在沃夫案中一样，我们在本案中关心的并不是该规则的令人向往性，而是州依据宪法是否可以自由选择适用或不适用该规则的问题，而且州在这一问题上的分歧相关性在于涉及的判决是可置辩的。除此之外，多数意见所依赖的事实不能给法庭现在的作为增添支持，而是偏离了以宪法强制性取代州意愿性（federal compulsion）的需求。

欲维持州和联邦在刑事司法管理上责任的平衡，需要那些希望看到各州之间在这方面加快交流的人的耐心等待。各州刑法实施中的问题千差万别，考虑到当地的法律图景（legal picture），一个州可能认为含有 Weeks 规则的需求十分迫切，因为其他救济方式不能够或不足以保护涉及宪法原则的诉求。另一个州尽管同样渴求宪法权利，可能选择一次追求一个目标，允许将所有与犯罪相关的证据纳入刑事审判，以其他方式处理违宪问题。另一个州也可能认为排除规则是简单粗暴的救济方式，因为它只涉及对刑事审判中被害人的违宪侵害。此外，州在对 Weeks 案试验了一段时间后可能由于过程不尽如人意而决定采用非排除规则，等等。从宪法可采性对州的指向作用看，哈伦大法官完全不明白为什么时间的推移让时任纽约上诉法院首席法官的卡多佐，在 *People v. Defore* 案中为了纽约反对 Weeks 规则的观点受到坚决反对。对我们来说仍存在一直以来就有的问题，一个州权力的问题，而不是依据一个州或另一个州的路线的智慧判决案件的问题。在哈伦大法官看来，法院应继续克制不以硬性规则束缚州，这种规则可能会在州处理其刑法实施中的特殊问题时令其尴尬不已。

此外，有人告诉我们对各州强制实行 Weeks 案是"很有道理"（very good sense）的，因为这样推动了联邦公务人员和州公务人员在执法方式中"互相尊重同一基础性标准的责任"，并将避免"联邦法院和州法院之间不必要的矛盾"。多数意见现在确实发现了沃夫案在区分对基本隐私权的有序自由的需求和在州之间保护权利的方式的不一致性。在哈伦大法官看来，这一认知既基于联邦系统的层面又认识到法院与州的特殊问题的遥遥之距，是该案判决的理由之所在。

一种将争议问题视为实现程序平衡或为了执法之便利之一的方式必然破坏法院在州与联邦法院之间职能的界限。我们所宣布的 Weeks 规则以及其扩展到诸如 Rea 案、Elkins 案和 Rios 案中所扮演的角色与在此的角色大不相同。在该案中，我们在实施宪法第四修正案的过程中，占据了应对发展其管辖的司法制度中的司法标准和程序最终负责的审判庭的位置。在此我们审查州程序，其中采取的方式不是针对宪法第四修正案的实质要求，而是依据正当程序条款的框架。哈伦大法官不认为宪法第四修正案赋予了法院足以影响州救济方式以符合法院认为应做的权力，州的救济意在实现自由权不受"警察任意侵害"，例如加利福尼亚最高法院参考加利福尼亚诸法院程序在 *People v. Cahan* 案中的所为，再例如法院在 Weeks 案中为下级联邦法院所设置的程序。

作为国家司法制度的完整产物，州的定罪判决摆在了法院面前。通常，一个案件在经过初审法院审理，并经一些上诉法院审查后，便走到了程序的尽头。在相对罕见的情形下，当我们基于正当程序而审核案件时，我们处理的是一个竣工的作品，我们对其创作过程无从插手，而我们的任务远非全面的监督，而是一般而言限于对诉讼是否合宪公平的判断。审判程序的细节在每个成熟的法律制度中都会有细微的不同，这取决于各州能力的范围。在事实审判者看来，如果证据与法庭所审理的问题相关，则不论其是如何获得的，将会成为判断被告人有罪与否的标准，哈伦大法官不明白为什么因为州做了如此判决就会认为审判有失公平。当然，法院可以将其程序用作追求其他目的的附带方式，而不是解决当前争议的正确方法。Weeks 规则便是如此产生的，但是如果州选择不这样利用法院，无论我们认为 Weeks 规则作为保障宪法权利的手段如何有效，哈伦大法官不认为法院有权将这样一个颇具争议的程序强加于地方法院之上。

最后，据说对沃夫案的推翻依据的原则是采纳非自愿供述作为证据的做法使得州的定罪违宪无效。因为此种供述可能完全可靠，并与所审理的案件有巨大关联性，有争论持续称这个原则是先例中广泛的授权，认为不仅是证据的关联性，证据的获得方式对审判的公平性也具有宪法性意义。哈伦大法官认为这种类推并不正确。"强制认罪"（coerced confession）规则自然不是说任何非法获得的陈述都不能用作证据。哈伦大法官认为在非法拘留期间进行的陈述就如同违法扣得的证据，也是违法获得的，但是法院一贯拒绝撤销州法院基于这类陈述而做出的定罪判决。的确，法院在一个涉及州逼供的案件中（*Lisenba v. California*，*314 U. S. 219*），似乎通过多数意见终止了这一观点："可以推测（警察）对待上诉人的方式……未经正当程序就剥夺了其自由，而且上诉人本应能够得到预防性救济，如果他有途径向法院寻求的话。""但是诸如此种在获得供述时犯下的非法行为……并没有为我们所必须解决的宪法问题提供答案……上诉人抱怨中的不平之气在于对其供述的不当使用，获取过程中所发生的一切只有在有关于争议问题时才有关联性。"

那么关键点是，在要求排除一项被告人非自愿做出的陈述时，我们不关心对警察所作所为的适当救济方式，而是关心与司法程序中公平概念的核心有关的事。我们诉讼制度的一般观点是我们的法系是对抗制而非审问制。这是英美刑法在从大陆法系的刑事法院所借鉴的实践中解放出来后形成的特点，大陆法系的刑事法院中被告人被长时间秘密地问询直至结束。与违宪侵犯隐私权不同的是，向被告人施加的压力致使其进行供述——撇开审判时使用供述不提——必然会涉及违宪行为。至关重要的是，被告人所享有的审判时的辩护不应该因为强迫他所为的陈述而沦为空洞的程序形式，因为彼时"犯人……被迷惑进行了对自己供述的干扰"。这是一项程序性的权利，这一违法在他不当获取的陈述被审判采纳为证据时便发生了。因为没有这一权利，所有针对作证的精心保护，无论针对的是被告人供述还是证人证言，都会变为程序的缛节，在此过程中最具强制性可能的犯罪证据，即供述，可能就是在警方无人监督的过程中获得的。

　　这自然是排除非法获得的被告人陈述的真实基础，而非依靠警察的自律性。故哈伦大法官认为类似于刑讯所得的口供不利于法院之作为。

　　总而言之，应注意到本案的多数意见实际上仅为推翻先例沃夫案，而并非出于四名多数法官得出这一结论的基本原理。布莱克法官不愿意屈从于他们认为的 Weeks 排除规则发端于宪法第四修正案本身（see ante，p. 661），但基于其最终结果可以通过以宪法第五修正案来帮助宪法第四正案实现，他赞同多数意见（see ante，pp. 662 – 665）（注释12）。对于这一结果，哈伦大法官只需要说无论 Boyd 案所确立的"第四修正案—第五修正案"的相互关系如何有效（116 U. S. 616），我们最近再次重新审查法院很久以前确立的原则教义，即宪法第五修正案反对自证其罪权利不适用于各州。

　　哈伦大法官很遗憾地发现，一份意在增强对宪法权利尊重的判决在原则上是如此不明智，而在政策上又是如此不便。但是在最后的分析中哈伦大法官认为法庭只有严格遵守宪法所施加的限制并同样尊重其程序中固有的原则，才可以提高宪法威信力。在本案中，哈伦大法官认为法庭逾越了应遵守的这两点，所发出的只是权力之令而非理性之声。

五　法庭判决

美国联邦最高法院撤销了俄亥俄州最高法院的判决，将判决发回该法院重审。美国联邦最高法院多数法官的意见推翻了沃夫诉科罗拉多案的先例，并认为作为程序问题，违反宪法第四修正案的搜查和逮捕所获得的证据不得被州法院或联邦法院采纳。

第三章

盘查内容的扩展

——由武器到毒品及其他违法行为

　　本章涉及盘查内容的扩展——由武器到毒品及其他违法行为。早期盘查对嫌疑人的截停搜身仅限于对武器的搜查，比如 *Pennsylvania v. Mimms*，*434 U. S. 106*（*1977*）（简称"米姆斯案"）① 一案，虽然涉及让乘客下车，但仍偏重出于对武器的防范而对个人进行搜身，又如在 *U. S. v. Berry*，*N. D. Tex.*，（*2014*）（简称"贝尔案"）一案中，在没有搜到武器但找到毒品的情况下，毒品是被排除作为证据使用的，警方的行为被认为违反宪法修正案。但轻拍搜身（frisk）的范围不断扩张，逐渐延伸到对毒品的搜查及对其他违法行为的盘查。概言之，本章主要归纳了反映盘查内容不断扩张的相关案例。从这些案例可以看出，虽然对盘查内容的扩展不是彻底的和短时间内得到确认的，但整体上看，这一扩展趋势是明显的。尤其近些年，出于国家安全与秩序保护的需要，警察权力实际扩大和增强，这在判例中有明显体现。

第一节　针对武器盘查的米姆斯案（1977）

　　本案一大焦点就是警察执法如何在"公民的自由权利"所能容忍的限度与"行政自由裁量权"之间找到一个平衡点，寻求有证据支持的正当程序，以致形成判例法规范此类行为。本案的判决认为，警察在拦截车辆后

---

　　① 本章节对米姆斯案的援引为直接引用，案例原文来自 http://caselaw. lp. findlaw. com/，同时参阅 Westlaw 和 Lexis 数据库进行了校对。

要求此人从车里出来接受针对武器的拍身搜查的做法并未侵犯当事人的合法权利，是正当的，由此发现的证据也免于非法证据排除的适用。该案带给最高法院更多关于"主、权、程、证、法"（主体、权力、程序、证据、法律适用五个方面）的思考。

一 米姆斯案简介

宾夕法尼亚州的警务人员在日常巡逻过程中，注意到本案被告驾驶一辆挂有过期牌照的汽车。警官们截停该车辆以开具交通罚单。一名警员上前要求当事人下车出示其身份证件和驾照。当事人下车以后，警员在他的运动夹克下面发现明显的凸起。由于担心该凸起物可能是武器，警员对当事人进行搜身并且在他腰带里发现了一把子弹已经上膛的左轮手枪，此后被告因非法持枪与藏匿武器而被起诉。被告认为警员搜查所得的手枪属于非法证据，应予以排除，而法庭并没有采纳。经过庭审之后，法庭以手枪为证物判决被告有罪。宾夕法尼亚州最高法院审理认为搜查当事人手枪的行为违反美国宪法第四修正案。

联邦最高法院判决表示，其对美国宪法第四修正案分析问题的基准是"特定政府行为侵犯公民人身安全的各种情形的合理性"，合理性是依赖于"公共利益和个人权利不受执法人员任意干涉的平衡"。联邦最高法院认为需要处理的首要问题是在司机被依法扣留之后，警员发出下车的命令是否合理，是否为宪法第四修正案所允许。把因违反交通法规而被截停的车辆的驾驶人员叫出驾驶室，某种程度上是保护公务人员安全的预防措施，会降低驾驶人员威胁公务人员的可能性。由下车命令引起的对驾驶员人身自由的侵犯是微不足道的，警方已经依法决定对驾驶员进行短暂扣留，唯一的问题是在他被扣留期间，他应该坐在驾驶室里还是站到车辆的旁边。警官对于两种做法中后者的选择不仅不是"严重侵犯当事人尊严"，而且连

"轻微侮辱"的水平也够不上。当考虑到合理关注执法人员的安全时，单纯意义上的"造成当事人不便利"并不能占优先地位。另外，对于拍身搜查的行为，当事人隆起的外套使得警员得出了"其持有武器并可能随时对警员造成危险"的结论，在这种情形下，任何一个"理性谨慎"的人都会采取轻拍搜身的行动。故联邦最高法院推翻了宾夕法尼亚州最高法院的判决，肯定了宾夕法尼亚州警官行使职权行为的合法性。

二　对特里案关于武器盘查的重申

在日常巡逻过程中，两位费城警官注意到当事人哈利（Harry Mimms）驾驶一辆挂有过期牌照的汽车。警官们截停该车辆以开具交通罚单。一名警员上前要求当事人下车出示其身份证件和驾照。当事人下车以后，警员在他的运动夹克下面发现了明显凸起。由于担心该凸起物可能是武器，警员对当事人进行搜身并且在他腰带里发现了一把装有五发子弹的 0.38 口径左轮手枪，车里的另一名乘客携带了一把 0.32 口径左轮手枪。当事人因非法持枪和私藏致命武器立即被警员逮捕，随后被起诉。被告要求排除左轮手枪作为证据的抗辩被驳回；由于随后的审判将该左轮手枪加入证据之中，被告的两个罪名都宣告成立。

宾夕法尼亚州最高法院撤销了被告的有罪判决，认为本案中的左轮手枪应作为非法证据予以排除，因为搜查程序违反了美国宪法第四、第十四修正案对公民权利的保障。宾夕法尼亚州法院并不怀疑警员在截停车辆的过程中所实施的行为是合理的。在庭审辩论过程中，法庭也承认一旦警员发现当事人的外套下有明显凸起，对其进行限制性搜查是适当的。但是法庭仍然认为搜查行为合宪性不足，因为警员向当事人发出的下车命令是一个不被法律允许的"扣押行为"，也因为警官不能武断地凭借"客观存在的、可见的事实来怀疑犯罪行为正在进行，或者怀疑车上的乘客对警方的安全构成威胁"。这种违宪侵犯直接导致了警员对夹克下凸起的注意和随后对当事人的"轻拍搜身"。手枪（作为证物）是违宪搜查行为的结果，在宾夕法尼亚州最高法院看来，应该从证物中加以排除。

最高法院并不同意这一结论。最高法院对美国宪法第四修正案分析问题的基准一直是"特定政府行为侵犯公民人身安全的各种情形的合理性"。当然，合理性是依赖于"公共利益和个人权利不受执法人员任意干涉的平衡"。

与特里案不同，在本案中，起初警员对当事人行动自由的限制毫无疑问是适当的。当事人驾驶一辆挂有过期牌照的汽车，这违反宾夕法尼亚州机动车辆管理办法。暂不讨论警员发现衣物隆起后便进行搜身的合法性，目前最高法院需要处理的首要问题是在司机被依法截停之后，警员要求下车的命令是否合理，是否为宪法第四修正案所允许。对这个问题的调查不能把重点放在要求车辆停止或者随后的拍打搜身造成的侵害上，而应该关注一旦车辆被依法截停后，当事人被要求下车而产生的后续侵害。

把问题限缩后，最高法院首先关注这个平衡中承载的警员采取行动时所涉利益的一方。该州承认当车辆停驶时，公职人员没有理由怀疑特定驾驶人员要实施违法行为，他的行动自始没有不寻常或可疑之处。显然公务人员把所有因违反交通法规而被截停的车辆的驾驶人员叫出驾驶室是理所当然的行为。该州认为采用这种做法某种程度上是保护公务人员安全的预防措施，那么它基于这种理由就是正当的。形成一个面对面的交涉会降低驾驶人员威胁公务人员的可能性，否则驾驶人员做出不易察觉的动作的情况会大量发生。

最高法院认为难点不在于争论宾夕法尼亚州持有的观点——为国家公务人员人身安全——作为理由是否合法而且充分。"当然，要求公务人员在履行其职责时冒不必要的风险是不合理的。"并且最高法院特别意识到当公务人员接近一个坐在车里的人时，他面临了过多的风险。一项研究表明，在所有警察遭受枪击的案件中，有约30%的案件是在受害警察走向犯罪嫌疑人乘坐的汽车时发生的。最高法院都知道并不是所有这些攻击行为都发生在签发交通传票之时，但是最高法院之前已明确拒绝接受"交通违法行为必然比其他情形导致更少的危险发生"这种观点。事实上，很大比例的谋杀警察案件都发生在他们截停车辆的时候。

在某些情况下，一个站在车的靠近驾驶员一侧的警员会因为汽车行驶而受到严重意外伤害的危险性同样值得关注。比起站在车流之中（与当事人）进行交谈，谨慎的公务人员更倾向于要求当事人走出车辆，到对双方都更安全的街道两侧进行调查。

关于这一点，最高法院要衡量对驾驶员个人自由的侵犯。这种侵犯并不是案件刚开始公务人员无可否认的合理截停造成的，而是由之后的下车命令引起的。最高法院认为这种额外的侵害只能算是微不足道的。驾驶人员的身体在车外能被警员看到的面积并不比他在驾驶室时已经曝光的多很多。警方已经依法决定对驾驶员进行短暂截停。唯一的问题是在他被截停期间，他应该坐在驾驶室里还是站到车辆的旁边。警官对于两种做法中后者的选择不仅不是"严重侵犯当事人尊严"，而且连"轻微侮辱"的水平也够不上。当最高法院考虑到合理关注执法人员的安全时，单纯意义上的"造成当事人不便利"并不能占有优先地位。

警员观察到外套凸起后的适当搜索行为仍然存在第二个问题。最高法院对此怀有同第一个问题一样的小小疑问，问题的答案在上述特里案中已有定论。在那个案件中，最高法院认为警员一旦得出他合法盘查的人可能持有武器并且随时会发生危险的结论，那么他对当事人进行有限度的武器搜查就是正当合理的。根据特里案阐述的标准，在搜查和扣押时，若警察获得的这些事实可以"使一个理性谨慎的人确信"所采取的行为是适当

的，警察行为的正当性就毫无疑义。当事人隆起的外套使得警员得出了
"米姆斯持有武器并可能随时对警员造成危险"这样的结论。在这种情形
下，任何一个"理性谨慎"的人都会采取轻拍搜身的行动。

三　史蒂文斯（Stevens）大法官的反对意见——不应适用更低的审查标准

在之前的特里案中，法庭认为，警员不需要每次都有"合理根据"来
证明其人身扣押的正当性。经过长达半年的充分论证和详尽汇报，此案最
终得以判决。由特里案确立的在某些特定情况下的较低标准代表了宪法第
四修正案的一次重大法理性发展。

无须争论，如今法院正适用另一个更低的标准来衡量警员抓捕行为的
正当性。更重要的是，似乎最高法院丢弃了"法院关于第四修正案判例的
主要教义"——这通常需要逐案调查具体的事实来证明警员侵害行为的正
当性 ——来支持包括无数情形的一般规则。但最让人不安的是，如此重要
的革新在解释一起法院甚至都不应该进行复查案件发回重审（summary re-
versal）的过程中，被近乎随便地公布出来。

正是全国对于警员人身安全的正当关注促成了法院对案件作出迅速处
理。史蒂文斯法官对此也同样关注并且清醒认识到，几乎法庭的每个人都
认为宪法第四修正案下的公民权利被侵犯的判决都会使执法工作变得更困
难、更危险，但这并不能成为法院草率又迅速地判决每一个有关宪法第四
修正案的案件的充分理由。正如在其他领域一样，法庭在宪法裁判领域有
权在全国任何一起案件最终判决之前对其进行不同的司法评判，这一点至
关重要。

这一案例说明了两个方面的问题，它们都表明草率会给这个已经日趋
复杂的规则体系带来新的混乱。首先，法庭的法律裁决基于对事实的假

设。这个假设就是警员的安全充其量只是处于未定状态。其次，法庭为使侵犯公民自由权利的行为正当化，已经建立了一个全新的法律标准。

公务人员可能与机动车驾驶员接触的情形各不相同，法院不尝试对它们加以区分，反而在报告书中认为公务人员所面临的危险是"过度"（inordinate）的。

进行例行交通检查的警察所面临的风险是极小的，并且"在例行检查中命令违规者下车能显著保障警员安全"，这两个观点是伪命题。实际上，这样的命令会加剧警员的危险，因为搜查带来的恐惧可能会导致犯罪分子铤而走险。而如果只是留在车里接受交通罚单，他们就不必要采取过激行动。总之，一些人类行为方面的专家强烈建议警察"绝不能允许当事人下车……"，该建议十分重要。①

很显然，史蒂文斯法官的目的并不在于表达如何实施交通逮捕才是最安全的或者暗示即使是在日常的例行检查中，实施逮捕的警员不会面临显著的威胁。但是其的确承认，无论最高法院如何努力也不能完全消除执法中存在的危险。在采用全国统一的交通法规之前，最高法院应该深度思考今日判决或将适用于的无穷无尽的各异情形。

法院不能认为执行逮捕的警员面临风险是如此普遍，就总是把警员的人身安全作为命令司机下车的正当理由。回家吃饭途中的上班族，驾车送孩子上学的父母，徘徊于国会大厦前的游客，或者周末郊游的旅途中的一

---

① 绝不要让违法者下车并且走到车的左边；如果他下车了，让他走到车的右后方。很显然在这个位置对话交流更为安全；警员应该站在前门及门柱稍微靠后的位置，这将会防止违法者突然打开车门袭击警察；为了尽可能保护自己，警察应该与当事人力量较弱的手进行接触；如果对方的车窗是打开的，就按下他的锁定按钮，这将向司机表明，他需要留在车里，同时会迫使司机把头转向警员。警员在使用无线电或者签发传票的时候应该保持在巡逻车的外面，建议他这时站到巡逻车的右侧，一旦违法者离开了他的车辆，警官应指引他站到警车的前部中间或者后部中间位置，警员最好能够口头说服违法者回到他的车里并待在座位上。

家人，这些人都很少会产生像在午夜高犯罪率地区高速行驶后被停车的司机一样的威胁。当然，留在汽车上的司机们的权益微不足道这种观点也并非普遍使用。一个在午夜停车的女性也许会为她自身的安全担忧；一个身体状况不佳的人或许会拒绝站到冷风中或雨中；也许还有人匆匆离家驾车送孩子去学校或送配偶赶火车，来不及穿戴整齐；一位上了年纪且不会给警方带来任何暴力威胁的司机可能会认为警方的命令只不过是一种傲慢和对权力的不必要的炫耀。无论是站在警员的立场从他们人身安全利益来考虑，还是从公民不会被要求服从任意性命令的权利这个角度，每年的数以百万计的交通截停是无可替代的。

直到今天，法律适用于扣押公民个人的情形需要最高法院对具体的侵害原因进行个案分析，或者对公权力侵害的任意性做出一些类似的保障。最高法院需要对各种可能的原因进行实际论证以使逮捕行为正当化；如果要证明停车搜身这个行为的正当性，那么最高法院就需要一个强有力的理由怀疑当事人要实施犯罪活动或者可能使用暴力。但是取消警察为他的逮捕行为作出解释的要求的做法传递着抛弃对扣押行为有效司法监督的信号，将导致警察自由裁量权的滥用。部分公民将会遭受到这种微不足道的侮辱，而其他人——也许是开着更昂贵的汽车的那些人，或者是车身保险杠贴着不同贴纸的人，也或许是不同肤色的人——却可能完全避免这种遭遇。

法庭认为实施"第三等级"的扣押可以不需要理由，但是最高法院仍然不知道这个等级的扣押行为的范围有多大或将来会变成多大。更狭隘的是，法庭认为，无论何时只要一个警员有机会与机动车驾驶员交谈，他都有可能命令司机下车。因为对于停驶车辆中的乘客来说，方便与危险之间的可能性是相同的。法院的逻辑必然包括了乘客一方。尽管乘客没有违反交通法规，这仍然是确定无疑的。如果把特定案件的规则限定在个案调查中而发现对（警员人身安全）合理关怀的依据的情形，那么司机和乘客在违规行为中各自行为的正当性会得到不同对待。但是当正当性的理由建立在每次截停都与危险相关的假设之上，无论多么微不足道的罪行，新的规则必须同时适用于乘客和司机。

如果这个新的规则是真正以安全为考量，而不是寻求一个允许搜查的托词，那么它也使对武器的搜查行为正当化，或者至少是一个让司机手臂和腿摊开靠在汽车引擎盖上的命令。除非最高法院也采用了这样的安全措施，否则就算是提高了司机下车时警员人身安全的指数，在遇到真正的危险犯罪时也是没有价值的。

史蒂文斯法官不认为最高法院所需的保护警察安全权益的标准应该比特里案中确立的标准宽松。在这起案件中，如果警察没有命令被告下车，被告的犯罪行为很可能不会被人发现。但是最高法院也没有理由怀疑他会枪击警员。据其所知，诚然，每当这种担忧真的存在，特里案的标准都可以给警方采取相应防护措施的行为提供充分依据。当存在对警员人身安全的顾虑时，他们应当能够对犯罪嫌疑人进行搜身。但史蒂文斯法官要质疑是否有必要消除每一起案件对（警员行为）有清晰明确理由的要求，并且授权警员侵犯每一个因违反交通规则而被截停的公民的自由，无论这个自由有多么的不起眼。

即使宾夕法尼亚州最高法院承认判决有问题，该法院也没有足够理由行使司法审查的自由裁量权，或者是因为新的联邦宪法问题应遵循速决原则（summary disposition）。因为这种诉讼原则会导致犯不可接受的错误的风险并且会留下"法院更愿意站在国家权力，而不是公民个人的权利一方的不良印象"。

四 马歇尔（Marshall）大法官的反对意见——此案非彼案

如今法院与特里案的经验教训背道而驰。

在特里案中，扣押并"搜查"上诉人的那位警员在事发地克利夫兰市中心巡逻了 30 年。他的经验趋使他仔细观察上诉人和他的同伴，因为他们在很长一段时间里逐个地、重复不断地看着一家商店的橱窗，然后在一起商讨。由于怀疑两人可能要对商店实施抢劫，且他们可能随身携带枪支，警员跟踪他们离开了商店并发现了与他们交谈的第三名涉案人员。此时警员走近他们，询问他们的名字。当他们"嘟囔了些什么"来回应警官时，警官一把抓住了上诉人，把他转到脸朝向另外两人的位置，并且"轻拍搜查"了他的衣服。这次搜查导致警官发现了一把手枪，上诉人因此而获罪。

在特里案中，"截停搜身"这一行为是正当的，因为不仅当事人可能会实施一起犯罪行为，而且该犯罪行为"可能会牵涉武器的使用"。法庭将其判决限定为只适用于警官确信"他所面对的当事人可能持有武器"并且"具有即时危险性"以及"担心会对他自身及他人安全造成威胁"的情形。这种情形在威廉姆斯案［*Adams V. Williams*, 407 U. S. 143（1972）］中也曾出现过，上述案件涉及一位"被通报藏匿并携带有武器"的当事人。

本案中，在警员要求被告下车之前，他甚至没有丝毫线索足以怀疑被告可能持有枪支。就像法庭之前在第 109 页所记录的，"公务人员没有理由怀疑会发生暴力犯罪"。由于汽车挂有过期驾驶牌照，车辆是按照例行检查程序截停。法庭也主张，一旦公务人员截停车辆，那么他命令被告下车的行为强加给被告的额外侵害就会正当化，而其是否因个人原因惧怕被告则在所不论。

这样的结论显然不能由特里案来解释，因为特里案中侵害的性质由警员截停当事人的原因所限定。法庭认为"警员的行为是否与最初证明侵扰正当化的情形合理相关"。法庭强调特里案中，警官"怀疑（当事人）计划持枪抢劫"与他"搜查武器"的行为之间有明显的关联性。而在本案中，公务人员执法的起因是机动车辆牌照过期，这很难说跟"要求司机下车的命令"之间有什么联系。

法庭的判决体制和它最后导致的实质性结果带给马歇尔法官同样大的困扰。法庭仅基于调卷令便扩张解释了特里案的限缩观点，并在审判中草率地推翻了宾夕法尼亚州最高法院深思熟虑的判决。这种倾向无益于树立审判的权威性，法院今日奉行的路线造成了体制上和学理上的危害。

五　法庭判决

第一，警方命令已被依法截停的被告下车这一行为是合理的，并且是美国宪法第四修正案所允许的。国家有足够正当的理由——为了公务人员的安全——发出这样的命令。这个理由既合法又充分，并且这个命令导致的对被告的人身自由的侵犯，最多仅会造成其不便，这种不方便并不能对抗关于公务人员的人身安全的合法考量。

第二，根据美国最高法院在特里案中所确立的判例标准：如果"在搜查和扣押时，警察获得的这些事实可以'使一个理性谨慎的人确信'所采取的行为是适当的"，那么一旦警员注意到了被告夹克下的明显凸起而对其进行搜查就是合法的。

宾夕法尼亚州公诉人诉至宾夕法尼亚州最高法院，该法院撤销了对被告非法持枪和藏匿致命武器的有罪判决，因为该法院认定警务人员查获被告左轮手枪的方式违反了美国宪法第四修正案。由于不同意这个结论，美国联邦最高法院批准了上诉方宾夕法尼亚州的调卷令申请并撤销了宾夕法尼亚州最高法院的判决，案件发回重审。

第二节　关于盘查毒品的地方案例
——贝尔案（2014）

尽管每起案件的事实千差万别，美国联邦法院系统已经确立了一系列据以判断执法官员采用的强制方法是否足以构成截停（扣押）的指标，即需要平衡两方面的利益：执法官员在不具备实施初步调查的正当理由时进行此类调查的客观需要，以及普通公民不受警察强制的利益。因此，在具体适用中，该指标的含义是，如果执法官员积极地使用某种强制方法，那么其行为将被认定为截停（扣押），因此（至少）符合合理怀疑的标准。另外，对于执法官员而言，至关重要的是，他们的行为不能让其截停（扣押）行为具有逮捕的外观；如果存在与逮捕紧密相连的一般特征，如长时间的扣留、在警察控制的地点展开调查或者进行讯问等，那么该行为将会被认定为逮捕，这属于非法拘禁，违反宪法第四修正案。①

一　贝尔案简介②

被告人乔纳森·贝尔（Berry）以及斯坦利·伯纳德·威廉姆斯（Stanley Bernard Williams）（共同的被告）分别提出请求禁止他们坚决认为是非法的证据，而此项被他们认为是非法的证据是由达拉斯的警官在 2013 年 10 月 8 日获取的。作为发生在得克萨斯州的达拉斯的龙卷风汽车站不合法的调查扣押（detentions）及对个人拍身搜查（personal body frisks）的结果，当 2013 年 10 月 28 日在执勤时，六个便衣缉毒警察从达拉斯的警局出来后来到托纳多（Tornado）车站，这个车站坐落于达拉斯市，他们观察着乘客上客区域的旅客，他们六个人是毒品缉查队的成员，他们在这个车站努力打击非法毒品活动。这六个人中包括了缉毒队的长官丹尼尔·阿瓦洛斯（Daniel Avalos）以及侦察员马丁内斯（Jesus Martinez）、詹森·考克斯（Jason Cox）、塞缪尔·赫西（Samuel Hussey）、俄内斯特·佩斯雷（Ear-

---

①　吴宏耀等：《美国联邦宪法第四修正案：令状原则的例外》，中国人民公安大学出版社 2010 年 1 月第 1 版，第 89 页、第 90 页和第 133 页。

②　本章节对贝尔（Berry）案的援引为直接引用，案例原文来自 http://caselaw. lp. find-law. com／，同时参阅 Westlaw 和 Lexis 数据库进行了校对。

nest Perez）以及乔·尔达（Joe Cerda），他们当中的所有人在缉毒方面都有着丰富或者比较丰富的经验及训练，警探马丁内斯、考克斯以及阿瓦洛斯在法院于 2014 年 5 月 7 日开庭审讯时证实。

2014 年 1 月 29 日，被告贝尔向法院提出诉讼请求，请求法院排除（警察）非法获得的证据；之后，2014 年 1 月 31 日，被告人威廉姆斯提起关于排除（警察）非法获取的证据的诉讼请求。在慎重考虑了诉讼请求、答辩、诉讼要点（案情摘要）、证据、法律适用、质证后的证人证言以及在 2014 年 3 月 7 日的审讯中双方所进行的口头辩论后，法院支持了被告贝尔关于排除（警察）非法获得的证据的诉讼请求以及被告威廉姆斯关于排除（警察）非法获得的证据的诉讼请求。

得克萨斯北部管区联邦地区法院（N. D. Tex)① 法官萨姆艾·琳赛（Sam A. Lindsay）判决：第一，当警察告知被告人将要进行拍身（patted down）搜查的时候，被告人处于被扣押状态；第二，对被告人的扣押和拍身（pat - down）搜查不具备所应有的对违法行为的合理怀疑（reasonable suspicion）标准，因此警察的行为是违法的。

二 关于该案的事实和程序的背景

警探马丁内斯和考克斯一开始就注意到威廉姆斯和贝尔，他们两个走出了汽车站并且一起进入了乘客上客区（passenger loading zone area）。威廉姆斯和贝尔分别位于双扇门的左右两边，这两扇门会随着乘客从里面进入并从另一面出来而打开和关闭，威廉姆斯和贝尔分别拿着一个可以滚动的行李箱。贝尔在距离考克斯一步之遥的地方站着并且斜倚着墙。威廉姆

---

① 英文原文为 "N. D. Tex"，笔者将其译为 "得克萨斯北部管区联邦地区法院"，《英汉法律词典》（第 4 版）（夏登峻主编，法律出版社 2012 年 10 月第 4 版，附录二，第 1342 页）对其解释为："得克萨斯北部管区联邦地区法院。"

斯在门的另一边，与贝尔有一小段距离，根据马丁内斯所述，威廉姆斯紧张地整理了一下衣服，慢慢往前走，扫视着周围的环境，在发现了考克斯正在看他之后，他与考克斯进行了几次眼神的接触，贝尔同样也在看考克斯并且进行了眼神上的接触，然后威廉姆斯向贝尔点头示意了出口的方向。

根据对威廉姆斯和贝尔在汽车站上客区接近两分钟的观察，考克斯决定弄清楚他们是否试图离开这个地方，他们是否感到恐惧和紧张，因为他们有可能预料到考克斯是一个警察。根据考克斯所述，警探们常和许多人讲话，以至于他们并不十分清楚大部分时间里都处理了什么事情，直至他们开始和那个人谈话并且观察到那个人反应的时候才会有所收获和发现，因为观察到威廉姆斯的点头示意，考克斯和马丁内斯相信威廉姆斯和贝尔打算逃离现场。

而威廉姆斯和贝尔并没有像被警察怀疑的那样要逃离，相反，他们悠闲地走回了汽车站，贝尔脱下了外套然后坐下了，威廉姆斯慢慢走向了一个主要出口，并且在走出出口几步远的地方停下了。他转过身来，面对着汽车站拿出了他的手机，好像要打电话，马丁内斯、考克斯、赫西紧随威廉姆斯走到了外面，同时佩斯雷和尔达走向了车站里的贝尔。

阿瓦洛斯长官仍然在车站里面，并且找到一个位置，在那里他可以通过透明的玻璃门和墙板观察到警察们对威廉姆斯和贝尔采取行动的进展。

考克斯和马丁内斯一开始从威廉姆斯前方的左右两边慢慢靠近他。而侦查员赫西在威廉姆斯身后十步远的地方站下了（positioned），这样方便警探考克斯和马丁内斯对威廉姆斯的询问，同时也确保了没有人可以走进他们说话的区域，随着考克斯和马丁内斯接近威廉姆斯，马丁内斯从他的衣服里拿出了他的警察徽章以使人看清楚，考克斯也证明了自己是一个警探，他向威廉姆斯出示了警察徽章，并且问威廉姆斯是否愿意和自己谈话，威廉姆斯回应道"我能做什么？"考克斯向威廉姆斯解释道他正在执行缉毒任务，并且他和其他的警探正在例行公事地与乘客进行交流以了解他们的行程和物品，并且努力打击非法毒品走私活动。考克斯再次询问威廉姆斯是否愿意与他们进行谈话，威廉姆斯同意了。

考克斯警官便开始询问威廉姆斯打算去哪儿并要求看他的车票，于是威廉姆斯伸手到口袋里取出了他和贝尔车票的信封，这个信封是密封的，一同取出的还有一些飞机票，考克斯归还了车票给威廉姆斯并要求鉴定（identification）。威廉姆斯从口袋里取出了一个写着斯坦利·伯纳德·威廉姆斯名字的护照并递给了考克斯。没有意识到威廉姆斯刚给过他两张车票，考克斯问威廉姆斯为什么他用一个不正确的名字来旅行，为什么车票上的名字和护照上的名字不相配。威廉姆斯解释说他与朋友一同出来旅行，并再一次取出两张票并向考克斯展示，考克斯草草翻阅了车票然后递给了威廉姆斯。从法院对视频的复审上来看，当考克斯将装有车票、身份卡的信封归还给威廉姆斯的时候，威廉姆斯接过了这个信封并把它拿在左手，但是之后他对马丁内斯打开皮包时，他将信封移到了右手。考克斯问威廉姆斯谁是他的朋友，威廉姆斯指向了贝尔，这时候贝尔正坐在汽车站里。

考克斯随后问威廉姆斯是否愿意接受（consent）对他的包裹进行检查，威廉姆斯同意了。威廉姆斯于是把包交给了马丁内斯，马丁内斯把包放在了他眼前的地上并轻轻把包打开，威廉姆斯也轻轻往后走了几步。据考克斯和马丁内斯所述，威廉姆斯向后移动的时候一直注视着他们的肩膀，马丁内斯和考克斯以及阿瓦洛斯表示他们认为威廉姆斯一直注视着他们的肩膀是威廉姆斯可能要逃离的征兆。威廉姆斯的律师在庭审时却从另一个角度分析，他认为如果威廉姆斯一直注视（look over）着他们的肩膀并表现出紧张那是因为像录像带（videotaped）记录显示的那样，他正被马丁内斯和考克斯从左右两侧夹在中间，而赫西在威廉姆斯的身后很近的地方来回地前后走动，而政府和警方对威廉姆斯是否意识到了赫西的存在提出异议（disputed）①，因为赫西并没有表明他的警察身份，并且他当时在威廉姆斯身后十步到十五步的地方。

现场的视频清楚地显示着，当时考克斯正在仔细地查看威廉姆斯的车票和身份证，而在此之前当威廉姆斯交出他的皮包准备接受检查（searched）②的时候，Hussey 在威廉姆斯身后三四步远的地方来回地走动，并且在威廉姆斯被拍身搜查之前仍然保持着那么近甚至更近的距离。这说明了赫西一直站在威廉姆斯身后三四步远的地方并且一直在来回走动，法院认定一个正常的人应当看得到并且感觉得到赫西的存在，在那种环境下不会试图逃离。再者对于一个正常人，不管他是否在犯罪，当他被三个警察围在中间时都会感到紧张和恐惧。

据马丁内斯和考克斯所述，威廉姆斯遵照他们的要求接受检查，但是在翻开皮包以后，威廉姆斯开始整理他的衣服并把双手放在口袋，为安全起见，马丁内斯命令威廉姆斯把手伸出来，当威廉姆斯再次把手放进口袋的时候，马丁内斯马上掏出手枪同时靠向威廉姆斯，并且命令威廉姆斯将手拿出口袋，然后马丁内斯告诉威廉姆斯为了警察的安全，他将对威廉姆斯进行搜身，随着四个警察（阿瓦洛斯、马丁内斯、考克斯和赫西）快速

---

① 英文原文为"dispute"，笔者将其译为"异议"，《英汉法律词典》（第 4 版）（夏登峻主编，法律出版社 2012 年 10 月，第 333 页）对其解释为："争端，争执；纠纷；争辩，争议；对……提出争辩（质疑），对……提出异议。"《元照英美法词典》（缩印版）（薛波主编，北京大学出版社 2013 年 10 月，第 423 页）对其解释为："（尤指引发诉讼之）争议；纠纷；冲突。"

② 英文原文为"search"，笔者将其译为"搜查"，《元照英美法词典》（缩印版）（薛波主编，北京大学出版社 2013 年 10 月，第 1230 页）对其解释为："搜查（指执法官员或其他被授权人员对有关场所、物品、车辆、人身等进行检查，以寻找有关人员或者与犯罪活动有关的物品。由于搜查会涉及到个人自由和隐私权的问题，所以现代各国一般都规定只有取得合法的许可获授权后才能合法地进行搜查及对查获的物品进行扣押。如美国宪法第四条修正案即禁止非法的搜查和扣押）；登临、临检；产权调查；调查证明。"

地将威廉姆斯合围起来，气氛很快变得紧张起来。两方的声音都开始变大，据马丁内斯讲述，威廉姆斯开始激动起来，回应道"你们可以搜查我的包但是不能搜查我"。当警探们靠近并准备搜查时，威廉姆斯向外走开，之后考克斯又告诉威廉姆斯为了警察的人身安全，他将接受拍身检查，也让他放松一些。当马丁内斯打算对威廉姆斯拍身搜查的时候，威廉姆斯挣脱走开了，考克斯抓住了威廉姆斯的左胳膊关节并把他按住，同时马丁内斯对威廉姆斯进行了拍身搜查，随即马丁内斯发现在威廉姆斯的大腿上方有一个方形物体，便大喊：他藏有东西。

马丁内斯证实他认为威廉姆斯所携带的东西会是毒品，同时考克斯和阿瓦洛斯看到威廉姆斯逃跑的动作以后已经跑出门协助追捕。警察们也都觉得威廉姆斯可能携带武器或者违禁品。据马丁内斯所述，当威廉姆斯拒绝接受拍身搜查并试图逃离时冲突便发生了。考克斯用了一个擒拿法便将威廉姆斯按倒在了地上，当威廉姆斯被按倒在地以后，他用右手撑住了地面，威廉姆斯坚持用右手撑住地面，并且不理睬马丁内斯的口头命令。阿瓦洛斯拿着枪并警告威廉姆斯遵守命令。

在庭审中，关于威廉姆斯在被按倒在地面的时候或在此之前是否有将手伸向腰部的证据是有问题的。在整个过程中马丁内斯和阿瓦洛斯都表示他们很担心，因为在威廉姆斯被按倒在地以后他们都看不到威廉姆斯的右手是否有东西。直到他们强制性地把他的手从下面拉起来并给他铐上手铐。马丁内斯承认说他起初并没有打算这么做，而当威廉姆斯不同意并拒绝马丁内斯对他的拍身搜查时，他决定对威廉姆斯采取这些强制措施。

在威廉姆斯被铐上手铐之后，马丁内斯结束了对威廉姆斯的拍身搜查，据马丁内斯所述，在这个时候威廉姆斯已经相当于被逮捕了，因为他拒绝被拍身搜查。阿瓦洛斯同样证实威廉姆斯被逮捕了，因为他拒绝拘留和拍身搜查，并且他认为威廉姆斯可能还携带有一件武器。最终却没有发现威廉姆斯携带武器，整个过程，从警察们一开始注意到贝尔和威廉姆斯在乘客上客区到威廉姆斯被按倒在地并被铐上手铐一共持续了近六分钟。他们交谈大约两分钟后并在威廉姆斯交上皮包之后一会儿，考克斯和马丁内斯便决定对威廉姆斯进行拍身搜查。

随着与威廉姆斯的争吵，考克斯进入了汽车站，在车站里面佩斯雷与尔达正在与贝尔谈话，这个时候考克斯不知道在威廉姆斯的口袋里发现的是什么物品。考克斯向贝尔解释威廉姆斯是如何与警方发生争吵的并且威廉姆斯被逮捕了。考克斯告知贝尔将给他铐上手铐并且搜查他是否携带有武器（search his person for weapons），在对贝尔拍身搜查（patting him down）之前，考克斯告知贝尔他已经被逮捕了。贝尔不同意（consent）或拒绝拍身搜查。考克斯证实到为了安全他将贝尔铐了起来，因为那个时候他已经很明确威廉姆斯和贝尔是一起旅行的并且威廉姆斯已经抗拒了警方，他也证实与威廉姆斯发生身体冲突后他有些疲惫，同时他也担心因为贝尔比他更加强壮，并且他也不确定佩斯雷和尔达是否意识到了与威廉姆斯发生冲突的情况。在贝尔身上没有发现武器，但是在贝尔的腰腿部位发现了很硬的方形物体（hard square-shaped packages）。在刚被铐起来的时候，贝尔也同样对佩斯雷和尔达解释道，他正在与威廉姆斯一起去俄亥俄州旅行，并说威廉姆斯现正在外面，并且他同意警察搜查他的皮包。佩斯雷和尔达搜查了贝尔的皮包，但没有发现违禁品。

警察们将威廉姆斯和贝尔带到了车站的另一处区域，在那里他们将威廉姆斯和贝尔外面的衣服全部脱下并进行了一个全面的搜查（conducted a full search）。警方在他们两个的衣服下面分别发现了几个包装袋，那些包装袋随之被打开，并在警局总部进行了毒品鉴定。结果显示，在威廉姆斯身上发现的包装袋大约含有 3.5 公斤海洛因。在贝尔身体上发现的大概有

2.4 公斤海洛因。自 2013 年 10 月 29 日起威廉姆斯和贝尔一直被联邦监狱关押。

三　贝尔案适用特里盘查的法律标准

最高法院在特里案中坚称，当警察观察到一些不正常的情况时，并且根据他的经验这些不正常的情况能使他合理地推断（reasonably to conclude）出犯罪行为正在进行以及与他人正在交易的那个人带有武器并且具有现实的危险性，对于一个调查式的拘留，可能有犯罪的理由并不是先决条件。然而警察却应该有能说明犯罪行为可能正在进行的一连串事实来支持他们的合理怀疑。因为宪法第四修正案对于调查式的临时扣留要求有一些细微性的并且客观的正当理由。警察必须要能够熟知各种情况及其关系而不是去制造或不能说明有疑问的事情、预感的事情。

证明一次拍身搜查是正当的合法的，总体的条件是警察须有理由相信正在接受调查的人是带有武器并且是危险的。警察不需要完全确定那个人是否带有武器；在那种情况下是否一个合理谨慎的（人）应该根据他或其他人的安全是否处于危险之中来判断。在决定这种情况下警察的行为是否合理的，应该是知道事情的程度，而不是根据他猜想的以及不能详细说明的怀疑或预感。但是根据他的生活经验而从现实中获取的具体的合理的推断则可作为合理行为的依据。证据如果从一开始是用不合理的扣留和搜查的手段获取的则不应该被采用。

进行扣押和搜查时所使用的行为方式是法院在决定他们是否完全合法时分析的重要一部分，因为拍身搜查只需被证明是正当的，在保护警察和周围人的安全即可。应该限定一个范围，在这个范围内可进行拍身搜查，这个范围包括枪支、刀具、棍棒或其他可以对警察人身造成侵犯的隐藏的武器，因此对于去弄清楚被调查的人是否带有武器以及武器被发现后，没收他们的武器等这种最低限度的要求（minimally necessary），应该严格控制拍身搜查的使用，并不鼓励为了警察可能发现的各种证据而去进行一般性的搜查。

四　关于贝尔案的法理分析

（一）被告的主张

被告坚持认为这件事情的事实不能证明对他们的扣留和搜查是正当合法的。威廉姆斯坚持认为警察局没有合理的理由去怀疑（reasonable suspicion）他正在进行毒品活动，以及他有紧张的行为并且将手伸向了口袋；另外，警察局也不能证明拘留的合法性，也违反了政府的拍身搜查必须在为了保障警察人身安全的情况下进行的要求。威廉姆斯陈述道，他被多次要求把手从口袋里拿出来，如果他是非常紧张的，那么这种充满敌意的环境是在他拒绝警察对其进行搜身之后警察所创造出来的，威廉姆斯还声称警察对他的人身搜查超过了在必要时去确定他是否带有武器的范围程度。因为在一开始的拍身搜查中，他身上只显示了一块方形的物体，而不是武器。因此威廉姆斯坚持所有作为拘留（detention）、搜查（search）、逮捕（arrest）的结果所获得的证据都应该被排除。

贝尔坚持对他的拘留和人身搜查都是非法的，因为这些仅仅是在警察与威廉姆斯碰面之后发生的，没有事实证明为了警察的安全需要马上将他铐上手铐。贝尔坚持认为警察将他铐起来的原因仅仅是他与一个刚被逮捕的人一起旅行，而并不是因为他带有武器或可能造成危险。有如下解释：一个人如果仅仅是接近了一个被认为有犯罪嫌疑的人而没有其他异常举动，则不能对那个人进行拍身搜查。贝尔还坚持，仅仅因为他的紧张行为和表现并不是合理怀疑的根据，也不能证明警察局的调查性拘留是合法的。像威廉姆斯一样，贝尔也坚持认为拍身搜查超过了有必要去确定他是有武器的限度，贝尔因此要求法院排除作为拘留、搜查、逮捕的结果的证据。

（二）政府的主张

政府主张警察一开始与贝尔及威廉姆斯的谈话是正常的情况，根据政府的认定，当一个人自愿与警察进行谈话时，这时候正常的碰面和交谈出现了，这时候的场面由于警察没有任何的客观怀疑产生（without any objective level of suspicion），政府坚决认同警察们之前和当时的观察，即在与贝尔和威廉姆斯碰面后及引起的有犯罪行为正在发生的合理怀疑。政府进一步声明，随着警察们对威廉姆斯的进一步接触，他们合理地担心威廉姆斯可能带有武器并具有危险。政府因此坚决认为威廉姆斯的行为证明了警方对其进行的特里式的截停和拍身搜查是正当的。作为依据政府引用了下面的案例，这些案例中的主张和本案极为相似：（1）*United States v. Sokolow*, *490 U. S. 1*, *109 S. Ct 1581*, *104 L. Ed. 2d 1*（*1989*）；（2）*United States v. Cooper*, *43 F. 3d 140*（*5th Cir. 1995*）；（3）*United States v. Sanders*, *994 F. 2d 200*（*5th Cir. 1993*）；（4）*United States v. Jordan*, *232 F. 3d 447*（*5th Cir. 2000*）。

政府坚决认为从威廉姆斯身上感知到并搜出的海洛因正是因为在简单感知（plain feel）原则下警方可以搜到在一个（像特里案中所允许的那种）保护性拍身搜查下察觉到的无直接人身威胁的违禁品。警方不能无视在特里式的搜查中所发现的违禁品。据政府所述，马丁内斯依据他作为一个缉毒警察所接受过的训练和经验向政府报告，他认为在威廉姆斯身上所感知到的方形物品将会是违禁品。作为结果，警方有合理的原因去搜查并逮捕威廉姆斯。

政府进一步声明对贝尔的拍身搜查是合法的，因为考克斯相信在对威廉姆斯的搜查中所感知到的物品是违禁品。根据察觉到在威廉姆斯身上有违禁品，结合威廉姆斯的供述以及贝尔的行动，政府认为警方有充分的理由去搜查并逮捕贝尔。

（三）关于此案的研讨

法院认真地审阅着证据听取会上的证据、证人证言（testimony）① 以及各种正式文书，法院的解决方案是去努力考察证人证言的可信度。在评估完每一个证据的可信度之后，法院考虑了所有证人作证的背景和情况。证人是否会在案件的结果中获得一些利益，证人的表现、举止以及在什么时候看到案件现场时的行为表现，证人明显的公平公正或者缺少公平公正，合理或不合理的证人证词，证人所观察或获得他所证明的与事实相关的情况或机会，证人证词间是否相矛盾或有其他可信的证据支撑，以及这个相矛盾的证据在案件中是否起到一个关键作用或者只是一些小的或不重要的细节。双方都没有争论威廉姆斯接受了特里式的拍身搜查，也没有争论在威廉姆斯身上的包裹随后被证实含有海洛因。但是他们争论在当时的情况下，一开始对威廉姆斯所进行的拍身搜查是不是正当合法的。双方同时也争论对贝尔的人身搜查是否也属于特里式的拍身搜查，或者是一种从属于逮捕的搜查。

除了佩斯雷和尔达以外，所有的警察在 2013 年 10 月 28 日都到了审讯现场证明行动的正当合法性。对贝尔和威廉姆斯的调查性扣留和拍身搜查是否具有合理的怀疑，马丁内斯和考克斯是最了解情况的两个人，然而是马丁内斯下定主意并且他没有与其他警官进行商量直接对威廉姆斯进行了拍身搜查。马丁内斯的证言证词描述了那天出现的情况，同时视频对当时场面的记

---

① 英文原文为"testimony"，笔者将其译为"证人证言"，《元照英美法词典》（缩印版）（薛波主编，北京大学出版社 2013 年 10 月，第 1340 页）对其解释为："证人证言（指具备作证资格的证人宣誓或作出确认保证后，在庭审中或在宣誓书或书面证词中以口头或书面形式提供的证据）。"

录对法院的分析也有很关键的作用，尽管考虑了所有警察的证言证词。

　　就像之前所述的一样，法院在此案件中对事实的认定在很大程度上致力于警方证据的可信度。在审讯时与案件相关的直接问题，马丁内斯有好几次否定了自己的陈述，并且常常不配合或提供不相关的回答，而在直接审问的时候他曾对这些问题的回答毫不犹豫。在马丁内斯和其他警察的证据以及关系到其他重要问题的结果的证据之间存在着不一致性（inconsistencies），而这些重要的问题决定了马丁内斯对威廉姆斯所进行的特里式拍身搜查是否具有合理的怀疑。这些不一致性削弱了警方的证据的可信度，并且作为结果法院会质疑并有必要对证据进行怀疑，当然这并不是说警方在撒谎，但是他们对事实不一致的供述对法院在决定他们证据可信度时有重要影响。法院完全意识到庭审是在那个事件发生之后五个月才进行的，并且也意识到案发后，警方们也进行过会谈，并且这个事件还牵扯到其他一些人，但是这并不能使法院放心地去作出具有可信度的评估和决定。

　　在最后的争论中，政府坚决认为考克斯和马丁内斯所观察到的下列事实对威廉姆斯和贝尔的拍身搜查是正当合理的：（1）那两个人是一起去旅行的；（2）他们表现得很紧张；（3）他们四处观察了周围的环境；（4）在发现考克斯和马丁内斯是警察后他们便开始用语言和手势进行交流；（5）威廉姆斯用一个可疑的动作整理他的衣服；（6）在与威廉姆斯谈话之后警方发现或错误地相信他有一张写着别人名字的车票；（7）在正常的询问中威廉姆斯逐渐变得紧张和焦躁起来；（8）威廉姆斯把他的手放在口袋里注视着他们的肩膀并且他在将包翻开交给马丁内斯检查之后向旁边走开了。

　　关于合理性的怀疑（reasonable suspicion），政府在最后的争论中对法院作出的询问进行了回应并拿出了合理怀疑存在的位置点：在考克斯和马丁内斯一开始接近威廉姆斯并与之交谈，直到马丁内斯首次对威廉姆斯进行拍身搜查时出现。然而，考克斯和马丁内斯的关于合理性怀疑的证据是不一致的。考克斯起初证实合理的怀疑存在是因为当时威廉姆斯拿着一张别人名字的车票，在回放当时的视频后，他承认在盘问时威廉姆斯向他展示了两张订在一起的车票来向他解释这个问题，当时考克斯草草翻看了一眼，威廉姆斯就解释说这张有贝尔名字的车票是他朋友的车票。另一方面，马丁内斯一开始承认了在盘问时的问题，并且对法院不断的质疑（repeated questioning）作出了回应。在威廉姆斯交上皮包并让其检查之前，比起他对两个人持有毒品的怀疑，他更多的是什么事情也没有做过。马丁内斯供述合理的怀疑开始并不存在，直到拍身搜查并将威廉姆斯按倒在地之前的几秒钟。并且引起对威廉姆斯的拘留和拍身搜查的有犯罪活动存在的推测是威廉姆斯在一开始的交谈中没有遵守警察让他把手放在裤兜外面的命令，在拍身搜查时威廉姆斯拒绝合作，马丁内斯相信威廉姆斯带有武器。尽管法院重复地询问，马丁内斯却没有说明在当时考虑到有对非法毒品活动的合理怀疑。

然而在再次询问中，大概十五分钟后，马丁内斯却改变（about-face）了说辞，态度认真地证实了政府所主张的几个问题的正当性。而对这几个问题法院却是一直持异议的。政府认为，根据当时整体的情况，在威廉姆斯同意检查他皮包之前威廉姆斯和贝尔便露出了端倪，因此马丁内斯有合理怀疑的理由。政府在最终的辩论过程中试图不予重视马丁内斯关于预感（hunch）的证言证词。随着被告律师的坚持不懈并且很有技巧的盘问（artful cross-examination）①，但是法院随后注意到在庭审期间，警察们应该

---

① 英文原文为"cross-examination"，笔者将其译为"盘问"，《英汉法律词典》（第4版）（夏登峻主编，法律出版社 2012 年 10 月，第 279 页）对其解释为："盘问，反询问；反问，诘问（指由一方当事人或其诉讼代理人向另一方当事人所提供的证人提出的诘问，一般是在提供证人的一方向自己的证人提问后进行的）。"《元照英美法词典》（缩印版）（薛波主编，北京大学出版社 2013 年 10 月，第 354 页）对其解释为："交叉询问，反询问。"

预料到最终他们将被问到对于拘留和拍身搜查的合理怀疑。他们应该没有任何困难去解释它并且展示一些关于合理怀疑的知识和应用。

马丁内斯对证据的变更是政府在努力恢复证人名誉（rehabilitate a witness）①，这个人一开始的证据不能符合合理怀疑的要求（cut the mustard）。考虑到马丁内斯在毒品方面有着丰富的经验和训练（22 年），因此他将有足够的知识提及对于特里式搜查的询问。这说明他应该知道对于合理的怀疑应该要求有好几方面征兆的表现，并且他应该知道什么时候可以执行搜身检查。因此法院相信在政府的间接询问之前马丁内斯就已经正确地证实了。当威廉姆斯用手拿着他的包的时候，马丁内斯就说他感觉到犯罪行为正在进行中。马丁内斯和考克斯为在这个情况中最了解情况的人。

此外当在盘问中，关于"预感"的证据（hunch testimony）被提起来的时候，法院随之询问了马丁内斯是否以及在什么时候在他的思想里产生了关于犯罪行为正在进行的合理性怀疑，因为法院很关心关于合理怀疑的存在。特别的，法院想要研究马丁内斯早期的证据去决定在威廉姆斯放下包以后发生了什么事情，马丁内斯之前证实的时候是早于这个时间（威廉姆斯交上包之前）的，他仅仅感觉到有犯罪行为正在进行。因此法院想知道在威廉姆斯放下包与警察们同时对威廉姆斯进行拍身搜查和按倒在地之间的这一小会儿时间里发生了什么。另一方面，在威廉姆斯把包放在地上之前，如果马丁内斯有预感犯罪行为正在发生，那么法院想知道在什么点上预感转化成了合理的怀疑。

如果不是全部，那就是大部分的法院的问题都是具有弹性类型（softball type）的问题。尽管法院没有使用专业术语并且直接询问，马丁内斯

---

① 英文原文为"rehabilitate a witness"，笔者将其译为"恢复证人名誉"，《英汉法律词典》（第四版）（夏登峻主编，法律出版社 2012 年 10 月第 4 版，第 279 页）对其解释为："恢复证人名誉。"

依然说话吞吞吐吐并且不能正确地表达是什么事实让他相信威廉姆斯是一个贩毒者或正在从事其他的违法活动，直到十五分钟的庭审休息之后。每次法院询问关于合理怀疑以及可疑的犯罪行为时，马丁内斯就会提到关于警察安全的问题，而不提关于犯罪行为的合理性怀疑。他所说的就是他认为威廉姆斯应该携带有武器；威廉姆斯将手伸到他的口袋以及大腿部；威廉姆斯没有遵守警方的命令"停止将手放在口袋里"；并且威廉姆斯拒绝进行拍身搜查。最终，法院终于明白，马丁内斯根本不明白：不管警察是否相信可能带有武器以及具有危险性，在对其执行特里式的拍身搜查之前，必须存在合理性怀疑。

进一步说，马丁内斯和考克斯都承认他们创造了一个比较和谐的场面。因为他们想获得更多的信息来确定威廉姆斯和贝尔是不是贩毒者（drug couriers）。换句话说，就是与政府的断言相矛盾，在跟随并且与威廉姆斯发生冲突之前的任何时候警察都没有关于犯罪行为正在进行的任何合理性怀疑（reasonable suspicion）。如果在那个时候有合理的怀疑，警察可以合法地扣留并对其进行拍身搜查，并且他们应该没有理由去创造一个自由和谐的场面并要求威廉姆斯的同意。

然而当被法院询问时马丁内斯和政府都不能清楚地说明在威廉姆斯交上他的皮包之后到底发生了什么事，正是这一小会儿时间所发生的事情，使马丁内斯的心里从预感威廉姆斯是一个贩毒者或正在从事犯罪行为变成了合理怀疑。马丁内斯的证据讲到了威廉姆斯拒绝拍身搜查并且有可能持有枪支，并简单地陈述道，威廉姆斯将货放在木架的前面（puts the cart before the horse）（意思指不正常）。另一方面，警方的证据也显示出了矛盾，他们证实在和谐的交流时，威廉姆斯很随意地离开了并且拒绝了对其人身和皮包的检查。同时在另一方面，又证实威廉姆斯拒绝接受拍身搜查并且有语言和行为的抗拒，这种抗拒本身就是非法的，这种非法的行为引起了对他的拘留、拍身搜查以及逮捕。

除非一个拍身搜查是和谐进行的，否则在它被执行以前，关于犯罪行为正在进行（activity may be afoot）警方须有合理的怀疑。如果法院接受了马丁内斯和政府的立场、观点，如果市民拒绝遵守警察的要求或指令并且被认为携带有武器，则警察和市民之间的每一个和谐场面很容易转化为特里式的拍身搜查。这种结果将会破坏已经建立的法制体系的尊严并且违背特里式搜查的基本目的和初衷，它的基本初衷是警察在一个侵犯行为发生前执行拍身搜查时要有客观的、清楚的事实证明犯罪行为正在进行。另一方面，如果关于犯罪活动的合理怀疑存在，那么它必须是发生在拍身搜查之前；否则警察就可以在没有掌握显示犯罪行为正在进行的客观清楚的事实前对任何人进行拍身搜查。

对威廉姆斯的拘留发生了，威廉姆斯不能自由地离开了，当马丁内斯命令威廉姆斯将手拿出口袋——同时摆出一个攻击的姿势并将一只手放在手枪上——没有告诉威廉姆斯他可以同意或告诉他他可以拒绝同意，而直接告诉他将对其执行拍身搜查，尽管威廉姆斯声明"你不能搜查我"（在之前的 United States v. Jackson［2005］案中，能够推断出当警察 Duun 在行李放置区对 Jackson 执行拍身搜查时……场面一开始很和谐，后来开始转变成了特里式拍身搜查）"只要一个正常人能够感受到很自由地拒绝警察要求并且继续从事他的事情……场面是很和谐的，并且没有被要求有合理的怀疑"，然而警察局不能用强制的手段来引诱对方合作，当警察传达信息让别人遵守他们的要求，场面不再和谐以及合理。在之前的 Florida v. Bostick［1991］案中，正如我们所解释的一样，当警察询问一个私人的问题，要求检查个人的身份证，以及要求同意检查他或她的行李，只要警方不向别人传递信息让其遵守其命令式的要求是不会有逮捕行为发生的，在这儿，事实显示警方没有用枪指着 Bostic 或威胁他，并且他们具体地告诉他，他可以拒绝同意。

这里马丁内斯也承认当决定对威廉姆斯进行拍身搜查后，威廉姆斯便不再能自由地离开。再者，当马丁内斯命令威廉姆斯将手放在口袋外面，并且通知威廉姆斯他将被拍身搜查，尽管他强烈地反对，一个正常的人都相信，在这个时候他或她将不能自由地离开。在威廉姆斯将他的包放在地上之后，紧接着马丁内斯问道并且随后命令他将手放在口袋外面，同时指向他并慢慢斜靠近他，同时用一个命令式的语气对他说话。当威廉姆斯没有遵守的时候，威廉姆斯被告知他将被进行拍身搜查，尽管威廉姆斯清楚地表明他将不同意拍身搜查。在这交谈期间，随着威廉姆斯摆出了一个攻击的姿势，马丁内斯和阿瓦洛斯全都将手放在了枪上，然后四个警察快速地将威廉姆斯围了起来。因此，靠他们的行动和命令警察们传递着这个清楚的信息：这已经不是自由交谈（consensual）①的场面了。并且威廉姆斯不能自由地离开或违背警方的指令，因为这不再是自由交谈的场面，拘留并对威廉姆斯进行拍身搜查被要求具有对有关活动的合理怀疑（即使，推断出警察局与威廉姆斯之间的场面一开始是自由和谐的，警察们有法定的权力为了自身的安全而对威廉姆斯拍身搜查，即使缺少威廉姆斯的同意，因为警察有合理的怀疑去相信被告人是一个贩毒者并因此相信他可能带有武器并具有危险性）。②

甚至除了马丁内斯仅仅的一个预感的证据外，同时考虑了由政府所依赖的事实，法院裁定警察没有建立在具体清楚的事实上的合理怀疑，并且裁定在拘留和拍身搜查之前，犯罪行为正在进行（criminal activity was afoot）。警察仅仅观察了威廉姆斯大约五分钟，并且与威廉姆斯的谈话少于十分钟，在

---

① 英文原文为"consensual"，笔者将其译为"自由交谈"，《英汉法律词典》（第4版）（夏登峻主编，法律出版社2012年10月，第229页）对其解释为："两愿的；经双方同意而产生的。"《元照英美法词典》（缩印版）（薛波主编，北京大学出版社2013年10月，第287页）对其解释为："经双方同意的；合意的。"

② 参加 Jackson 案，《联邦法院判例汇编》第3辑，第398页、第399页，第390卷。

特里案件中这些时间是远远达不到警察在被告人身上所需花费的时间的。在前两分钟的时间里，考克斯与马丁内斯看到威廉姆斯和贝尔进入了车站乘客上客区，并且注意到"威廉姆斯在意识到穿着短 T 恤的考克斯正在注视自己后显得很紧张"。在庭审期间，考克斯与马丁内斯也证实他们注意到威廉姆斯在慢吞吞地走。然而在重新观看了当时的视频又进行的盘问中，马丁内斯不情愿地承认威廉姆斯仅仅是走出能穿过门的人行通道，并且当时马丁内斯就站在门的旁边。法院重新观看了视频发现，有关威廉姆斯走路的视频的时间很短，并且随着门的一开一关，他也在快速调节着走路的脚步，而不是慢吞吞地走。这显示了威廉姆斯有更多的身体移动。

另外，考克斯和马丁内斯也证实他们观察到威廉姆斯扫视（scan）①了乘客上客区域并且向贝尔点头示意。他们观察到那两个人随意地走回了汽车站。在那儿贝尔脱下了大衣并且坐了下来，而威廉姆斯继续走出了车站的大门，并且拿出了手机。马丁内斯也证实在威廉姆斯和贝尔走回车站之前，他们不得不注视他们，因为他们表现得有些紧张。就他们而言，马丁内斯推测性地说到考克斯，因为考克斯是除自己之外唯一近距离靠近贝尔和威廉姆斯的警察。然而考克斯是最靠近贝尔的警察，他证实在车站上客区威廉姆斯向贝尔点头示意后，贝尔就跟着威廉姆斯走回了车站，仅仅这件事就引起了怀疑。

在靠近威廉姆斯并且表明了他们的警察身份后，考克斯和马丁内斯发现威廉姆斯非常紧张。之后考克斯问威廉姆斯为什么会用一个错误的名字来旅行。在直接询问时，马丁内斯和考克斯都证实威廉姆斯仅仅交了一张写着贝尔名字的车票给考克斯，并且他们没有确定两张票是订在一起或是

---

① 英文原文为"scan"，笔者将其译为"扫视"，《英汉法律词典》（第 4 版）（夏登峻主编，法律出版社 2012 年 10 月，第 975 页）对其解释为："细察，审视；浏览；（用电子装置）核验；扫描。"

粘在一起的，直到他们被逮捕以后。在盘问中，考克斯一开始证实他记不清楚威廉姆斯是否向他解释过他有两张车票的原因：一张是他的名字，另一张是贝尔的名字。在看了当时的视频后，他们都不情愿地承认威廉姆斯将他们两个人的车票给了考克斯，并解释道写着另一个人名字的车票是属于他朋友贝尔的，贝尔正坐在车站里面。对于这个不一致的解释，考克斯证实道，他并不相信威廉姆斯的解释，因为据他的经验，贩毒者通常是不诚实的，同时马丁内斯试图减少他对事情的参与度，并证实当时是考克斯并不是自己查看了车票并与威廉姆斯进行了交谈。

马丁内斯和考克斯也都证实，根据他们的经验，毒贩是经常一起旅行的。根据这个案件的证据和事实，政府坚决主张这个因素和暗示证实了合理的怀疑是存在的。在同一时间，政府也坚称，威廉姆斯拿着一张不同姓名的车票也是一个暗示。然而这两个因素或暗示可以被同时排除，因为一方面考克斯和马丁内斯相信威廉姆斯和贝尔正在一起旅行；而另一方面，他们又不相信威廉姆斯的解释，威廉姆斯的解释是因为他们正在一起旅行，所以他拿着贝尔的车票。而警察局相信这两方面之间是不一致的。这也引起了法院对于怀疑的合理性质疑，并且推断出警方在获得能够证明犯罪行为正在着手进行的合理性怀疑的事实之前就举着枪对威廉姆斯进行了拍身搜查。最多，警察是根据所看到的来认为威廉姆斯看起来很紧张。而以"紧张"这样难以捉摸的行为来确定有合理的怀疑是不恰当的。然而只有紧张的表现，而没有其他的因素是不够产生犯罪行为存在的合理怀疑的，即使紧张的表现是一种比较极端的行为。

政府也坚决认为对于搜查威廉姆斯存在合理的怀疑。因为在自由的询问过程中，威廉姆斯变得越来越紧张和焦虑。再者，在确定是否存在合理怀疑中，"紧张的表现"这一难以捉摸的行为（evasive behavior）只是一个相关的决定因素。然而与马丁内斯及阿瓦洛斯的观念相违背的是，他们认为在一个自由和谐的场面中，不配合警方的行为是非法的，缺乏合理的怀疑或合适的原因，当被警察靠近时，一个人自由地拒绝了警察，因此拒绝去合作而没有其他的行为不能够从最低限度上证明有需要去拘留和调查的客观鉴定。

在这里，威廉姆斯变得可以被注意到犹豫（visibly）和焦虑（audibly）的时间是很关键的，但是关于威廉姆斯从一般的紧张（general nervousness）升级到焦虑（agitation）的时间上的证据是有些不一致的。在直接的询问当中，考克斯证实威廉姆斯变得焦虑并且随着他们要搜查他的包，他开始变得气愤起来。马丁内斯在一开始的直接询问中证实威廉姆斯在将他的包交上来检查时，他变得焦躁起来。然而在盘问中，马丁内斯承认当威廉姆斯被告知要对其进行拍身搜查时，便开始焦虑起来。根据警察的供述，正是在这个时间威廉姆斯生气地喊道"你们可以搜查我的包，但是不能搜查我"。在这一系列事实下，在威廉姆斯被拘留后，他的焦虑开始出现了。因此在确定警方在拘捕威廉姆斯之前是否有合理的怀疑时，这个证据是不被考虑的。当马丁内斯告诉威廉姆斯他将被进行拍身搜查时，他就被逮捕了。因为正如之前所解释的一样，正常的人都能想到这种情况下是无法自由离开的。

最终，政府坚称威廉姆斯将手放在口袋里，看着他的肩膀，在将包交给马丁内斯之后就从旁边走开了，这因此说明警方具备了合理性的怀疑。法院不同意。

首先，关于威廉姆斯将手放在口袋里，马丁内斯和考克斯不能证明威廉姆斯这些行为能够引起有犯罪活动的合理性怀疑。他们反而证明在马丁内斯指令威廉姆斯将手放在口袋外面之后，威廉姆斯却继续将手放在口袋里，这引起了他们对自身安全的担心。提及威廉姆斯注视着自己的肩膀，并且在将包交给马丁内斯之后，就向后走去，两个警察都证实威廉姆斯在这方面的举动使他们认为威廉姆斯打算逃离，正如他们所认为的威廉姆斯和贝尔返回车站是暗示着他们可能想要逃走。阿瓦洛斯简单地认为，当威廉姆斯注视着自己的肩膀的时候，他正在用眼睛谋划一条逃脱的线路。

无缘无故的轻率的快速移动不一定暗示着有犯罪行为，但是在特定的环境里可以说明存在合理的怀疑。然而在这个案件中，不需争论的（un-disputed）是被告人都没有打算逃离；当然所有我们拥有的证据都是警方担心被告人有可能逃离。进一步来说，考克斯证实在通常情况下一个人会远离自己的包裹，如果他试图使自己远离放在包裹里的违禁品，警方证实威廉姆斯将包交给马丁内斯检查之后，就向后走开了，而这些供述与视频的记录不一致。

视频显示，威廉姆斯走了两个半步或一小步。放下带轮子的行李包的把手时，威廉姆斯轻微地往后走了一步，这并非与正常的人的反应不相符。那个时候，威廉姆斯与马丁内斯之间只有很近的距离，倘若威廉姆斯不往后轻微移动的话，那么他无法在马丁内斯的面前将包打开。在向后走了一小步之后，威廉姆斯又向后走了差不多的一小步。总的来说，威廉姆斯这一步好像是在调节自己的重心或者是姿势。

在任何的事件中，一个正常的人都不会将第二小步（the second half-step）看作具有威胁，或认为是这个人打算逃离。在威廉姆斯向后走了第二小步之后，又过了几秒钟时间，他被按倒在地上了，然而视频显示，他的右脚刚好出现在视频中，并没有移动，一直到他被按倒在地。因此不能使人相信，威廉姆斯在这些方面的行为可以被理解为正在从事毒品活动的暗示，也不能理解为他被四个警察包围后打算逃走的行为（这四个警察是：Avalos、Cox、Martinez、Hussey）。

因此，考虑这个案件的整体情况，从案件当中所归纳出的合理推论，大量的不一致的证据和证词，以及证据可信度的判定，法院断定马丁内斯和考克斯在对威廉姆斯拘留和拍身搜查之前并没有关于犯罪行为正在进行的合理怀疑。再者，政府所信赖的这些情况实际上是政府无法辨别的，因为这些情况中没有证据。不同于这些情况的另一些案例中，有的是警方提前收到内部的情报，这些情报都是关于被告人很有嫌疑是贩毒者或被怀疑正在从事其他犯罪活动；有的是被告人用现金支付了车票或车票是单程车票；有的是被告人没有身份证件；有的是被告人正在去或是从一个地方回来而那个地方是毒品来源地；有的是被告人在他们的目的地仅仅停留很短的时间；有的是被告人用一个假名来旅行；有的是警方在搜查被告人之前发现有许多新的疑点；有的是警方在要求被告人接受检查之前，被告人自愿将包交出来接受检查；有的是在对被告人搜查之前，警方获得了一个搜查令。本案中威廉姆斯是慢步移动，或被告人以一个很快的速度离开了之后，警察也快速离开了警察局。

法院所宣称的理由认为：拘留（detention）、拍身搜查（pat-down）、逮捕（arrest）以及接下来的对威廉姆斯的搜查（search）都是违法的。任何 Dallas 警局在 2013 年 10 月 28 日所获得的控告的证据，这些证据作为非法拘留（unlawful detention personal）、拍身搜查（body frisk）、逮捕（arrest）以及随之对威廉姆斯人身检查的结果将因此被予以排除。

另外，因为拘留和搜查贝尔的决定是完全建立在对威廉姆斯的非法拘留和拍身搜查的基础之上的，法院将会排除由 Dallas 警局在 2013 年 10 月 28 日所获得的所有控告的证据，以及非法拘留、人身搜查（personal body frisk）、逮捕和随之对贝尔的人身搜查所获得的证据也将被排除。法院也重申关于贝尔行为的唯一证据来自考克斯，他证实说"他观察到了贝尔所做的唯一引起他怀疑的事情就是在威廉姆斯向贝尔点头示意后他跟着威廉姆斯回到了汽车站"。在威廉姆斯被逮捕之前，包括他和贝尔两个人一起旅行，以及提供警方一个相信贝尔正在从事毒品犯罪活动的具体、客观的合理怀疑的依据之前，没有一个事实是与威廉姆斯的行为相关联的。因此尽管警方的证据提及了为了安全而感到担心，同时对威廉姆斯和贝尔的拘留与搜查是与特里案不一致的，并且也是不合宪法的。

最终，因为法院决定政府的证据并不足以支持对贝尔采取拘留并执行特里式拍身搜查的有关犯罪活动存在的合理怀疑，政府的发言人坚称相同的证据说明有充分的理由去逮捕贝尔以及从属于逮捕的搜查行为（对威廉姆斯身上有违禁品的察觉，结合着威廉姆斯的言行以及贝尔的行动，有了合适的理由去逮捕贝尔以及顺带所进行的搜查）。

五　法庭判决

得克萨斯北部管区联邦地区法院作出判决，正如法院之前所指出的那样，法院认定有多个关键证据点存在不一致，这也直接削弱了证据的可信度。政府所采取的态度和立场，是按照其掌握的证据以及总体的情况，但是不具有说服力（indefensible）。所以，法院认定政府没有履行其应尽的责任并认为从威廉姆斯身上搜到的海洛因是用合法的方式搜查到的，法院认定警方的截停、拍身搜查、逮捕以及随后对威廉姆斯和贝尔进行的搜查违反了美国宪法第四修正案。因此，法院同意被告人的请求，即排除警方非法获得的证据；并且排除所有控告的证据，这些证据是警方在 2013 年 10 月 28 日所进行的截停、拍身搜查、逮捕以及随之对威廉姆斯和贝尔的搜查中获得的；排除的证据还包括在这次事件中所获得的毒品的证据。总之，在本案中，通过截停、拍身搜查或对每一个被告人逮捕所获得的证据均为违法证据。

第四章

交通盘查——盘查对象的扩展

本章涉及的案例表面上均是交通盘查或车辆盘查，但实质上是特里规则在适用范围上的又一次扩张，具体表现为盘查对象的扩展——由本人到相关人员。本部分案例尤以截停车辆时的司机和乘客为典型。在对车辆进行截停时，乘客被认为和司机处于同样被拦截的处境，对司机人身自由的限制同样也适用于乘客，这一点在对警察安全的保护及截停的实际效果上得到支持。*Maryland v. Wilson*, *519 U. S. 408（1997）*案①（简称"Wilson案"或"威尔逊案"）明确表明了这一点。

另外，*Heien v. North Carolina*, *574 U. S. _____（2014）*案属于交通截停的非典型判例，特里规则经过 50 多年的发展已经日趋完善，特里截停与盘查不是本案研讨的重点，核心是交通盘查中误判法律的合法性问题，即误判法律是否违反宪法第四修正案。提及美国本土近年来在人权保护上存在的问题，可以很容易发现一个趋势，那就是对私人人权的保护相对于国家权力的执行弱化，即比起一直宣扬的人权至上，近年来更有一种国家公权力的实施处于相对优先地位的倾向。震惊全球的"9·11"事件绝对可以说是美国公权力地位急速上升的强力催化剂。就警察盘查行为的判例而言，同类型案件可能出现不同判决，结果往往偏向于公权力的胜利，海恩（Heien）案就是最好的例证。

---

① 杨曙光、苏玫霖：《马里兰州诉威尔逊案译评——美国警察实施拍身搜查规则的典型案例》，载齐延平主编《人权研究》第 18 卷，山东人民出版社 2017 年 6 月版，第 284 页。本章节对威尔逊（Wilson）案的援引为直接引用，案例原文来自 http://caselaw. lp. find-law. com/，同时参阅 Westlaw 和 Lexis 数据库进行了校对。

第一节　盘查可疑乘客合法的威尔逊案（1997）

在交通截停中，警察可以命令可疑乘客离开其交通工具以完成针对汽车的拦截检查，本案肯定了这一点，并重点对盘查对象是否包含可疑乘客作了详细论述。整个案件以及判决，简单来说就是"公共权益"与"个人自由"之间的平衡取向。先前的宾夕法尼亚州诉米姆斯案已经确立了州警对于交通违规车辆司机的下车检查权，此处要讨论的则是这种权力是否应该扩展到同车的可疑乘客身上。本案的最终判决认同了这种扩张。

一　威尔逊案简介

事件发生在六月的晚上，马里兰州一州警在95号州际公路巴尔的摩郡段，看到一辆载有乘客的汽车超速行驶，并且此车并无通常车辆具有的驾照标签，只有一张写着"汽车租赁公司"的碎纸片在车后乱晃。该警官打开警灯和警报器，给违规车辆信号命其停车，但司机在继续行驶了一英里半之后方才停车。在追逐过程中，警官注意到车中共有三人，其中有两名是乘客，并且这两名乘客回头看了他数次，每次都迅速低头以摆脱他的视线。当警官步行接近汽车时，汽车司机从车上下来向警官走去。司机当时抖得厉害，看起来非常紧张，虽则如此，他却出示了一张有效的康涅狄格州的驾照。警官命令司机回车中取车辆租赁文件，他听从了。在此过程中，警官注意到坐在副驾驶座位上的乘客威尔逊即被告，冷汗直流，看起来十分紧张。当司机在驾驶座寻找汽车租赁文件时，警官命令威尔逊下车。在威尔逊下车后，大量强效高纯可卡因掉到了地上。之后，威尔逊被捕，并因持有、贩卖可卡因而被起诉。在审判前，威尔逊向法庭提出动议，要求排除非法证据，辩称警官命令其下车违反了宪法第四修正案，构成非法逮捕。巴尔的摩郡巡回法院认同此观点，并支持了被告排除此证据的动议。在上诉期间，马里兰州特别上诉法院维持了原判，裁定在宾夕法尼亚州诉米姆斯案中的规则不可以适用于乘客。

联邦最高法院认为，警察在实施交通截停时可以要求可疑乘客离开所乘车辆，直到其达到路检的目的为止。根据先例，米姆斯案中裁定警察在交通截停中可以命令人们离开车辆，其效力既及于司机，也及于可疑乘客。法庭当时给出的解释是，适用宪法第四修正案的判断标准为，特定行政行为对于公民人身安全的侵犯具有合理性，并且此种合理性取决于公共权益和人身安全不受警察任意干预的个人权利二者之间的平衡。从公共权益角度，无论被拦下车辆中有司机还是可疑乘客，警察安全与社会秩序的公共权益都同样重要；而且当车辆中还有可疑乘客时，对警察安全造成的威胁更大。另外，从个人自由的角度而言，可疑乘客所乘车辆被拦截，那么可疑乘客已经实际上被扣留，命令可疑乘客下车对可疑乘客权利的额外侵犯微乎其微，且此时可疑乘客与司机同样有袭警的可能，令其下车还可以避免其接触到可能藏在车辆中的武器。故其判决撤销原判，发回重审。

二　对可疑司机盘查同样扩张适用到可疑乘客

事件发生在六月的晚上，七点半左右，马里兰州州警大卫·休斯（David Hughes）在 95 号州际公路巴尔的摩郡段，看到一辆载有乘客的汽车以每小时 64 英里的速度向南行驶。此处的标牌行车限速为每小时 55 英里，并且此车并无通常车辆具有的驾照标签，只有一张写着"汽车租赁公司"的碎纸片在车后乱晃。休斯打开警灯和警报器，给违规车辆信号命其停车，但司机在继续行驶了一英里半之后方才停车。

在追逐过程中，休斯注意到车中共有三人，其中有两名是乘客，并且这两名乘客回头看了他数次，每次都迅速低头以摆脱他的视线。当休斯步行接近汽车时，汽车司机从车上下来向警官走去。司机当时抖得厉害，看起来非常紧张，虽则如此，他却出示了一张有效的康涅狄格州的驾照。休斯命令司机回车中取车辆租赁文件，他听从了。在此过程中，休斯注意到坐在副驾驶座位上的乘客，即被告威尔逊，冷汗直流，看起来十分紧张。当司机在驾驶座寻找汽车租赁文件时，休斯命令威尔逊下车。在威尔逊下车后，大量强效高纯可卡因（crack cocaine）掉到了地上。

联邦最高法院认为米姆斯一案中的交通截停与联邦最高法院今天所看到的这个情况十分相像。在那个案件中，米姆斯因为牌照过期而被拦下，并且有警官命令其下车。当米姆斯下车后，警察注意到他的夹克呈现一种怪异的、鼓鼓囊囊的样子，后来发现那是一把0.38口径的左轮手枪。因此，米姆斯因秘密携带致命武器而被捕。米姆斯像威尔逊一样，请求法庭排除手枪作为现场证据，他认为警察命令其离开车辆是一种对人身自由不合理的限制。而后，如同马里兰州特别上诉法院所做的那样，宾夕法尼亚州最高法院支持了此动议。

联邦最高法院撤销了原判，给出解释如下，"基于第四修正案，联邦最高法院分析的判断标准总是，'特定政府行为对公民人身安全侵犯的合理性'，并且此种合理性'取决于'公共权益和人身安全不受警察任意干预的个人权利二者之间的平衡"。从平衡中的公共权益角度来说，联邦最高法院注意到，政府可自主确认，认定命令米姆斯下车没有任何不正常或者可怀疑之处，但是，警察"（在交通截停中）当然命令所有司机下车"是一种保护警察安全的"预先防护措施"。联邦最高法院认为难点是不正当化理由——为国家公务人员人身安全——作为理由是否合法而且充分。除此之外，联邦最高法院发现，当警察站在驾驶座车窗外，位于车辆来往道路上时，他所面临的危险是"比较（相当）可观的"。

从另一角度而言，联邦最高法院认为是警察命令司机下车引发了对司机人身自由的侵犯。联邦最高法院注意到，司机的车辆是因为他有交通违法行为而被合法拦截，所以联邦最高法院认为，让他下车这种额外的侵犯是"无关紧要的"。因此，联邦最高法院得出结论如下，"当机动车辆因交通违规而被合法拦截时，警察命令司机下车并不违反第四修正案对于不合理逮捕截停的定义"。

被告力陈并且下级法院所同意的是，因为威尔逊是一个乘客而非司机，所以这种单独认定规则并不应该适用到他身上。反过来，马里兰州辩称，联邦最高法院已经在密歇根州诉朗案的陈述中含蓄地解决了这个问题，"在米姆斯案中，联邦最高法院裁定当车辆因交通违规而被截停后，警察确实可以让车辆上的人下车"，并且大法官鲍威尔在拉卡斯诉伊利诺伊州一案中作出了如下陈述，"法院在米姆斯案中认定，一旦车辆被合法截停，车中的乘客就丧失了不被命令下车的第四修正案权利"。联邦最高法院同意被告的说法是因为，上述前者是法官的个人意见，而后者包含在法官的同意意见中，所以二者都没有形成与本案相关的判例。

因此，联邦最高法院现在必须决定，米姆斯规则是否除适用于司机外也适用于乘客。从平衡中的公共利益角度来说，不管被截停车辆中有司机还是乘客，对于警察安全权益的影响都是相同的。遗憾的是，交通截停确实会成为存在危险的行为。仅仅在 1994 年一年当中，在交通追击和截停中受伤的警察就多达 5762 人，另有 11 名警察被害。① 在与乘客相关的案件中，警察站在车辆来往的道路中所面临的危险并不显著，除非在车辆左后车座有乘客；但事实上，当车辆中超过一个人时，往往会增加警察受伤的可能。

从平衡中的个人自由角度而言，与乘客相关的案件比与司机相关的案

---

① 美国联邦调查局，1994 年统一犯罪报告——警察在执法过程中被杀害或遭袭（第 33 案第 71 页）。Federal Bureau of Investigation, Uniform Crime Reports: Law Enforcement Officers Killed and Assaulted 71, 33 (1994).

件产生的影响更大。联邦最高法院有理由相信，司机确实已经实施了轻微的交通违法行为，但对于乘客来说，并没有那样的理由来截停或者拦截他们。然而，在实践当中，乘客已经因为交通工具的截停而被拦截。在那种情形下，让他们下车的命令造成的唯一变化是他们将要离开其交通工具，而不是仍然留在车上。下车，乘客就没有任何可能会接触到藏在客座的武器。看起来，发生暴力行为的可能并不是来源于因超速而被截停的司机的平常反应，而是来自在截停中警察很可能会发现更加严重犯罪行为的证据。并且，对于乘客来说，使用暴力以防止自己因为此种犯罪而被捕的动机完全与司机相同。

联邦最高法院认为，采用类推的方法，联邦最高法院在密歇根州诉萨默斯案中的观点为此提供了指导。那个案件当中，警察已经获得了相应的搜查令，去搜查他们以为存在于某居所中的违禁品，但当他们到达目的地进行搜查时，恰巧遇到从台阶上走下来的萨默斯。这个案件当中，难题取决于"法庭的判决，即警察是否有权力要求他再次进入那座房子并一直待在里面，直到警察完成搜查"。法庭认为这是合理的，并做出了陈述如下：

> 尽管在此记录当中并没有证据证明警察会遇到什么特殊危险，但对毒品的令状搜查是一种可能会引起（被搜查人的）突发性暴力或者不顾一切努力来隐藏或者毁灭证据的行为。如果警察能够常规地运用针对这种情形毋庸置疑的命令，那么对于警察和占用人二者来说，受到伤害的风险就会降至最低。

总的来说，在交通截停中，当被拦截的车辆中除司机外还有乘客时，警察所面临的危险很可能是更大的。尽管让乘客下车的命令，并没有类似的让司机下车的命令那样的基本原则，但（让乘客下车）对乘客的额外侵犯是微乎其微的。因此，联邦最高法院认为，警察可以在实施交通截停中命令乘客下车，直到其达到路检的目的为止。

三 史蒂文斯（Stevens）大法官的反对意见——政府无权对乘客盘查

在宾夕法尼亚州诉米姆斯案中，法庭回答了一个"两难问题"，即对于被合法截停的个人，对其自由的"增量侵权"是否合理。此案恰恰相反，它提出了一个独立而又意义重大的问题，那就是政府是否有权对个人——一个甚至都没有被怀疑有违法行为的人实行初步截停。

史蒂文斯大法官担忧的并不是这个特殊案件的最终判决，而是，因为法庭所做出的规定很有可能会影响未来所发生的成千上万的案件，所以尽管这个问题并没有立即呈现在联邦最高法院面前，但是，其确信，考虑到特里案所确立的基本原则，如果在交通截停过程中，一名警察对本次交通截停存在较大危险有强烈怀疑，那么作为防御手段，他可以命令乘客离开其交通工具，而这与宪法第四修正案并不冲突。因此，史蒂文斯大法官推测，多数意见所说的事实给警察命令乘客下车提供了合法有效的正当理由。但是，法庭的规则有些超过了应该的限度。这个规则很可能被同等地适用到没有任何证据证明对警察有潜在风险的交通截停中。在那些案件里，其坚信宪法第四修正案是禁止对明显无辜公民的例行搜查以及任意扣押、截停的。

（一）警察安全与乘客负担的辨析

多数意见认为，这个案件中，由于需要保证警察的安全，在危急关头，个人自由不再是重中之重，而此处的自由比米姆斯案中裁决所涉及的自由更有影响力。法庭确实注意到了"交通截停可能是很危险的执法过程"。统计数据反映出了警察可能受到的危险的程度，仅仅在1994年，

"就有 5762 名警察因交通追击和截停受伤，并有 11 名牺牲"①。毋庸置疑，巨大的公共利益要求减少这种伤亡。但是，法庭的统计数据并不能说明本裁决能有效地减少此类伤亡。

那些统计数据并不能告诉联邦最高法院有多少案件牵涉乘客。假设在很多案子里，乘客实施了相应的伤害，可是联邦最高法院并不知道有多少案件是在乘客下车后发生的，多少案件是在乘客留在车中发生的，或者说事实上，有些案件是否能够因为一个让乘客下车的命令而得到制止。并没有迹象指出，在警察可以没有任何怀疑便命令乘客下车的管辖区内，伤害案件的数量比警察被禁止这样做的辖区内更少。事实上，也没有迹象表明，这些袭击案是在完全没有考虑到警察安全的情况下发生的。史蒂文斯大法官所坚持的唯一一点就是，宪法第四修正案禁止命令乘客离开他的交通工具。简而言之，这些统计数据既与命令乘客离开交通工具增加了袭击案的危险这一假设相一致，也与这种命令降低了相应风险的假设相一致。

此外，对警察来说，任何有限的额外风险必须拿来同非必要侵权相权衡。由于多数意见所形成的规则，这种侵权会在每天庞大数量的例行巡查中强加到无辜的公民身上。很长时间以来，联邦最高法院已经意识到，"因为对机动车辆及交通的广泛监管……警察与公民间涉及汽车时的联系实质上比涉及家庭与办公时要多得多"。大多数交通截停涉及的是实施了轻微交通违法行为的守法公民。为达到某种目的——将病人送至医院，去见证一次开球，或者为了准时去工作——通常不用审判就可以解释一次交通违规的缘由。归结起来，这些截停相当于重大执法活动。

在数量上，对执法官员构成现实威胁的截停远远少于常规的截停活

---

① 美国联邦调查局，1994 年统一犯罪报告——警察在执法过程中被杀害或遭袭（第 33 案第 71 页）。Federal Bureau of Investigation, Uniform Crime Reports: Law Enforcement Officers Killed and Assaulted 71, 33 (1994).

动。如果马里兰州的全州数据约为平均水平，那么全国在每年的交通截停和追击中大概有 100 名警察受袭击。做一个不太可能发生的假设，全部袭击案中有四分之一应由乘客负责，粗略估算，法庭确立的新规则为马里兰州的警察在一年仅仅发生的 25 次截停中，提供了一种潜在的利益。这些截停仅代表了总量中一个微不足道的部分。单独说马里兰州，每年大约有一百万次交通截停。假设在大概一半被拦截的车辆中有乘客，多数意见所确立的规则仅仅为警察确立了一些可能的优势，而这种优势仅仅体现为，大概在每两万次中的一次交通截停中，车中会有一名乘客。并且，所涉及的所有利益都是很微小的。在绝大多数真正引起威胁的案件中，警察几乎肯定会有一些理由怀疑危险的存在，这种怀疑已经足以命令乘客下车。

相比之下，成千上万的无辜公民承受的这种潜在的日常负担却是显而易见的。在个别情况下，这种负担可能是"极小的"，却会有无数的公民遭受此类侵扰，承受由此带来的尴尬，甚至某些时候会被执法官员的武断命令激怒，因此，这些公民可能会把接受命令下车的负担视为一件意义重大的事情。在所有情况中，成千上万的在史蒂文斯大法官看来数量可观的微小侮辱性行为的集合对自由有极大的影响，并且，其认为，这种影响绝对超过多数意见所重视的对于逐渐消失的安全的考虑。

（二）宪法第四修正案禁止警察命令乘客下车

法庭得出的结论是，在米姆斯案中得到坚持的关于便捷性与危险性之间的平衡既适用于司机，也适用于合法拦截车辆中的乘客。然而，在米姆斯案中，法庭强调了一个事实，就是在紧急关头对司机自由的侵犯"并不是由对车辆最初的截停所引起的，而是由让其下车的命令引起的，诚然，这是很有道理的"。"这种额外的侵犯只能被描述成是无关紧要的"——这个结论得出的前提是"警察已经由合法程序确认司机应该被短暂截停"。

在这个案子中，对乘客自由的侵犯是由最初对交通工具的截停所引起的，这一事实并无争议。这种侵犯是对司机合法截停的产物。但是，当汽车停下的时候，乘客尚未被截停。因施工而造成的交通堵塞，或者其他并非针对特定个人的国家强制造成的延迟，除以上两种情况外，其他情形均构成对个人的截停。现在的问题是，在没有任何证据证明他或者她能对警察构成威胁或者有实施违法行为的情况下，命令乘客下车是否对在合法拦截车辆中的乘客构成截停。

在交通截停的过程中，命令乘客，坚持让他们下车并留在车外，很难被归类为无关轻重的侵权。交通违法行为足以使司机被截停，并且一些警察控制必要的时间来结束对车辆的拦截。相反，正如多数法官同意的那样，对无罪乘客自由的限制则完全是武断任意的。

在史蒂文斯大法官看来，坐在出租车、公共汽车或者私家车中的完全无辜的乘客，有权决定是继续舒舒服服地坐在汽车里，还是走下车来欣赏一下周边的自然环境或者让好奇的旁观者一睹芳容，而且，这一权利是受到宪法保护的。宪法不应该允许强制执法者仅仅因为乘客不走运地坐在了一辆司机实施了轻微违法行为的车辆中，就给无辜的乘客下命令的行为。

不幸的是，法庭所确立的新规则很可能会对个人自由造成更具影响力的冲击。纵观历史，宪法第四修正案体现了一项基本规则，即要求警察的搜查和扣押行为必须有相应令状，并且令状上应写明"搜查的地方和对截停、扣押的人或者物品应该有特别描述，并有合理根据，而且还应有誓言或者代誓宣言的支持"。在禁酒令时期，基于合理根据的无令搜查的例外开始代替一般规则。1968年，在具有里程碑意义的"拦截与搜身"案件——特里案中，法庭将扣押的准许要求确定为有具体而有力的事实，而不是建立合理依据。一般规则认为，"只要可行，警察必须经令状签发程序来获得搜查、扣押的进一步司法准许"，而法庭却把特里案塑造成了一项相对一般规则来说的限制性例外。法庭多数意见所欲达到的范围与先前的实践相背离，这反映在它的陈述当中，"要求警察据以采取行为信息的特殊性是法庭对第四修正案法理学解释的核心教义"。在 20 世纪 70 年代，法庭两次驳回了仅仅对汽车中乘客自由的"中度"侵犯所引起的截停是毋庸置疑的这一企图。然而，今天，法庭在没有任何先例的情况下做出了以下决定，认可了没有任何怀疑条件下的截停、扣押。

法庭的结论看起来是将截停建立在一种假设的基础之上，这种假设即为反对不合理截停的宪法性保护仅仅要求针对个人自由的侵权的假定合理的基础。这项开创性的决定会带领联邦走多远，史蒂文斯大法官不敢妄测。但其担心，这项决定会比法庭意识到的给个人自由带来更加严重的威胁。

四　法庭判决

在此案中，联邦最高法院争论的焦点在于是否将宾夕法尼亚州诉米姆斯案中所确定的规则扩张适用到乘客身上，即警察是否当然有权命令乘客离开被合法截停的车辆。联邦最高法院认为这是可以扩张适用的。

警察在实施交通截停时可以要求乘客离开所乘车辆，直到其达到路检的目的为止。密歇根州诉朗案中的法庭陈述（米姆斯案"裁定警察在交通截停中可以命令人们离开车辆"）和鲍威尔（Powell）法官在拉卡斯诉伊利诺伊州案中所做的阐述（米姆斯案裁定"在一个合理的截停中，乘客没有第四修正案下的不被命令离开其交通工具的权利"），二者并没有形成相关的判例，因为前者是法官的个人意见，而后者仅仅包含在法官所投同意票的判决推理中。虽然如此，米姆斯规则的效力既及于司机，也及于乘客。那时，法庭给出的解释是，适用宪法第四修正案的判断标准为，特定行政行为对于公民人身安全的侵犯具有合理性，并且此种合理性取决于公共权益和人身安全不受警察任意干预的个人权利二者之间的平衡。从公共权益的角度来说，不管占用被截停车辆的是司机，如在米姆斯案中，还是乘客，如在此案中，现在提到的警察的安全同样也是一种重要的权益。事实上，在例行路检中，当车辆中除司机外还有乘客时，警察所面对的危险会大大增加。从个人自由的角度而言，在某种程度上，与关于司机的案子相比，与乘客相关的案件更有影响力，因为人们有理由相信司机有轻微的交通违法行为，但没有类似的理由阻止或者截停乘客。然而在实践当中，乘客已经因交通工具的停滞而被阻，因此对他们的额外侵扰是微乎其微的。

威尔逊被捕，并因持有、贩卖可卡因而被起诉。在审判前，威尔逊向法庭提出动议，要求排除非法证据，辩称休斯命令其下车违反了宪法第四修正案，构成非法逮捕截停。巴尔的摩郡巡回法院认同此观点，并支持了被告排除此证据的动议。在上诉期间，马里兰州特别上诉法院维持了原判，裁定在宾夕法尼亚州诉米姆斯案中的规则不可以适用于乘客。马里兰州上诉法院回拒了调卷令。因此，美国联邦最高法院撤销了马里兰州特别上诉法院做出的判决，本案发回按与本判决意见一致的程序重审。

第二节　交通盘查中误判法律的海恩案（2014）

在海恩案①中，因为一辆汽车两个刹车灯中的一个失灵了，警察据此进行交通截停，然而，法院事后裁决，现行法律只要求一个刹车灯正常工作就好；争议的焦点问题由此产生，此种对法律的误判是否达到合理怀疑的程度，以支持警察基于宪法第四修正案采取扣押措施。宪法第四修正案要求政府官员合理执法，但并没有要求无误执法，允许执法者"在执法时

---

① 本章节对海恩案的援引为直接引用，案例原文来自 http://caselaw. lp. findlaw. com/，同时参阅 Westlaw 和 Lexis 数据库进行了校对。

存在些许差池"。宪法第四修正案禁止"不合理的搜查和逮捕",依据该标准,合法的搜查和逮捕可以包括依据合理的错误事实判断而采取的行为。如果一名警察站在德雷斯(Darisse)警官的立场上考虑该问题,他会认为海恩的右刹车灯失灵的车违反北卡罗来纳州的法律,警察的判断是客观合理的。这样,因为对法律的错误适用是合理的,所以基于合理怀疑截停该车没有违反宪法第四修正案。

一　海恩案简介

在该案中警察对汽车的盘查是因为警察认为该车辆违反交通法令,然而事后证明这是警察的误判。这样,盘查启动原因的正当性成为本案争执的焦点,警察的确误判法律,但是北卡罗来纳州的交通法令几十年来一直没有修正,已经与现实脱节,与大众的观念背离。本案属于交通截停的非典型判例,特里规则经过近50年的发展已经日趋完善,特里截停与盘查的附带问题是本案研讨的核心,即交通盘查中误判法律的合法性问题,该误判法律是否违反美国宪法第四修正案。

在美国的判例中,住宅比汽车得到更好的保护。例如,如果透过车窗警察发现车里放有毒品或者枪支,不需征求车主同意,警察有权搜查车辆;线人的举报或者警犬的示警也属于"相当理由"(probable cause)成立的要件,警察也有权对车辆进行搜查。另外,就像本案中,警察与相对人的交流谈话也属于"相当理由"成立的前提,但是,交流谈话不比线人举报和警犬示警那样明确;在盘查的技术上,德雷斯警官进一步征求海恩(Heien)的意见并得到其同意搜查的回话,盘查的要件——"相当理由"已经成立。从行政相对人的角度出发,尽量保持沉默或明言告知不同意搜查是相当安全的技巧,沉默不是默许,警察无法营造宪法第四修正案中"相当理由"的条件。

本案案情相对简单。77 号州际高速公路穿过北卡罗来纳州苏里县（Surry County），Darisse 警官在公路一侧"守株待兔"。Darisse 警官观察到，随着车流前后减速之时，一辆福特雅驰特（Ford Escort）牌汽车刹车灯左灯闪亮而刹车灯右灯却没有，他随即将警车从路边开出，警灯打开，截停该车。Darisse 警官在车停之后，告知司机维斯克斯（Maynor Javier Vasquez）刹车灯右灯坏了，他将得到一个罚单，Heien 作为 Vasquez 的朋友躺在后排座位上；在与这两人的谈话中，Darisse 警官渐渐感觉到这两个人行为可疑，Vasquez 告诉 Darisse 警官他们计划去西弗吉尼亚州，而海恩对 Darisse 警官说他们要去接一位朋友，目的地是肯塔基州。对于这种自相矛盾的回答，谨慎的 Darisse 警官自然产生合理怀疑，这样，Darisse 警官询问维斯克斯是否同意对他的车辆进行例行搜查，维斯克斯告知他个人没有意见但是海恩是车主，警官随即问海恩，海恩表示同意。从车中，Darisse 警官搜查出大量的毒品——可卡因，Darisse 警官和搭档将两人拘捕，北卡罗来纳州公诉人以两人贩毒提起公诉。

但海恩的辩护律师发现，北卡罗来纳州的交通法规只要求一个刹车灯工作就合法。几乎没人知道北卡罗来纳州的州法只要求车辆有一个刹车灯就好，事实上这个交通法令已经几十年没有修订，该法令对此类问题的规范是完全滞后的。于是宪法争议产生：宪法第四修正案①和非法证据排除规则

---

① 美国宪法第四修正案：任何公民的人身、住宅、文件和财产不受无理搜查和查封，没有合理事实依据，不能签发搜查令和逮捕令，搜查令必须具体描述清楚要搜查的地点、需要搜查和查封的具体文件和物品，逮捕令必须具体描述清楚要逮捕的人。以上为笔者翻译。朱曾文先生译为："人民之人身、住房、文件与财物不受无理搜查和扣押之权利不得侵犯；除非有正当理由，经宣誓或代誓宣言确保，并特别开列应予搜查之地点与应予扣押之人或物，不得颁发搜查或扣押证。"（《美国宪法及其修正案》，商务印书馆 2014 年版，第 14 页）王希先生译为："人民的人身、住宅、文件和财产不受无理搜查和扣押的权利，不得侵犯。除依据可能成立的理由，以宣誓或代誓宣言保证，并详细说明搜查地点和扣押的人或物，不得发出搜查和扣押状。"［《原则与妥协：美国宪法的精神与实践》（增订版），北京大学出版社 2014 年第 3 版，附录第 811、812 页］

(exclusionary rule）如何适用？在逻辑上，警察的确在车里找到了毒品，但是警察之所以找到毒品是因为警察想当然地认为（误判）北卡罗来纳州的法律要求车辆必须有两个刹车灯正常工作；也就是说，这个事件链条的最初一环是错的，那事件链条最后一环发现的证据能被法庭所认可吗？

北卡罗来纳州法院系统认为"善意例外"适用于本案，因为整个北卡罗来纳州的人们一般都认为所有的车子都需要两个刹车灯正常工作，没人讨论 Darisse 警官的真实想法。但是一个更深层次的问题是，最高法院在以往的判例中确定的善意例外只适用于警官误判事实，而不是误判法律；几百年来英美习惯法所形成的格言是："（任何人）不得以不知法律为借口"，对警察执法的衡量标准不可能低于普通老百姓守法的衡量标准。

但是，对于大法官们而言，"两个刹车灯"的争论如影随形，对于全国的人们而言也是这种观念，车辆的后排灯中应当有两个刹车灯正常工作，就因为对于一部60年没修订的交通法规警察没有全部掌握，这两个毒贩就可以逃避法律的制裁？而且判例法系国家的法典与判例纷繁复杂，假设公诉无法进行的原因是一位警察违反一部无人真正关注的法令，那么法院系统如何有效发挥作用？这样的论述也许符合常理，却违反法学逻辑。

美国联邦最高法院裁决，现实中无法将善意例外一分为二，即分成善意误判事实和善意误判法律；不必区分两种善意例外，警察善意误判就是善意误判，证据应当被采用。

从海恩案中也能直接看出，政府对危险分子产生的不安，已经直接导致警察权力等公权力出现膨胀化趋势，相对而言，公民个人权益受重视程度越来越低。警察最初截停是因为汽车有车辆违规行为，事后证明这是警察的误判；美国联邦最高法院对警察这种基于误判进一步问询与要求进行拍搜行为的肯定实际赋予了警察更大的权力，授予了警察更大的裁量空间；相较于传统的盘查启动与程序，法院对警察的容忍度有明显的提高。

当然，就关于警察盘查行为的判例①而言，同类型案件可能出现不同判决，但结果往往偏向于公权力的胜利；盘查范围的逐步扩大，其针对的内容、对象均有扩大趋势，无不反映此观点。提及美国本土近年来在人权保护上存在的问题，笔者可以很容易发现一个趋势，那就是对私人人权的保护相对于国家权力的执行相对弱化，即比起一直宣扬的人权至上，近年来更有一种国家公权力的实施处于相对优先地位的倾向。这种倾向虽不是彻底的或颠覆式的，但确实反映在公共生活的各个方面。可以说，警察权力的扩大就是其表现之一；警察权力越来越渗透到公共生活的方方面面，警察行使职权有越来越大的自由裁量权，国家对其权力行使范围与强度的宽容明显增强。

那么始终高扬"人权至上"大旗的美国，为何越发呈现人权妥协于公权力的趋势呢？国际形势与国内政治现状当是首要原因。震惊全球的"9·11"事件，绝对可以说是美国公权力地位急速上升的强力催化剂。美国社会长期存在的不稳定因素如种族问题，在新的时代背景下，又与反恐或宗教问题相互纠葛，使得情况变得愈发复杂，也使美国当权者愈发不安。而有效缓解潜在危险的方式，直指公权力对社会控制的加强，如盘查

---

① 警察盘查行为与人权保护问题密切相关，盘查执法随意性过大、盘查权的滥用、盘查对象的歧视性等往往直接侵害被盘查人的人权。关注美国的盘查相关案件不难发现，盘查对象的歧视性尤其是种族上的歧视在美国相当严重。根据美国《侨报》的报道，在美国各大城市，每年有超过 100 万行人在大街上被警察拦阻盘查。其中，近九成被盘查者为少数族裔男子，被盘查的白人只有 11%。被警察怀疑犯罪而被盘查的行人中，五成为非裔，三成为拉丁裔，白人有一成，亚裔约为 6%。美国的种族歧视问题由来已久，尽管 20 世纪大规模的民权运动使得理论上及公开层面上的种族歧视不再存在，但实际上长期以来的种族隔阂并没有消除，警察盘查权行使对少数族裔的明显偏向就是其表现之一。实际上，不只是盘查行为，警察其他权力的行使也仍存在较严重的种族歧视倾向。正如 2014 年引发广泛关注的弗格森枪击案，枪击 18 岁非洲裔青年迈克尔·布朗致死的白人警察达伦·威尔逊免于被起诉，引发了强烈争议与游行示威等活动。一波未平一波又起，同年 12 月初，佛罗里达州又发生一起白人警察枪击一名手无寸铁黑人男子事件。这令美国种族关系进一步紧张，同时也掀起警察执法过度使用暴力的讨论。2015 年 5 月发生在黑龙江庆安的徐纯合事件也与警察盘查权的行使存在一定程度的关联（笔者对该事件的了解来自央视报道与网络媒体），2016 年 6 月网上曝光了"广东深圳女孩当街被警察盘查并强制带走事件"（根据网络报道，该事件发生在 2016 年 5 月 21 日）。

等公权力的实施并放宽限制，是相当直接并相对有效的方式。由此看来，警察盘查权限的实际扩大也是情理之中的。而作为人权保护先驱的美国，自然也不能抛弃对人权的基本保护。应该可以看到，对公权力扩大的实际认可必然在一定程度上侵及至少一部分人的基本权益，但这也仍然只在一定限度内被容忍。整体看来，被容忍的对人权的侵犯实际是为了社会秩序之维护与安全稳定之保障，也即为了更多数人的基本权益不被侵犯。从这一角度来看，人权保护并没有被弃之不顾，只是在时代背景下，国家公权力的实际效果更被看重罢了。

对于该问题，我国法院的态度与美国相反。就在美国联邦最高法院裁决海恩案的相同时间段，2014 年 12 月 29 日我国山东某地法院判决"王镇友案"[①]，同样是因为误解交通法律规范，法院支持原告的诉讼请求，作为被告的交警败诉。原告王镇友于 2013 年 6 月 24 日 22 时 6 分驾车通过某卡口时，被卡口的监控设备拍下手持香烟驾车的录像，上传到违法处理系统；交警依据《中华人民共和国道路交通安全法实施条例》第 62 条第 3 项"驾驶机动车不得有下列行为：……拨打接听手持电话、观看电视等妨碍安全驾驶的行为"的规定，对其处以 50 元罚款并处以 2 分的处罚；交警对"手持电话、观看电视等"中的"等"字做出扩大解释[②]，认为包括"驾车吸烟、观看小说报刊、吃东西、未停车捡拾物品、盘腿坐在驾驶座上

---

① 参见与摘录于（2013）烟福行初字第 109 号判决书。另外也可查阅有关媒体对该问题的报道：《烟台司机开车吸烟被罚款扣分 状告警察打赢官司》，http://sd. ifeng. com/zbc/detail_2015_03/10/3638967_0. shtml，或 http://sd. dzwww. com/sdnews/201503/t20150310_12010793. htm，2017 年 3 月 6 日访问。

② 2004 年，最高人民法院《关于审理行政案件适用法律规范问题的座谈会纪要》第 4 条规定："法律规范在列举其适用的典型事项后，又以'等'、'其他'等词语进行表述的，属于不完全列举的例示性规定。以'等'、'其他'等概括性用语表示的事项，均为明文列举的事项以外的事项，且其所概括的情形应为与列举事项类似的事项。"最高人民法院在《关于没收财产是否应进行听证及没收经营药品行为等有关法律问题的答复》（〔2004〕行他字第 1 号）中认为："等"应理解为等外等。

驾车、扭头与他人交谈等行为"。因为该案件涉及法律的适用与解释问题，2013 年 10 月 14 日立案后，经请示最高人民法院，2014 年 12 月 29 日山东某地法院才做出判决，以"法无明文规定不处罚"为由，判决撤销交警于 2013 年 8 月 5 日对王镇友做出的公安交通管理简易程序处罚决定书。因为中国与美国的国情不同，法治化进程存在差异，通过"海恩案"与"王镇友案"的比较，我国的法院更加倾向于保护公民个人的私权力，"法无授权不可为"；相对于国家公权力的执行而言，对私人人权的保护得到相对强化。

二　海恩案的经过与州法院的意见

2009 年 4 月 29 日早晨，在北卡罗来纳州 Dobson 附近，苏里县警局的警察坐在他的巡逻车里观察 77 号州际公路北部边界的交通情况。一辆福特雅弛特牌汽车在快到八点钟时驰过。Darisse 认为司机看起来非常僵硬且紧张不安，于是他将巡逻车开上州际公路并开始尾随这辆福特汽车。沿着公路行驶没有多远，因为前面的车减速，福特刹车，但只有左边的刹车灯亮起。Darisse 注意到福特车右边的刹车灯坏了，便打开巡逻车的警灯并引导福特车路边停车。

两个人坐在车里：Vasquez 坐在驾驶席，上诉人海恩躺在后排座位上。Darisse 警官在检查 Vasquez 的驾驶证和车辆登记证后，告知他，因为右侧刹车灯损坏，Vasquez 将要被书面警告。因为相关文件没有显示其他问题，Darisse 给 Vasquez 开出书面警告书。但是，在截停期间，Vasquez 显得局促不安，海恩一至躺在那里，而且两人对此行的目的地的回答也不相同，Darisse 感觉他们行为可疑。Darisse 问 Vasquez 是否愿意回答某些问题，Vasquez 同意了，Darisse 问他们是否正在贩运某些违禁品，Vasquez 回答没有；Darisse 问是否可以对车辆进行搜查，Vasquez 回答他本人不反对，但需要征求 Heien 的意见，因为车是 Heien 的。Heien 同意了，在这期间赶来的另一名警察搭档的配合下，Darisse 开始对车辆进行彻底搜查；Darisse 在一个筒状帆布包的隔层里找到一个包着可卡因的三明治包装袋，警察逮捕了这两人。

州公诉人指控 Heien 企图贩卖可卡因。Heien 声称警察的截停及搜查行为已经违反美国宪法第四修正案，因此申请排除从车里获得的证据。在听证会上，州公诉人和警察播放了一段截停的视频，审判庭据此否决了非法证据排除的申请；审判庭认为，因为刹车灯损坏导致 Darisse 警官产生合理怀疑并进行截停，基于 Heien 的随后同意而进行的搜查是合法的。海恩认罪但保留上诉的权利。

北卡罗来纳州上诉法院改判本案。法院认为，因为驾驶只有一个刹车灯正常工作的汽车实际上并没有违反北卡罗来纳州法律，警察开始的截停行为不合法。交通法典的相关条款规定，一辆汽车必须：

> 在汽车的尾部安装一个刹车灯。刹车灯亮起时应为红色或黄色，在正常光线里至少 100 英尺距离上可见，而且在刹车时能发挥真正的作用。这个刹车灯应该与其他一个或多个尾灯整体性地协调工作。

法庭审理的焦点问题是，法律仅规定"一个刹车灯"和单个的"刹车灯"，法庭据此推断，对于一辆汽车而言，只要有一个刹车灯正常工作就好，而 Heien 的汽车毫无疑问地符合条件。因此截停的理由"客观上是不合理的"，截停违反宪法第四修正案。

州公诉人上诉，北卡罗来纳州最高法院改判。北卡罗来纳州最高法院注意到，州公诉人没有诉请审查上诉法院关于交通法典的解释，所以假定州上诉法院关于刹车灯故障不属于违法的裁决是正确的。但是，州最高法院基于几点考虑认为，即使 Darisse 警官误解交通法典，他可能合理地将该法典解读为应该要求两个刹车灯能正常工作。特别强制的是，一部最近的法律要求"所有原装的尾灯"功能正常。因为 Darisse 警官误解交通法典的理由是成立的，所以截停是合法的。"在当时的环境下，某位官员在执法时可能存在误判，这也包括对法律的错误适用，但执法行为是合理的……如果一个官员在那种环境下采取合理行动，他就没有违反第四修正案。"①

北卡罗来纳州最高法院将案件发回上诉法院重审，要求对 Heien 诉请非法证据排除的其他观点进行质证（address）。上诉法院驳回了这些观点，维持了审判庭当时的裁决，即拒绝关于证据排除的提议。北卡罗来纳州最高法院维持之前的改判。

三 海恩案与 Riddle 案、DeFillippo 案的比较

尽管最近的案件没有涉及法律的误用，但更早些的判例提到过。事实上，两个世纪之前的判例涉及相同背景法律与事实错误的处理。对于可能因海关官员扣留而引发的损害之诉，当时的国会通过海关法，授权成立的法院做出保证赔偿证明书。海关官员基于"合理理由"——等同于"相当理由"，采取扣留措施，若对该措施质疑，法院将签发此种证明书。在 *United States v. Riddle* 案（简称"Riddle 案"）中，海关官员以英国承运人违反海关法向海关提交的发票低于货值为由扣押了货物，尽管美国收货人后来告诉了海关该批货的真实价值。首席大法官 Marshall 裁决，无论承运人的目的是什么，收货人实际上没有欺骗政府的意图，所以当事方没有违反海关法。无论如何，"正因为个别问题的出现法律才需要解释"，"联邦最高法院会质疑事实问题，对于扣押的原因是否达到合理的程度，联邦最高法院同样会对法律条文的真实意思心存疑虑"。大法官 Marshall 维持已签发的相当理由的确认书。

像对事实误判一样，对法律的误判使相当理由的确认书合法化。在 19

---

① 〔美〕《北卡罗来纳州最高法院判例汇编》第 366 卷，第 279 页（366 N. C. 279）。

世纪的判决书中，Marshall 的裁决一再被重复引用。到内战时，"因为船舶形迹可疑，捕获者将船只拿捕，然而依据法律条文的本意，此次合捕行动是错误的；但是，因为捕获者在当时的确误判法律，则捕获者免责。诸如此类的判例出现了"。

Riddle 案及以后的判例没有直接指出该问题。首席大法官 Marshall 没有解释宪法第四修正案，相当理由的证明书的地位类似于现代社会资格豁免（qualified immunity）① 的认证，证明书的签发需要查证，这与审查一位

---

① "qualified immunity"将在下文中反复出现，笔者检索不同的词典的词义如下。（1）《元照英美法词典》（缩印版）（北京大学出版社 2013 年版，第 1126 页）有限制的豁免权，指如果公职人员的行为并不明显地触犯既定的宪法和其他法定的权利，其进行的自由裁量职责将得到保护并免除其民事赔偿责任，亦称有限的诚信豁免权。（2）《英汉法律词典》（第 4 版）（法律出版社 2012 年版，第 889 页）没有此词，只有 qualified good—faith immunity 有限的诚信豁免权。（3）《英汉法律用语大辞典》（法律出版社 2005 年版，第 939 页）有限制的豁免权，指对公共官员行使自由裁量权时的民事豁免权，违反明文规定的宪法权利或法定权利者除外，也称为 government immunity。（4）*Black's Law Dictionary*（Thomson Reuters 2014 年第 10 版，第 868 页）（1877）immunity from civil liability for a public official who is performing a discretionary function, as long as the conduct does not violate clearly established constitutional or statutory rights, also termed prima facie privilege. Cf. absolute immunity. *Black's Law Dictionary*（West Publishing Co.）2009 年第 9 版第 818 页，表述相同；第 8 版第 766 页，表述基本相同；第 7 版第 753 页，表述基本相同；*Black's Law Dictionary*（West Publishing Co., 1979 年第 5 版）没有该词条；*Black's Law Dictionary*（West Publishing Co., fourth pocket edition，第 365 页）表述基本相同。（5）《韦氏法律词典》（中国法制出版社 2014 年版，第 232 页）immunity from civil liability that is conditioned or limited（as by a requirement of good faith or due care）; specif; official immunity from damages for acts that violate another's civil rights that is granted if it can be shown that the acts do not violate clearly established statutory or constitutional rights of which a reasonable person would be aware. See also civil rights act in the important laws section.（6）《兰登书屋袖珍英汉法律词典》（上海外语教育出版社 2002 年版，第 180 页）无独立词条，但在 immunity 中表述…… in most cases the exemption is unqualified（absolute immunity）, but sometimes it applies only if the wrongful acts were done in the good—faith（albeit erroneous）belief that they were legally justified（qualified immunity）。（7）*Barron's Law Dictionary*（Barron's Educational Series Inc., U. S. 1996 年第 4 版第 236 页）无独立词条，但在 official immunity 中表述……this immunity is complete for judges, so long as they act within the jurisdiction of their respective courts; administrative officers, however, are generally immune only for discretionary as opposed to ministerial acts that are done honestly and in good faith。*Barron's Law Dictionary*（中国法制出版社 2012 年第 6 版，第 319 页）表述完全相同。（8）《朗文英汉法律词典》（法律出版社 1985 年版），无该词条。（9）《英汉双向法律词典》（上海交通大学出版社 2001 年版）无该词条。

官员是否违宪不同。尽管如此，首席大法官 Marshall 还是解释了相当理由的概念，他在另外一个案例中写道："在所有案例中，扣押应该有一个明确易懂的含义，在当时环境下，扣押因为怀疑才能发生。"联邦最高法院曾经说过，"相当理由使第四修正案的含义"明确且易懂，Riddle 案证明，怀疑包括事实上的合理误判和法律上的合理误判两个方面。此后两百年来，联邦最高法院的判决并没有否认这种理解。

相反的论断很难兼顾最近发生的判例。在 *Michigan v. DeFillippo，443 U. S. 31（1979）*案（简称"DeFillippo 案"）中，依据刑法进行的逮捕是合法的，尽管事后所依据的刑法被认定为违宪，联邦最高法院重申这一点。底特律的一部法令授权警察截停并盘查刑事犯罪嫌疑人，但若刑事犯罪嫌疑人"拒绝向警察证实自己的身份或提供有关证明材料"则构成对警察的冒犯。因为 DeFillippo 拒绝告诉警察自己的身份，底特律警方派警员就其酗酒的汇报进行调查。在对 DeFillippo 进行的逮捕附随的搜查中，警察扣押尚未隐藏的毒品，警察指控 DeFillippo 非法持有违禁物品。密歇根州上诉法院认为毒品不能作为证据使用，该院裁决，此法令要求核实身份的规定因模糊不清而违宪，所以逮捕 DeFillippo 违法。

联邦最高法院认同争议的法令是违宪的，但是，联邦最高法院撤销了原判。对于警察逮捕 DeFillippo，联邦最高法院认为："既然没有关键的判例认定该法令是否违宪，那么 DeFillippo 触犯的是一部很可能合法有效的法令。"联邦最高法院承认，如果该法令是"公然地极度违宪"，则非常有可能出现另一个结果，联邦最高法院推断，"宪法规定的逮捕的前提条件是相当理由"，在当时的环境下，该条件是确凿充分的。

当 DeFillippo 拒绝表明自己的身份时，警察就认定 DeFillippo 可能犯罪，这是错误的。法院事后宣布，警察遵循的法令违宪，DeFillippo 的行为事实上没有违法。但是，警察假定法律有效的理由是成立的，警察的调查使他们有"确凿充分的相当理由"逮捕 DeFillippo。尽管依据认定身份的法令，DeFillippo 没有被提起公诉，但警察对毒品的搜查是合宪的。

Heien 将 DeFillippo 案重新解读为不涉及宪法第四修正案本身，而是非法证据排除规则的唯一案例。依据 Heien 的观点，对法律的误判导致警察违反宪法第四修正案，但排除毒品作为证据不是正确的救济方法。在 De-Fillippo 案的脚注中，联邦最高法院确实说过本案对证据的排除不是对非法证据排除规则的适用。但是，关于两者之间在文字表述上的讨论不能取代联邦最高法院的明确态度：因为警察有相当理由，逮捕是合法合宪的。与 Heien 的主张相反，*United States v. Leon*，*468 U. S. 897*（1984）案（简称"Leon 案"）和 *Illinois v. Gates*，*462 U. S. 213*（1983）案（简称"Gates 案"或"盖茨案"）在一定程度上均没有讨论该问题，而是将 DeFillippo 案作为一个非法证据排除规则的案例适用。在 Leon 案中，联邦最高法院阐明，DeFillippo 案"充分关注非法证据排除规则所包含的目的"，但是，联邦最高法院也澄清，它"没有涉及排除规则适用范围本身"。至于 Gates 案，在讨论 DeFillippo 案时，只有 White 大法官的意见与大家不同（没有其他人支持），该案承认，"DeFillippo 案没有更改证据排除规则本身"，但是相反，"维持了逮捕的合法性"。

Heien 有一点是正确的，对于警察误用法律问题，联邦最高法院大量的判例（关于资格豁免）审查了理由的合理性，探讨因违宪如何适当补救，而不是是否违宪本身。然而联邦最高法院认定或假定那些案例已违反宪法第四修正案。无论合理性的程度如何，警察错误以为所争议的问题不会导致违宪，但这不会更改最终结论。因此，对于警察误判的合理性的考量将限制单列的救济措施。

相反的是，本案中法律的误判涉及之前的问题，即关于警察怀疑被告行为违法是否合理；如是合理，在截停之初便没有违反宪法第四修正案。在对那个问题的讨论中，Heien 和持反对意见的人均无法排除法院判例对法律误判合理性的考量问题。假设拒绝适用非法证据排除规则将违反宪法第四修正案，尽管如此，联邦最高法院特别指出，"如果基于误判的合理的假定，警察采取相当理由的措施，服从搜查和逮捕的人不会必须成为违宪的牺牲品"。

四　对法律的误判属于合理怀疑

宪法第四修正案规定："任何公民的人身、住宅、文件和财产不受无理搜查和查封，没有合理事实依据，不能签发搜查令和逮捕令，搜查令必须具体描述清楚要搜查的地点、需要搜查和查封的具体文件和物品，逮捕令必须具体描述清楚要逮捕的人。"

警察截停涉嫌交通违法的汽车，这属于对汽车的侵占式"搜查"，此种"搜查"必须符合宪法第四修正案。为了使此种搜查合法化，警察采取行动的前提是"合理怀疑"，当事各方均同意此观点，也就是说，"对涉嫌违法的人采取截停措施需要特别的客观基础"，否则违法。这时需要明确的问题是，对于法律禁止性规定的适用范围的误判是否属于合理怀疑。联邦最高法院裁决，它属于合理怀疑。

法律文本明确规定的和联邦最高法院反复强调的是："判断是否违反第四修正案的根本标准是'合理性'"。因为合理怀疑不要求毫无差池，因此，宪法第四修正案允许部分政府官员轻微犯错，允许他们"为了保护社会安全而在执法过程中有权自由裁量"。联邦最高法院已经明确，基于对事实的误判而采取搜查和逮捕措施是合理的。例如，警察在搜查房屋之前若已征得住户同意，那么，对房间的无证搜查是合理的；即使同意搜查的人仅仅看起来像住户但实质上并不是住户，警察的行动仍然是合法的。同样的，因为某人与嫌疑犯的描述相同，基于相当理由，警察误抓该人，此时，如果警察不采取扣留措施并进行相应的搜查才是违法的。限制的标准在于"那些理性的人才会犯的错误"。

理性的人同样也会误解法律，此种误解与合理怀疑的概念并不冲突。合理怀疑与执法官员对事实和相关法律的理解有关，公职人员也可能对这两个问题产生误判。不论事实或法律最终是否像之前认定的那样，结果是相同的：事实不属于法律调整的范围。依据宪法第四修正案文本与联邦最高法院先例，为何联邦最高法院只接受对一个事实问题的合理误判，而不认同一个对法律问题的类似合理误判，这是没有道理的。

联邦最高法院在关于相当理由和合理怀疑的案件中提出过反对意见，最为明显的是在 *Ornelas v. United States*, 517 U. S. 690, 696（1996）案（简称"Ornelas 案"）中，这些案件"几乎从未涉及"法律适用的误判。联邦最高法院的那些判例若真的提及法律的误用，倒着实会令人吃惊，因为事实并非如此。

宪法第四修正案允许对某些事实误判，但这并不能延伸到对法律的误判，这是 Heien 的另一个主张。Heien 解释说，执法现场的警察必须迅速地评估事实，因此需要允许犯事实性错误的空间。按照 Heien 的观点，法律问题不允许出现如此差错：本案涉及的法令要求或是一个刹车灯或是两个刹车灯可以正常使用，对法律问题的回答不涉及"警察需在现场直接面对的状况"。虽然法律条文后来明确了，但当时法律条文是模糊的，警察会"突然面对"适用此种法律的场景，这样 Heien 的论断没有考虑这种现实性。法律禁止"汽车"停放在公园里，"汽车"的概念既可以延伸至赛格威（平衡车，Segways），也可以将赛格威理解为不属于汽车。但是，当一辆汽车呼啸着绝尘而去的时候，警察将不得不在第一时间就法律适用问题迅速决断。

与 Heien 和法庭之友的建议相反，联邦最高法院的裁决并没有鼓励警察怠于对法律条文的学习。宪法第四修正案只允许合理地犯错，无论是事实或法律上的误判均必须符合客观合理标准。联邦最高法院不审查涉事警察的主观理解问题。如果警察所适用的法律条文清晰明确，他将不会从违宪或违法中得到豁免，法庭调查也不会宽恕该问题。这样，如果一名警察对自己执行的法律怠于学习，他不会从宪法第四修正案中得到好处。

最后，Heien 和法庭之友们引用了众所周知的格言，"（任何人）不得以不知法律为借口"，他们主张，警察因为错误适用法律而得到豁免，但老百姓则没有任何讨价还价的余地，这是根本上的不公正。尽管这种辩护有一定语义上的感染力，但它误读了这一格言的意思。它的真实含义如下：一般说来，如果一个人误读了法律，他也要承担刑事责任，所以，恰恰如此，即使政府误读法律，它也不能将刑事责任施加给别人。如果法律规定两个刹车灯正常工作，而 Heien 主张于情于理一个刹车灯正常工作就合法，但他仍然要被处一张罚款单；如果法律只规定一个就好，而 Darisse 警官主张于情于理需要两个正常工作的刹车灯，他仍然不能开出一张罚款单。这样，因为误判法律而适用刑罚或免除刑罚都是错误的，但是，因误判法律而进行调查性截停是合法的。另外，Heien 对因刹车灯而受罚的事没有提起上诉，他的诉求是，因为对事实认定或法律适用的错误，贩卖可卡因的指控不成立。

这里，警察对法律的误判是成立的，这不是问题。北卡罗来纳州的立法规定"一个停车灯"，意思是指只要一个刹车灯工作就合法，但法律同时要求："停车灯应与一个或多个其他尾灯作为一个整体协调工作。"对于日常使用英语的读者来说，"其他"的意思是"停车灯"是"尾灯"的一种。另外，同一法条的其他款项规定：汽车上"所有原装的尾灯应正常工作"，这模糊地暗示，如果一部汽车装有多个"停车灯"，所有灯应功能正常。

北卡罗来纳州上诉法院裁决，本案所争议的（d）款中的"尾灯"不包括刹车灯，但是，因为法条中有"其他"的表述，它至少使人产生合理的误判。联邦最高法院认同北卡罗来纳州最高法院的多数法官和反对法官的论断，北卡罗来纳州上诉法院在以前的判例中从没有解释过"停车灯"的含义。如果一名警察站在 Darisse 警官的立场上考虑该问题，他会认为 Heien 的右刹车灯失灵的车违反北卡罗来纳州的法律，警察的判断是客观合理的。这样，因为对法律的错误适用是合理的，所以基于合理怀疑的截停是合法的。

五　索托马约尔（Sotomayor）大法官的反对意见——警察误判法律违反宪法第四修正案

"第四修正案的根本是'合理性'"，联邦最高法院的表述当然是正确的。在查证是否违反宪法第四修正案时，法院粗浅地将这份有广泛含义的表述作为判案标准加以适用。在审查搜查或扣押的合理性时，法院考虑使用这个标准，但法院并没有界定它，本案的搜查和扣押的合理性应分开进行。警察对法律的理解是不是合理性审查的要点，这是这个案件要求联邦最高法院裁决的内容；或者，不应对已提供的法律进行审查，而是因为警察拒绝适用固定不变的僵化标准，法院评估警察对事实的界定。

法官需要评估警察依据现行的法律对事实问题的理解，据此索托马约尔大法官将决定搜查或逮捕是不是合理的。其相应地撤销了北卡罗来纳州最高法院的判决，对于联邦最高法院的相反的裁决其谨表示反对。

（一）警察对法律的误判不合理

基于宪法第四修正案的语义，Heien 被捕了，这是共识，只要警察清楚合理地怀疑 Heien 违法，此种逮捕便合乎宪法。在 Ornelas 案中，联邦最高法院解释了"导致事态发展到采取截停或搜查的原则"，"从一个客观理性警察的立场出发，采取措施的传统依据是有合理怀疑或相当理由"。联邦最高法院认为这类决断"包含事实和法律问题"："事实是否符合（相应的）法律或（宪法）标准，这是问题所在；或者另外一种表述是，已确认的事实可否适用法律原则或没有违反法律原则"。联邦最高法院需要强调，这是客观理性的警察所认定的事实和依据的法律原则——它不是普通警察概念上的法律原则，甚至不是一名警察对法律的合理误判，而是法律本身。

因此当联邦最高法院讨论警察在做出相当理由的决断时的合理误差时，联邦最高法院的审理焦点是他们对事实问题的评估。联邦最高法院承认，"除了执行逮捕任务的警察所了解的事实之外"，警察的精神状态不是相当理由的审查重点。联邦最高法院说明，满足合理性的条件是，"政府的执法人员在履行职责时所通常做出的大量对事实的认定……正常工作"，"原装的尾灯……他们的执法行为不可能一贯正确，但他们一直是合理的"。警察对其他概念或问题的理解胜于相关的事实，这个问题在这些案例中初露端倪。

警察对事实问题的理解是合理性审查框架中的重点；不仅如此，在法庭上事实问题逐渐明晰化的过程中，警察一般处于超然的位置，对事实的明确在很大程度上佐证了警察行为的合法性。换句话说，联邦最高法院承认授予警察在事实认定方面犯错的空间的原因不仅在于警察在现场需迅速地做出决断；而且在于，联邦最高法院认为，"相比较没有受过专业训练的人而言，……警察作为专业人员对这类问题能够进行专业的演绎推理"。当警察逐步查明有关情况时，"对于相对人行为的评判"问题，具有专业知识背景的警察在一定方式上优于"陪审员在查证中对事实的判定"。

这种理论不能适用到法律的解释上。毕竟，法律的含义不同于对事实问题的判定，它不是随机的概率性事件。加之，"联邦最高法院相信法律是明确的而且能为人所知晓"，这是我国法律体系的根基。相比较警察而言，法院最适合做释法的工作。

联邦最高法院的合理性调查和合法性查证所关注的问题一直是警察所查证的事实和对该事实的专家建议。这反映出联邦最高法院从未考虑警察对法律条文理解的合理性或其他问题。

（二）维持此案的影响是负面的

在关于保障公民自由的宪法第四修正案受到进一步侵蚀的背景下，对公民权的保障越来越弱，姑且抛开此问题不谈。争议中的此类交通截停"让人烦恼不已、惊惧不安甚至感觉耻辱"。尽管如此，联邦最高法院曾裁决，不能因为警察的主观动机而判定交通截停违法。但是，在 Wren 案中，联邦最高法院认为，如果警察以此为借口，这个借口至少违反现行的法律。无论对违法性的解释是正确（或是错误）的，只要警察认为达到合理性的标准便可采取扣押措施，授权警察的此种特权扩张了政府的权力。联邦最高法院想知道，一个公民如何约束自己的行为、遵守法律才能避免遭遇这种让人不安、感到耻辱的侵犯。

除了那些包括警民之间和社区内部的人为的结果之外，允许法律误判为扣留提供正当化理由的做法已然延迟或阻碍了对法律的明确。在如此态势之下，法院无须解释法律条款，只要简单地裁决警察的解释是否合理即可。事实上，在北卡罗来纳州最高法院宣布办案规则之前，这个案例出现了，北卡罗来纳州上诉法院没有机会对争议的条款进行解释。第八巡回法院是对警察误判法律进行合理性审查的唯一巡回法院，该院同样阐明，按该院理解，第八巡回法院无须裁决法律解释问题。对于想了解他们的权利和义务的公民而言，这是一个遗憾的结果，对于想得到更加明确指导的警察而言，这也是一个遗憾的结果。澄清法律条款是重要的。

当然，如果只有承认误判法律的扣押是合法的，执法部门才能有效动作，那联邦最高法院可以说，这种让步是迫不得已的双刃剑。在合理性审查中，如果排除对法律误判衡量的原则，将过度妨碍法律的执行，但是，索托马约尔大法官没有找到任何有说服力的此类论辩。毕竟没有迹象表明将执法人员的法律误判排除在合理性审查之外为采取这一方法的诸多巡回区法的法律执行带来难题。像在这个案例中，如果警察善意地采取截停措施，但事后证明，根据法律规定或要求的那样，警察的行为是错的，据了解，警察不会遭到惩罚。而且基于资格豁免，警察在民事诉讼中很可能得到保护。"对于不明确的法律问题，资格豁免赋予政府官员在面对做出合理误判时拥有回旋余地。"

在截停时警察扣押的证据将会被排除，这种案例并不多见，这归根于非法证据排除规则不适用于善意的警察误判。与其他州不同，北卡罗来纳州的法律没有规定善意的例外。但是，北卡罗来纳州可能意识到立法存在问题，它规定善意例外可以用来解决补偿性问题。从更根本上分析，这是一个补偿法律关系，这不意味着宪法第四修正案所提供的保护将会屈从于补偿法律关系。在违反宪法第四修正案的例外与因违反而进行救济之间，联邦最高法院的判例法勾勒出了一道明确的"分析性区别"。

总之，依据宪法第四修正案，对于因为合理地误判法律而采取扣押措施的问题，联邦最高法院的判例法没有指导联邦最高法院裁决其为合法，而且还有一部分判例表达了相反观点。从支持的判决中索托马约尔大法官看不到任何益处，相反，联邦最高法院失去很多。

（三）对 Riddle 案和 DeFillippo 案的援引是错误的

在严肃的法律适用和事实认定方面，法院均犯错了，这导致它们得出相反的结论。在法律适用方面，Ornelas 案以及其他判例对于事实认定的合理性审查进行规范，但联邦最高法院几乎没有重视这些判例。相反，合理怀疑"是因为警察对事实的判定和对相关法律的理解适用引起的"，这支持联邦最高法院的论断，法院第一次将建国时的海关法和判例适用于那些法律条文的解释上。无论如何，对于宪法第四修正案的范围，这些判例没有阐述什么，相反，这些判例阐明的问题与美国当代的关于民事赔偿的有限豁免理论等同，所以，联邦最高法院承认这些判例"与争议问题无直接关系"。

那些案例中与本案的宪法第四修正案存在关联的是 *Brinegar v. United States* 案（简称"Brinegar 案"），这是在联邦最高法院所论证的脆弱的体系中唯一的一节点。但是，"根据警察的知识背景判断，当时的事实与情境以及他们所掌握的可信的合理信息是充分的，这足以授权他们基于合理理由采取行动或马上采取行动"，在 Brinegar 案中，联邦最高法院实际上只阐明相当理由存在于此种情况之下。因此，这说明了不容置疑的观点，对相当理由的审查看起来就是审查警察对事实问题理解的合理性。事实上，比较索托马约尔大法官在上面讨论的案例，对联邦最高法院来说 Brinegar 案是一个孤案，该案在随后判词中强调："因为相当性的判断是根据所收集的事实明确得出的，一个理性的人据此采取行动而犯错。"这再一次说明，对事实的合理性解释不是对法律真实含义的合理性解释。

联邦最高法院进一步查阅联邦最高法院在 DeFillippo 案中的判决。虽然这是一个关于宪法第四修正案的判例，但法院对该案的审阅并没有得出一个符合逻辑的结论。在 DeFillippo 案中，法院裁决，即使密歇根州上诉法院裁定法律违宪，在此之前警察们仍然有相当理由根据此法采取逮捕行为。在当时警察采取逮捕行动时，警察认为据以判定犯罪的法律是有效的，这是法院解释的原因。"当然，在（采取逮捕措施）时，没有权威判例认定法律是否合宪，这样，假定嫌疑人违反的是有效的法律。"联邦最高法院指明，在当时的情形下，警察不采取行动可能是违法的。"除非法律被认定为违宪，也只有在那个时间之外，国家要求警察依法办事。……如果在采取行动之前，警察需要自己决定据此执行的法律是否得到宪法的授权，这个社会将陷入混乱。"

这样，DeFillippo 案根本不涉及警察"误判"问题。DeFillippo 案涉及的问题是，警察正确执行现行的法律，并且当时已认定它是有效的。本案的情况相反，警察截停 Heien 时，对其产生怀疑所依据的法律并不存在。在 DeFillippo 案中，认定被告犯罪的法律文件明确无误地存在，警察当时判定该实际存在的法律是有效的，这是当时联邦最高法院判决的依据。但在本案中，联邦最高法院无法权威地说明该问题，所以实际上并不存在判定 Heien 犯罪的法律。

在司法实践方面，法院主要主张警察可能面对"在该问题上法律适用不明确的局面"。无论如何，当遇到需要解释的问题时法律变得如此易变，人们不禁疑惑为什么一个无辜的公民会因此而承担被扣留的风险。当警察根据法律授权采取行动时可能会违反宪法第四修正案，因为联邦最高法院之前假定宪法第四修正案没有授予警察犯错的余地；但是，当现在适用刑事法典的情况不明时，宪法第四修正案赋予了警察犯错的余地；在协调前后两种理念的问题上，联邦最高法院没有做好。"如果对第四修正案的误判是合理的，警察的扣押是正确的"，对北卡罗来纳州妥协让步的分析结果是不能如此类推适用的。警察误判其他法律条款是否应该另当别论，这个问题也没有解释清楚。

法院通过合理性标准努力地为法律误判的类型创设边界，索托马约尔大法官当然赞赏这方面的工作；如果这种思路行得通，其认为对法律合理误判的范围应该尽量限缩；但其根本不相信法院已经把问题说清楚。法院在本案中坚持不适用资格豁免的合理性标准，对此法院没有详细说明理由；法院也依然没有界定误判法律的合理性的理念；在索托马约尔大法官看来，在司法实践中这两者的区别含糊不清。对于什么是误判法律的合理性，法院无意勾勒出一个更充分的轮廓，这只会预示着法院在本案中适用判例时会面临可预知的困难，索托马约尔大法官担心此事。

在索托马约尔大法官看来，关于宪法第四修正案项下的扣押的合法性问题，无论警察对法律的误判多么合理，也不能佐证对个案质疑的必要性；行政权愈逼近，联邦最高法院愈是要坚持司法的判例和原则。索托马约尔大法官谨表示反对。

六 法庭判决

因为 Darisse 对法律的误解存在合理性，所以基于合理怀疑截停该车没有违反宪法第四修正案。

第一，宪法第四修正案要求政府官员合理执法，但并没有要求无误执法，这允许官员们"在执法时存在些许差池"，因为误判事实而采取搜查和逮捕是可以理解的。允许差池的限定标准在于"理性的人才会犯的错"。在认定事实和适用法律条款时，合理怀疑的概念同样包括对法律的误判。无论一位官员是否合理地产生误判，结果是相同的：事实不属于法律规定的范围。当因对法律的合理误判而误判事实时，宪法第四修正案文本和法院的先例均没有解释不采纳该结果的任何理由。

早在两个多世纪之前，联邦最高法院裁决，如同对事实的合理误判一样，对法律规定的合理误判，也能够为相当理由提供正当化凭证。在 19 世纪数量繁杂的裁判文书中，那个裁决意见被重申多次。尽管 Riddle 案不属于宪法第四修正案的判例，但联邦最高法院说过，该判例解释了何为相当理由，这与宪法第四修正案所包含的"众所周知的固定的意思"是一致的，联邦最高法院后继的判例没有否认那个解释。相反的结论很难兼顾后来的 DeFillippo 案，在那个案例中，联邦最高法院认为，虽然某刑事法律被宣布违宪，但基于该法律而采取的逮捕行为是合法的，执法官员合理地预设该法是有效的，这为他们采取逮捕行动提供了"充分的相当理由"。Heien 尝试将 DeFillippo 案重新解释为仅仅有关证据排除规则，而无关于宪法第四修正案本身，但是 DeFillippo 案的判决意见认为，因为官员拥有相当理由，逮捕是合宪的。Heien 将论证错误地关联到诸如 *Davis v. United States* 案等案件中，那些案件对合理怀疑的考量仅限于独立的救济事项，却没有先考量是否存在违反宪法第四修正案的行为。

Heien 主张，允许对事实合理误判的基础理论不应该延伸至对法律适用的合理误判，在此问题上，行政官员执法现场所允许出现的误判仅限于执法过程中的事实问题。然而在突然面对是非不明的状态时，一位官员可能要迅速执法，联邦最高法院的裁决并不是鼓励公职人员不学习法律。因为宪法第四修正案仅仅容忍客观性合理误判，一位公职人员怠于学习将得不到任何好处。最后，尽管"对法律的无知不能成为托词"这句话在最大限度上意味着国家不会惩罚误判法律的人，但它并不意味着对法律的合理误判无法使一个调查性截停行为合法化。

第二，Darisse 警官对法律的误判是合理的，证明该问题并不困难。北卡罗来纳州交通法令要求安装"一个刹车灯"，它同时规定，"这个刹车灯应该与其他一个或多个尾灯整体性地协调工作"，而且"所有出厂时已安装的尾灯"必然"正常工作"。尽管州上诉法院裁决认为"尾灯"并不包括刹车灯，鉴于"其他"这一措辞的使用以及州法院先例中并未涉及对此的解释，行政官员认为刹车灯故障属于违法现象的判断是客观、合理的。

美国联邦最高法院维持了北卡罗来纳州最高法院的判决。

特殊的盘查

案例的整理、归纳和评析是根据每一个案件的来源、时间、内容和结果等的异同点和联系进行的，该章节的案例具有多重属性和自己的特点。例如，对于匿名举报，在 *Alabama v. White*, *496 U. S. 325（1990）* 一案①（简称"White 案"或"怀特案"）中，法庭认为，警察独立工作所证实的这则举报足以成为为拦截车辆提供合理怀疑的"可靠标记"，有理由相信举报者是诚实的，其消息可靠，因而也在一定程度上认定他主张的怀特（White）从事犯罪活动的观点具有一定的可靠性，因此该特里截停被认为是基于合理怀疑而作出的；但是，在 *Florida v. J. L.*, *529 U. S. 266（2000）*② 一案中，法庭认为，此举报缺乏为特里拦截提供合理怀疑的可靠标记，因为举报者提供的是没有预见性的信息，警察也无法知晓举报人的认知水平或可信度，如果怀特案是关于举报人可信度的严谨的案件，那么本案则在界限之外。另外，*Muehler v. Mena*, *544 U. S. 93（2005）*（简称"米勒尔案"）一案是搜查犯罪团伙居住地时对牵涉的相关人员的盘查，显然也应被归为此类。

第一节　依据明确的匿名举报盘查毒品的
怀特案（1990）

警察基于明确的（有预见性的）匿名举报信息而作出的截停，在部分

---

① 本章节对怀特（White）案的援引为直接引用，案例原文来自 http://caselaw. lp. find-law. com/，同时参阅 Westlaw 和 Lexis 数据库进行了校对。

② 因篇幅所限，佛罗里达诉 J. L. 案 [*Florida v. J. L.*, *529 U. S. 266（2000）*]（简称"佛罗里达案"）在本章节中没有详细介绍，该案例笔者已公开发表，参见杨曙光、杨雅迪《佛罗里达诉 J. L. 案——美国警察即时强制盘查的典型案例》，《湖北警官学院学报》2016年 10 月第 5 期，第 73 页。

信息得到验证的情况下，被认为是基于合理怀疑而作出的特里截停。本案的焦点就在于，明确的匿名信息能否作为进行盘查的合理怀疑的依据，这牵涉匿名举报对警察执行职务的影响与导向。警方如何看待明确的匿名信息、可否以匿名信息为执法依据，必须结合信息的预见性与已验证部分的可靠性作出判断。

一　怀特案简介

警察接到了一则匿名电话情报，说被告凡妮莎·怀特（Vanessa White）将乘某某车在某某时间离开某某公寓，她将要去某某汽车旅馆，而且她持有可卡因。他们立刻赶到公寓建筑物前，看到一辆与打电话的人描述相近的车辆。警察观察着怀特离开公寓前往汽车旅馆，然后跟着她沿最直接的路到达汽车旅馆，在汽车旅馆附近拦截了她的车。在一场经同意完成的搜查之后，警察从她的车中搜查出了大麻，之后怀特被逮捕了，此时可卡因就在她的手提包里。亚拉巴马刑事上诉法院撤销了她持有违禁物的罪状，认为初审法院本应排除大麻和可卡因作为证据的适用，因为警方不具有特里案所要求的合理怀疑以对车辆拦截搜查。

联邦最高法院认为，本案的争议焦点在于，为警察独立工作所证实的这则举报是否足以成为为拦截车辆提供合理怀疑的"可靠标记"。其认为答案是肯定的。本案中的举报带有充分的"可靠性标记"来证实拦截搜查的合理性，尽管它可能不足以为一则逮捕令或搜查令的批准提供正当理由。存在先例表明，信息的正确性、真实性和信息来源与是否为"可成立理由"高度相关。当只有一则举报时，举报缺乏必要的可靠性标记，包括举报者是否诚实、信息是否可靠等问题。然而，整体情况表明，一旦举报信息的各重要方面都被警察充分证实，可以以此提供合理怀疑，尽管举报者所提供的信息不是每一个细节都被证实。譬如，警官的确证实有一个女人离开某特定建筑并进入举报者描述的车。警察在接到举报后立刻赶往此建筑，而怀特在此之后不久就出现了，这也表明了她的行动在举报人预测的时间范围内，举报人对她路线的预测也被充分证实了，于是她在到达汽车旅馆之前被拦截了。再者，举报者能预测她未来的行为，这证明他很熟悉她的事。因此，法院有理由相信举报者是诚实的，其消息可靠，因而也在一定程度上认定他主张的怀特从事犯罪活动的观点具有一定的可靠性。因此该特里截停被认为是基于合理怀疑而作出的，故判决撤销并发回。

二 怀特案的具体情节与基层法院的判决

基于一通匿名电话举报，警察拦截了被上诉人的车辆。在一个经当事人同意的搜查中，警察在车内搜出了毒品。争议在于，被警察的独立工作所证实的这则举报是否足以成为为拦截车辆提供合理怀疑的"可靠迹象"。联邦最高法院认为答案是肯定的。

在 1987 年 4 月 22 日下午 3 点左右，蒙哥马利警察局的戴维斯（B. H. Davis）警官接到了一则匿名电话，对方说怀特将于某某时间驾驶一辆右车尾灯坏掉的棕色普利茅斯旅行车离开 Lynwood Terrace 公寓区 235 – C 号楼，并将前往 Dobey 汽车旅馆，而且她的棕色手提公文箱中有约一盎司的可卡因。戴维斯警官和他的同事雷诺兹（P. A. Reynolds）警官立即赶往 Lynwood Terrace 公寓区。警官们在 235 号公寓前的停车位上看到停有一辆右车尾灯坏掉的棕色普利茅斯旅行车。警官们观察着被上诉人离开了 235 号公寓，她空着手进入了那辆旅行车。他们跟踪这辆沿最直接的路线开往 Dobey 汽车旅馆的车。当旅行车抵达汽车旅馆所在的 Mobile 公路时，雷诺兹警官要求巡警队拦截车辆。车辆大约于下午 4 点 18 分在 Dobey 汽车旅馆附近停车。戴维斯警官让被上诉人走到她车后，并在那儿告知她是因被怀疑车内携有可卡因而被拦截。警官询问是否可以查找可卡因，被上诉人同意其看一下。警官们在车内发现了一个上了锁的棕色手提公文箱，应警官要求，被上诉人提供开锁的密码。警官们在手提公文箱中发现了大麻，并且将被上诉人逮捕了。在停车的这一过程中，警官在她的手提包中发现了3毫克可卡因。

被上诉人被蒙哥马利郡法院以持有大麻和可卡因的罪名指控。初审法院驳回了上诉人非法证据排除的请求，被上诉人承认了她的罪行，保留了就法院驳回她非法证据排除请求的上诉权。依据特里案，亚拉巴马刑事上诉法院认为本案警官没有必要合理怀疑来证明对被上诉人车辆拦截搜查的正当性，而大麻和可卡因是对被上诉人违宪截停的结果。法庭认为被上诉人被驳回的证据排除请求本应被批准，故撤销了对被上诉人的定罪。亚拉巴马州最高法院驳回了州的复审令申请，两位法官对此有异议。因为州法院和联邦法院就一则匿名情报是否可以为拦截提供合理怀疑有不同观点，联邦最高法院批准了州的复审令申请。

三　怀特案与威廉姆斯案、盖茨案的比较适用

亚当诉威廉姆斯案 [*Adams v. Williams*, *407 U. S. 143*（*1972*）]（简称"威廉姆斯案"）肯定了基于曾经提供过消息的已知消息人之情报而进行的特里截停和轻拍搜身。联邦最高法院认为，尽管未经核实的举报可能不足以支持逮捕令或搜查令，此时其信息亦可带有充分的"可靠迹象"来证实强制拦截的合理性。在威廉姆斯案中，法庭并未强调匿名举报的问题，而仅说"该案是一个比匿名电话举报案有更强案件证明力的案件"。

盖茨案涉及在合理根据的背景下的一则匿名举报。法院支持以"总体情况"的方法来决定一则举报能否使可成立理由成立。但 Gates 案也阐明，Aguilar 案和 Spinelli 案中的关键因素——举报者的"诚实度"、"可靠性"和"信息来源"——仍"与其报告的价值认定高度相关"。这些因素也与

合理怀疑情形相关，尽管因比标准要求的更少的证据而适用这些因素时必须被许可。

　　Gates 案中的观点指出，一则匿名举报很少能单独证明举报者的信息来源和真实性，因为普通公民通常不会将他们每天观察的主要内容复述出来，而且考虑到举报人的真实性是"在很大程度的未知且不可知的前提下"。这不是说匿名电话举报人不能为拦截搜查提供合理怀疑。但在 Gates 案中，举报并非异于普遍规则，本案中的匿名举报与 Gates 案中的举报类似："实际上无从作出关于电话那端的举报人是否诚实或其信息是否可靠的判断；同样地，（举报）完全未提供举报人关于（凡妮莎·怀特的）犯罪行为预测的任何根据"。正如 Gates 案那样，联邦最高法院需要"更多信息"，故仅仅适用威廉姆斯案的观点："一些完全缺乏可靠迹象的举报无法使警方行动正当化，需要对其进行进一步调查才能据此授权对嫌疑人的强行拦截。"简而言之，像本案中这样的一则孤立无援的举报，不能"使一个理性谨慎之人相信（该拦截）是恰当的"。

　　然而，就如 Gates 案中一样，本案中的线索不仅限于举报内容。举报并不像 Gates 案中的举报那么详细，警察的证实工作也不如 Gates 案的那么完整，所需的怀疑程度也相应地没 Gates 案的那么高。联邦最高法院在上一个审判期的 *United States v. Sokolow* 案中探讨过这两个标准的不同之处：

　　　　警官做出拦截搜查……绝非仅基于"未成形的怀疑或直觉"。美国宪法第四修正案为做出拦截规定了"一些极细小的客观理由"。基于证据优势，怀疑程度比犯罪的证明要求要低。联邦最高法院认为合理根据意味着"发现违禁品或犯罪证据的可能性"，并且拦截搜查所要求的怀疑程度显然没有合理根据严苛。

　　合理怀疑比合理根据的标准要求更为宽松，不仅在于合理怀疑和合理根据的建立依据可以在数量和内容上有所不同，还在于合理怀疑可以源于不及合理根据的证明依据那么可靠的信息。威廉姆斯案即为证明。该案中联邦最高法院认为从已知举报人那里得来的未经核实的举报可能并不可靠，不足以证实合理根据，但是足以使拦截搜查正当化。如同合理根据一样，合理怀疑依赖于警察掌握的信息内容和其可靠度。当评定是否存在合理怀疑时，都要对这两样因素——信息的数量和质量——进行考量，这两样因素被视为"总体情况"，即事件全貌。因此如果一则举报的可信度较低，那么证实怀疑时就比一个更可靠的举报需要更多的信息。Gates 案的法院运用这种"总体情况"的方法，考虑了警官观察得到的事实，并且通过警察的独立工作就"可靠迹象"的方面判断匿名电话应有的价值。同样的方法运用于"合理怀疑"的情况，唯一的不同在于证实怀疑的程度。较之初审法庭而言，联邦最高法院认为当警察拦截（初审案件的）被告时，匿名举报已被充分证实，可以提供被上诉人从事了犯罪活动的合理怀疑，且此时的拦截搜身并不违背宪法第四修正案。

诚然，举报者所陈述的细节并非都得到了核实，譬如，离开建筑物的女人的名字或她所离开的具体公寓房间；但警官的确证实这个女人离开了235 号公寓且进入了举报人描述的特定车辆。至于预测的离开时间，戴维斯警官证明举报人给出了女子离开的时间范围，下午 5 点，但他没有指明时间。警官的确证明在通话结束后，他和他的同事立即赶往 Lynwood Terrace 公寓，对 235 号公寓进行监视。考虑到警官通话结束后立即赶往所指示的地址，被上诉人在此后不久也出现了，联邦最高法院所掌握的证据表明被上诉人离开公寓的时间在举报者预测的范围之内。至于举报者预测的被上诉人的目的地，警官确实是在 Dobey 汽车旅馆附近拦截她的，且并不知道她将进旅馆还是仅仅路过而已。但是，考虑到被上诉人所驾驶的 4 英里路程是可能到达 Dobey 汽车旅馆的最直接路程，尽管她此间又转了几个弯，联邦最高法院认为被上诉人的目的地已得到充分证实。

法院在 Gates 案中确立了一种观点，即因为举报人关于某些方面的信息表明是正确的，他所主张的其他事实也很可能是正确的，包括举报的对象从事犯罪的主张。所以，认为本案中警察对举报人预测中重要方面的独立证实赋予该举报人的其他主张以可靠性的看法不无道理。

正如 Gates 案中，"匿名（举报）包含的一系列细节，不仅涉及举报时就有的、易于获取的事实或情况，而且涉及不易被第三人预测的未来行为"。联邦最高法院认为该点也很重要。警察发现一辆与举报人的描述高度相配的停于 235 号公寓前的车的事实便是易于获取的事实情况。任何人都可以"预测"这个事实，因为它是一个在打电话时就存在的可推测的状态。重要的是打电话的人能够预测被上诉人未来的行为，因为这证实了深层次的信息，即打电话的人熟知被上诉人的事情。普通民众没有办法得知被上诉人很快要离开建筑物，进入描述的车，并沿最直接的线路开往 Dobey 汽车旅馆的事。因为只有很少一部分人能够达到了解个人行程计划的私密程度，警察有合理根据认为，能获取这样的信息的人非常有可能获取某人犯罪活动的可靠信息。当电话举报人预测的重要方面被核实时，联邦最高法院有理由相信打电话者是诚实的，且他的信息来源充足，至少足以证明拦截的合理性。

尽管这是一个相近案件，联邦最高法院认为，在总体情况标准之下，匿名举报，正如被证实的那样，已充分显示了"可靠迹象"以证明"拦截搜查"被上诉人车辆的合理性。

四　史蒂芬（Stevens）大法官的反对意见——匿名举报不成立

每天有上百万人在同一时间离开公寓，且都带着手提公文包，都前往他们邻居知道的目的地。通常，邻居并不知道箱中有什么。一个匿名的邻居关于某人离开时间和可能路程的预测不能为该通勤者持有违禁品的假设提供可靠性基础，特别是当该名通勤者甚至没有携带举报人描述的箱子时。

本案中的举报没有告诉联邦最高法院被上诉人从 Lynwood Terrace 公寓开往 Dobey 汽车旅馆的频率。众所周知，她可能是一个上晚班的旅馆前台或电话接线员。本案中也并无戴维斯警官确认举报人身份、其打电话的原因或预测被上诉人行程依据的行为。实际上，综合这则举报的信息，举报人可能是另一个警官，他的"直觉"认为被上诉人的手提公文包中有可卡因。

任何对某个人足够了解的人若想跟这个人开玩笑或者对其心怀怨恨，都一定能编造出关于这个人的情报，就像预测凡妮莎·怀特外出的情报一样。此外，依据本庭的论据，每个公民都要接受任何警察的截停和盘查，而该警察仅主张该无令状拦截是基于某则预测了其所观察的随便某种行为的匿名举报。幸运的是，在联邦最高法院法律实施过程中大多数警察不会采取这一做法。但宪法第四修正案意在保护公民免受过分狂热的、不道德的警官之害，亦免受这些有良知的、诚实的警官之侵。这个判决使此保护徒劳无功。

五　法庭判决

正如警察的独立工作所证实的那样，匿名电话举报是充分为警察拦截搜查被告车辆提供合理怀疑的"可靠性标记"。

第一，在威廉姆斯案中，一则举报可以带有充分的"可靠性标记"来证实拦截搜查的合理性，尽管它可能不足以为一则逮捕令或搜查令的批准提供正当理由。此外，盖茨案采取了"总体情况"的方式来决定匿名举报能否成立"可成立理由"，在"可成立理由"中，信息的正确性、真实性和信息来源与其高度相关。这些因素也与合理怀疑情形相关，尽管因比标准要求的更少的证据而适用这些因素时必须被许可。

第二，当只有一则举报时，举报缺乏必要的可靠性标记，该举报事实上无法提供判断，既然它事实上什么也提供不了，包括举报者是否诚实或者他的信息是否可靠，也无法给出举报者关于怀特的犯罪行为的预测的任何迹象，因此该举报缺乏必要的可靠性标记。然而，尽管这是一个相近的问题，整体情况表明，举报信息的各重要方面都被警察充分证实，因而可以提供合理怀疑。尽管不是举报者所提供的每一个细节都被证实——举报者证实——譬如，最关键的，离开建筑物的女人的名字或她所离开的具体确定的公寓——警官的确证实有一个女人离开该此建筑且进入举报者描述的车。考虑到这一事实，即他们警察在接到举报后立刻赶往此建筑，怀特在此之后不久就出现了，这也表明了她的离开貌似也是在举报者预测的时间范围内。此外，尽管她的4公里路程是去汽车旅馆的最直接路线，尽管她在此期间又转了几个弯，尽管她在到达汽车旅馆之前就被警察拦截了，打电话的人对她路线的预测还是得到了充分的证实；再者，举报者能预测她未来的行为，这证明他很熟悉她的事。因此，联邦最高法院有理由相信举报者是诚实的，通知得很好，其消息可靠，而且也可认定告知了他关于一定程度的他主张的怀特从事犯罪活动的观点具有一定的可靠性。

美国联邦最高法院撤销了亚拉巴马刑事上诉法院的判决，一致意见认为发回本案，按与本判决意见一致的程序重审。

第二节　与入室搜查相关的附带性盘查的
米勒尔案（2005）

本案关注警察权力尤其是自由裁量权的应用问题。案件主要存在三个争议点：第一，警察入室搜查引起的附带性戴铐扣留在场人员是否违背美国宪法第四修正案；第二，警察对在场人员移民身份的询问是否构成对宪法第四修正案的违反；第三，警察扣留人员是否超过了完成搜查任务的必要时间。最终判决认为，宪法第四修正案允许警察在搜查时用手铐对嫌疑人进行扣留并且其在询问嫌疑人移民状况时不需要有单独的、合理的怀疑，米纳主张的被扣留时间超过搜查时间也没有被支持。显然，法院赋予了警察较大的执法权力，肯定了其对相关嫌疑人的搜查与扣留，并在形式上没有太大限制，这也反映了美国联邦法院处理类似案件的倾向。

一　米勒尔案简介

基于在对一个有关开车射击的团伙的调查中搜集的情报信息，上诉人米勒尔（Muehler）[1] 作为刑警支队的警察有理由相信该团伙中至少有一个人住在 1363 帕特丽夏大道（Patricia Avenue）。而且他怀疑这个人是武装危险分子，因为他最近涉及一起开车射击案。因此，米勒尔取得对 1363 帕特丽夏大道的搜查令，搜查令授权广泛搜查房屋和其他场所，搜查内容包括致命性武器和团伙成员的证据。鉴于怀疑搜查的房屋中至少住着一个或多个武装团伙分子，搜查存在高度风险，所以在搜查前一个特警队（SWAT）

---

[1]　杨曙光、唐文哲：《关于美国警察即时强制盘查的米勒尔案》，载齐延平主编《人权研究》第 15 卷，山东人民出版社 2015 年 12 月出版，第 326 页。本章节对米勒尔案的援引为直接引用，案例原文来自 http://caselaw. lp. findlaw. com/，同时参阅 Westlaw 和 Lexis 数据库进行了校对。

被派来确保住所和场地的安全。上诉人和特警队及其他警察执行搜查令，当特警队头戴钢盔身穿印有警察字样的黑色绑带防弹背心进入被上诉人米纳的卧室并用枪指着她给她戴手铐时，米纳正在床上睡觉。特警队还铐住了屋子中发现的其他三个人。然后特警队将这些人和米纳带到一个改装车库里，那里放了几张床和一些其他的卧室家具。搜查仍在继续进行，一两个警察看着这四个被扣留的人，他们可以在车库里活动，但是必须戴着手铐。了解到该团伙主要是由非法移民组成，警察通知了移民局（INS）参与此次搜查，该局的一名工作人员陪同警察执行搜查令。在他们被扣留在车库时，一个移民局的官员询问了每一个被扣留人员的名字、出生日期、出生地点和移民身份。之后移民局工作人员又问了被扣留者的移民档案。米纳以她的证件证实她是一个永久居民。这次搜查搜出了一个0.22口径的手枪和配用的弹药，一盒0.25口径手枪用的弹药，几根有团伙标记的棒球棒以及各种其他的团伙装备和一袋大麻。在警察离开前，米纳被释放了。米纳根据1983年美国法典第42条起诉执行搜查令的警察，并且州法院支持了她的请求。第九巡回法院维持了原判，认为在搜查中用手铐扣留米纳违反了宪法第四修正案，并且警察在扣留中质问米纳的移民身份也独立构成了对宪法第四修正案的违反。

但联邦最高法院判决此案撤销并发回重审。其认为在搜查过程中，米纳被戴铐扣留没有违反宪法第四修正案。由于搜查房屋时有合法的搜查证，而且米纳是被搜查房屋的居住者，根据先例，在搜查的整个过程中对其进行扣留是合理的。以手铐等强制力形式来扣留米纳是合理的，因为当为了武器或重要的犯罪分子而对居住的场所进行搜查时，降低执法人员和民众受伤害的风险的政府利益是最大化的。此外，警察在米纳被扣留期间对其移民身份的询问并没有侵犯其宪法第四修正案的公民权利。法庭已"多次指出警察仅仅询问构不成扣留"。因为最初对米纳的扣留是合法的，而且询问并未导致扣留延长，也不存在宪法第四修正案中的附加扣留，因此，对于米纳移民身份的询问不需要额外的宪法第四修正案证明。另，第九巡回法院没有涉及米纳的关于警方延长其扣留时间超过完成搜查任务的时间的观点，最高院对此亦不做讨论。

二 关于米勒尔案中不同法院的分歧

基于在对一个有关开车射击（driveby shooting）的团伙的调查中搜集的情报信息，上诉人米勒尔和布里尔（Brill）有理由相信西城疯子（the West Side Locos）团伙中至少有一个人住在 1363 帕特丽夏大道。而且他们怀疑这个人是武装危险分子，因为他最近涉及一起开车射击案。因此，米勒尔取得对 1363 帕特丽夏大道的搜查令，搜查令授权广泛搜查房屋和其他场所，搜查内容包括致命性武器和团伙成员的证据。鉴于怀疑搜查的房屋中至少住着一个或多个武装团伙分子，搜查存在高度风险，所以，在搜查前一个特警队被派来确保住所和场地的安全。

1998 年 2 月 3 日早上 7 点，上诉人和特警队及其他警察执行搜查令，当特警队头戴钢盔身穿印有警察字样的黑色绑带防弹背心进入米纳的卧室并用枪指着她给她戴手铐时，米纳正在床上睡觉。特警队还铐住了屋子中发现的其他三个人。然后特警队将这些人和米纳带到一个改装车库里，那里放了几张床和一些其他的卧室家具。搜查仍在继续进行，一两个警察看着这四个被扣留的人，他们可以在车库里活动，但是必须戴着手铐。

了解到西城疯子团伙主要是由非法移民组成，警察通知了移民局参与此次搜查，该局的一名工作人员陪同警察执行搜查令。在他们被扣留在车库时，一个官员（移民局）询问了每一个被扣留人员的名字、出生日期、出生地点和移民身份。之后移民局工作人员又问了被扣留者的移民档案。米纳以她的证件证实她是一个永久居民。

这次搜查搜出了一个 0.22 口径的手枪和配用的弹药，一盒 0.25 口径手枪用的弹药，几根有团伙标记的棒球棒以及各种其他的团伙装备和一袋大麻。在警察离开前，米纳被释放了。

在米纳依据 1983 年法令对警察提起的诉讼中，她声称她在"不合理的时间以一种不合法的方式"被扣留，违背了宪法第四修正案。此外，她还声称，搜查证及执行范围过于宽泛（overbroad），警察没有遵守"敲门并宣布"（knock and announce）的规则，而且，警察在搜查过程中多余性地损坏了财物。警察提议适用简易判决，声称他们享有有限豁免权，但是地方法院驳回了他们的提议。上诉法院肯定了地方法院的驳回决定，但未支持米纳关于搜查令范围过于宽泛的主张；在这次请求中，上诉法院支持了警察有权得到有限豁免的主张。经过一次审判，陪审团根据一个特殊的判决形式，认定警察米勒尔和布里尔侵犯了米纳的宪法第四修正案规定的公民不受无理扣留的权利，认为对米纳的扣留超出了合理性的强制力，扣留时间也超出了合理的范围。陪审团判给米纳 10000 美元的实际损失和 20000 美元的惩罚性赔偿金，驳回了每个原告 60000 美元的赔偿请求。

上诉法院基于两点维持了判决。首先，法院重新（de novo）审查了警察有限豁免的驳回决定，认为警察对米纳的扣留违反了宪法第四修正案，因为在客观上，警察不合理地将其限制在改装的车库里，并在整个搜查中给其戴手铐。依上诉法院的观点，警察应该在发现米纳不构成直接威胁时迅速释放她。其次，上诉法院认为询问米纳的移民身份已独立构成对宪法第四修正案的违反，上诉法院还认为那些权利很明显是在米纳被询问时就已经存在的，因此，警察不享有有限豁免权。联邦最高法院发布调卷令，现在撤销重审。

三　米勒尔案符合宪法第四修正案

在 *Michigan v. Summers, 452 U. S. 692（1981）* 案（简称"萨默斯

案”）中，联邦最高法院认为警察在执行违禁品的搜查令时有权“在进行合理搜查的前提下扣留居住者”。联邦最高法院认为，此类扣留是合理的，因为由扣留引起的额外的人格侵犯是轻微的，而扣留的理由则是充足的。很明显，扣留一个人要比搜查本身带来的侵犯性小，搜查证的存在使中立的法官认为搜查房屋一定存在合理的理由。为了防止这种所谓的附加侵犯，联邦最高法院设定了三种合法的强制执行利益（legitimate law enforcement interests），为扣留一个人提供充足的理由，一是“防止案件中发现的证据消失”，二是“最大限度降低警察受到伤害的风险”，三是有利于“搜查有序的完成”，因为自我利益可能导致被扣留者打开房门或者是锁上封闭场所以避免遭受强制力。

根据萨默斯案，米纳的扣留显然是被允许的，警察在搜查中有权附带扣留是无可争议的，不依赖于证明合理扣留的证据之多寡或是扣留所造成的侵害程度。因此，根据萨默斯案，米纳在搜查中被持续扣留是合理的，因为在1363 帕特丽夏大道的搜查有合法令状，她当时是被搜查场所中的一个居民。

萨默斯案中的授权扣留搜查场所的居民，其实质是允许通过强制力来实行扣留。“第四修正案法理学早就意识到有权进行逮捕或停止侦查必然有权使用某种程度的身体强制或者威胁来达到目的。”事实上，萨默斯案本身强调的是如果警察经常执行毋庸置疑的情形检查，警察和居民受危害的风险就会降到最低。

警察用手铐作为强制力手段将米纳及其他三个人扣留在车库里是合理的，因为政府利益大于边缘性侵害（the marginal intrusion）。之前在房屋搜查中，米纳已经被合法扣留。除了被扣留在改装车库里，对米纳强制使用手铐无疑构成了一个单独的侵犯行为。因此警察对米纳的扣留相比之前支持的萨默斯案（该案的结论为这种附带的扣留的侵犯性要小于搜查令的授权搜查）更有侵犯性。

　　但是这不是普通搜查。当搜查证被授权搜查武器和住在室内的犯罪分子时，政府利益达到最大化——不仅仅可适用扣留，还可以使用手铐。在这种固有的危险形势下，手铐的使用能最大限度地降低警察和居民受伤的风险。虽然执行搜查武器的搜查令的固有安全风险足以证明使用手铐的合理性，但是需要扣留多个人才能使手铐的使用更具合理性。

　　米纳辩称，即使初始时用手铐将她扣留在车库中是合理的，但是持续对其使用手铐也使得扣留变得不合理。当然，持续的扣留会影响格雷厄姆案所提出的利益平衡（the balance of interests）。然而，在本案中连续两三个小时的戴铐扣留不及政府的持续安全利益重要。正如联邦最高法院已经指出的，这个案子涉及两名警察为搜索危险武器而在犯罪团伙藏身地点中扣留的四名人员。联邦最高法院得出的结论是米纳在搜查中被戴铐扣留是合理的。

　　上诉法院也认为警察在扣留米纳期间对其询问移民身份侵犯了米纳的宪法第四修正案中的权利。很显然，这种论断是建立在假设警察需要有独立合理的怀疑才能询问米纳的移民身份的前提之下的，因为询问构成了一个单独的侵犯宪法第四修正案的行为。但是这种前提是错误的。联邦最高法院一再认为警察的单纯的询问不能算是扣留。即使警察在没有根据的时候怀疑一个人，通常情况下他们也可以问那个人一些问题，要求检查那个人的身份，要求配合搜查他或她的行李。由于上诉法院认为询问没有延长扣留时间，不存在宪法第四修正案含义范围内的额外扣留，因此，警察无须有合理的怀疑才能询问米纳的名字、出生地点或者移民身份。

　　联邦最高法院在 *Illinois v. Caballes*, *543 U. S.*（*2005*）中有了新的建设性观点。在那个案件中，联邦最高法院认为在交通拦截期间，利用狗嗅完成的搜寻没有违反宪法第四修正案。联邦最高法院注意到一个合法的扣留"如果超过了规定完成任务的合理时间，则会变成违法的"，但还是接受了州法院的决定，交通拦截的时间没有因狗嗅搜寻而延长。因为联邦最高法院认为狗嗅不是以宪法第四修正案为限制条件的搜查，联邦最高法院反对认为"目的转变"（the shift in purpose）、"从合法的交通拦截到变为毒品搜查"是不合法的观点，因为它"缺乏任何合理怀疑的支持"。同样如此，萨默斯最初的被扣留是合法的，上诉法院不认为询问延长了米纳被扣留的时间。因此，对于米纳移民身份的询问不需要额外的宪法第四修正案证明。

总而言之，警察在执行搜查令时对米纳使用手铐扣留是合理的，没有违反宪法第四修正案。而且，警察对米纳的询问并未构成一个单独的对宪法第四修正案的违反。像之前在上诉法院那样，米纳在本次庭审中提出另一观点以维持以下的判决。她声称警方对她的扣留已超过了警察完成任务的时间。由于上诉法院并未涉及此争辩，法庭对此亦未做讨论。

四　警察搜查的效率非常重要

警察的安全和搜查的效率是首要考虑的问题，但不要对被扣留人使用过度的武力也是需要首先考虑的问题，尤其是在这些人虽然被合法关押，但其本身未涉嫌参与任何犯罪活动时。根据萨默斯案，使用手铐即是使用武力，但是武力必须在客观合理的情况下使用。

根据格雷姆案，对合理性的考量是预期和实际的搜查时间的一部分。如果搜查延长到手铐给扣留者造成真正的痛苦或者严重的不适时，则必须改变扣留条件，至少应满足被扣留者的基本需求。因此即便最初的手铐扣留毫无疑问是客观合理的，也应如此。对被拘留者的限制在搜查的任何时候都应予以解除，只要对任何一个警察而言，摘掉被扣留者的手铐显然不会危及警察的安全或是风险干扰或者是造成搜查的重大延误。本案搜查的时间为两到三个小时，很接近甚至是很可能超过了宪法第四修正案所规定的被扣留者所有的时间，即重新考虑使用手铐的必要性，以保证起初得到允许的限制未超限度。

这就是说，在这些情况下，法官认为在搜查过程中给被扣留者带上手铐是客观合理的。据法官所知，在这次搜查中，两名武装警察可以看管四名手无寸铁的被扣留者，与此同时，十六名警察在现场对团伙嫌疑者的住所进行广泛搜查。即使联邦最高法院承认（联邦最高法院必须这样做）事实所表明的这些被扣留者并未显出即刻的危险，并且给他们戴着手铐偏离了警察正常的办案程序，也不能得出手铐的运用是不合理的结论。当被扣留者的人数超过看管人数时，这种情况下若非从广泛的、复杂的、耗时的搜索中转移一些警察则无法得到解决，初始排查后继续使用手铐是合理的，前提是在监管中调整或者临时释放以避免疼痛或过度的身体不适。因为从记录上看，限制并未明显超过限度，法官同意法院的观点。

五　关于客观合理的考量

在分析对"萨默斯扣留"使用的武力的多少时，法庭正确采用了格雷姆案中"客观合理"（objective reasonableness）的测试。根据格雷姆案，事实的审判者必须"从入侵的本质和特点上平衡比较个人的第四修正案的利益与危急关头的政府利益"。地方法院正确引导陪审团考量如下因素，如"涉嫌犯罪的严重程度，正被扣留的人是不是调查对象，此人对警察或其他人的安全或者是对警察搜查的执行力是否构成即时的威胁，此人是否极力反抗逮捕或者是逃跑"。地方法院也正确引导陪审团考虑扣留是否被延长了，米纳在搜查结束后是否还被戴铐扣留。这些因素中许多取自格雷姆案件本身，并且陪审团的指示反映了在萨默斯案的情况下对客观合理测试的一个完全合理的解释。

考虑到这些因素，很显然，特警队初步的行动是合理的。当警察执行危险任务的指令去搜查一个被推测可能由暴力团伙成员占领的房屋时，很可能适当地使用压倒性的力量和突袭来尽快地确保被搜房屋是安全的。在本案中，决定使用一支由八名全副武装的警察组成的特警队在早上七点执行搜查令，以给警察最大限度的保护以规避预期风险。然而事实上，房子里只有一个人——爱丽丝·米纳（Iris Mena），她正在熟睡。不过，特殊武力使用的合理性必须以现场的一个理性人员的角度衡量，而不是事后诸葛亮①。当警察首先看到米纳时，他们没有办法知道她与罗梅罗是何关系，不知道她是否参与了西城疯子团伙或者她是否携带武器。并且，警察需要用压倒性的力量来立即掌控形势；给米纳戴上手铐能尽快确保其房间的安全并让其他警察得以进入搜查。期待警察进入一个他们认为高度危险的环境，并在对米纳使用手铐之前，花必要的时间来确定她是不是危险人物，这是不合理的。上诉法院在一定程度上依赖于以特警队最初的行动来发现是否有充足的证据支持陪审团的判决，这样是错误的。

也许有充足的理由证明突然闯进房子是合法的，但是在早上过长时间打扰一个被推测为无辜的人是否合法则是一个需要单独讨论的问题，需要依靠案件具体事实而定。考虑以下两方面时，这种观点尤为正确：手铐当时是如何使用的，以及扣留当时周围的整体环境，包括米纳在搜查结束后是否被继续戴铐扣留。对于手铐，警察可能以不同的方式使用。本案中，米纳的胳膊被铐在身后长达两三个小时。她作证说它真的令人很不舒服，而且她曾经请求警察解除手铐，但被拒绝了，并且她被两个警察持续看管，即使是手铐被解除，她要逃跑也是几乎不可能的。

陪审团本应发现，有很多事实证明延长戴手铐的时间是不合理的这一结论。在米纳的房间及其本人身上没有发现违禁品，没有迹象表明她是或者曾经是一位团伙成员，这与上一次警察到她家查看，没有团伙成员的事实相一

---

① 原文为 rather than with the 20/20 vision of hindsight，"hindsight"意为"后见之明，事后看来"，这里结合上文是想说明，特殊武力使用的合理性必须以"现场的"一个理性人员的角度衡量，而不是事后予以评价。这里结合中国俗语译为"事后诸葛亮"。

致。她全力配合警察和移民局官员的工作，回答了他们提出的所有问题。她手无寸铁（unarmed），而且身材瘦小，很明显不是任何一个看管她的武装警察的对手。总之，没有证据证明米纳对警察或其他人构成任何威胁。

警察提供的辩词是无说服力的。他们说尽管所有人已经去搜查武器了，至少有六名武装警察被安排看管四名被扣留者。由于有十八名警察在现场，并且有至少一名一度（at one point）看管米纳和其他三个人的警察在提供搜查协助后被派回，因此缺乏人手这个问题似乎不可能存在。虽然法院一般不应质疑警方警力或资源的分配情况，而陪审团却有理由认为本案中的警员配置资源充足。

法院认为警察的行为是根据"其没有义务从搜查警力中转移一部分来做一个关于某个人能否免于戴手铐的预测性判断"。事实上，警察在他们填写身份证时做过此类调查，使用的是标准的警察的做法，整个过程花了不到五分钟的时间。此外，看管米纳的特警当然是从其他搜查活动中分出来的。因此很难发现还需要动用什么额外的警力来判断她对那些铐住她两三个小时的警察有没有威胁。

陪审团也怀疑警察关于因为实际的持枪犯罪嫌疑人在别的地方被发现并很快释放而担心自身安全的证词。此外，警察证实说一般情况下，在搜查一个居所的时候，他们不会解开扣留人员的手铐，特警队对于这次的特殊搜查的战术计划让他们那么做，因为特警队指示说"遇到的任何对象都应先给其戴铐并扣留，直至由米勒尔或布里尔警察快速搜身，记录地点（现场确认field identified）和释放"。任务计划表明他们可以而且经常释放与搜查无关的人。特警队的领导者也证实实行搜查时，手铐并不总是要用。

简而言之，根据格雷姆案中所列的因素和那些在给陪审团的指示中有效的因素，陪审团从证据中可以合理地发现在整个搜查中没有明显的给米纳戴上手铐的必要，并且她被扣留的时间被不合理地延长了。她对现场的任何警察构不成威胁。她没有涉嫌任何犯罪，而且不是搜查令中包含的对象。她没有理由逃离现场，而且也没表露出任何迹象要这样做。法庭需要查看那些对陪审团判决最有利的事实，没有明显的事实依据排除陪审团关于警察不合理执法的判决，并且基于这些事实，没有明显的依据排除武力使用的程度在法律上是不合理的这一结论。

六　法庭判决

第一，在搜查过程中，米纳被戴铐扣留没有违反宪法第四修正案。米纳的扣留与先前萨默斯案相一致，在那个判例中，法庭判决，警察在对违禁品进行有令搜查时有权扣留被搜查处的居民。法庭指出（萨默斯案），在搜查中扣留人员的主要理由是最大限度地降低警察受伤害的风险，并且规定警察在搜查中的附带性扣留是无条件的，不依赖于证明合理扣留的证据之多寡或是扣留所造成的侵害程度。由于搜查房屋时有合法的搜查证，而且米纳是被搜查房屋的居住者，根据萨默斯案，在搜查的整个过程中对其进行扣留是合理的。萨默斯案中的扣留授权实际上是有权使用合理的强制力实现扣留。以手铐等强制力形式来扣留米纳是合理的，因为当为了武器或重要的犯罪分子而对居住的场所进行搜查时，降低执法人员和民众受伤害的风险的政府利益是最大化的，因为这种搜查的紧迫性大于边缘性侵害。并且，需要扣留多个居住者时，手铐的使用更具有合理性。虽然扣留时间影响到利益平衡，但在本案中连续两到三小时的戴铐扣留远不如政府的长久安全利益重要。

第二，警察在米纳被扣留期间对其移民身份的询问并没有侵犯其宪法第四修正案的公民权利。第九巡回法院出现的相反的观点似乎是建立在警察要询问米纳需要有独立合理的怀疑的假设之上的。然而，法庭已"多次指出警察仅仅询问构不成扣留"。因为最初对米纳的扣留是合法的，而且

第九巡回法院认为询问并未导致扣留延长，也不存在宪法第四修正案中的附加扣留，因此，对于米纳移民身份的询问不需要额外的宪法第四修正案证明。

第三，因为第九巡回法院没有涉及米纳的关于警方延长其扣留时间超过完成搜查任务的观点。因此美国联邦最高法院撤销了上诉法院的判决，本案被发回按与本判决意见一致的程序重审。

第六章

警察盘查行为的程序

警察的盘查行为虽然在发现、预防、制止违法犯罪、维护社会秩序方面发挥重要作用，但由于盘查行为本身所具有的强制性、限权性，在一定程度上仍会限制公民的权利。由此，一旦警察滥用盘查势必会严重侵犯公民的合法权益，不利于社会发展。因此，建立严格规范的程序标准，对警察盘查行为的各个步骤、方式、方法加以明确，从而减少警察盘查行为带来的不利影响，使警察的盘查行为发挥最大效益，达到实施盘查行为的基本要求和目标的目的。

第一节　警察盘查行为的启动标准

一　合理怀疑标准的明确

美国联邦最高法院法官道格拉斯法官在特里案判决书中提道："如果个人不再至高无上，如果警察只要不喜欢一个公民就可以留住他，如果警察可以依据裁量权'扣留'和'搜查'此人，我们便进入了新的政体。"①

---

① 参照杨曙光、唐冉《特里诉俄亥俄州案——美国警察即时强制盘查的经典案例》，载姜明安主编《行政法论丛》第 17 卷，法律出版社 2015 年 6 月，第 327 页。英文原文为："Yet if the individual is no longer to be sovereign, if the police can pick him up whenever they do not like the cut of his jib, if they can 'seize' and 'search' him in their discretion, we enter a new regime."另外，美国学者博西格诺在其《法律之门》（邓子滨译，华夏出版社 2002 年版）第 290 页也提到过这段论述："……给予警察大于治安法官的权力就是向集权专制迈进了一大步。也许这一大步是对付现代形式的不法行为所需要的……然而，如果个人不再至高无上，如果警察看谁不顺眼就可以随意抓人，如果他们可以凭自由裁量权而'扣押'和'搜查'。"

因此，为使警察不能随意抓人，必须对他们的自由裁量权进行限制，应建立一套严格规范的启动标准，以降低滥用权力、侵犯人权的可能性。

1963 年 10 月 31 日约下午 2 点 30 分，克利夫兰市的麦克法登警官像往常一样穿着便装在进行巡查，这一天他发现了两个奇怪的人——奇尔顿和特里。他从来都没有见过这两个人，但是 30 多年的警察经历就是让他感觉到这两个人似乎有犯罪的嫌疑。

于是麦克法登警官找到一个距离他们有 300 英尺到 400 英尺的商店门口进行观察。他看见其中的一人离开经过一些店铺沿着休伦路向西南方向走去。他停留一段时间并一直往一家店铺的橱窗里面看，之后往前走了几步又转身回来，又在刚才那家店铺的橱窗前看了许久。之后他回去找到他的同伙并且交流了几句后第二个人以同样的方式闲逛和窥探该家店，之后又回去与刚才的人进行交谈。就这样，两人一共进行了 12 次。当两人都在街角时曾有一名男子加入他们，之后就顺着欧几里德大街向西走去。而之前的两位男子继续他们的闲逛、窥探以及讨论。十分钟到十二分钟之后，两人一块离开，顺着之前那人的路线往西走去。

观察到他们对休伦路商店所作的窥探，经过几次侦查，麦克法登怀疑他们是在"为持枪抢劫而踩点"。麦克法登认为作为警察他有责任进行下一步侦查，而且他也非常担心二人可能持有枪支，因此他跟踪这两位男子，发现他们在另一家商店前与之前的那个第三人进行交谈。之后他上前表明了警察身份并询问了他们三者的姓名。但是他们含糊不清地嘟囔了几句，麦克法登让特里转过身去，拍身搜查其外衣，并在其上衣口袋中发现了一把手枪，但并没有将其缴出。他命令三人进入商店，脱掉了特里的外套，从中取出一把左轮手枪，而且要求他们双手抱头贴墙站。他拍身搜查了奇尔顿和卡茨的外衣并从奇尔顿的上外套口袋中没收了一把左轮手枪。麦克法登没有对卡茨的外衣进行贴身细摸（因为在拍身搜查的过程中并未发觉疑似武器）且在感觉到手枪前也未搜摸特里或奇尔顿的上衣外套。于是他们就被带到了警察局，特里和奇尔顿被指控持有武器。①

---

① 参照杨曙光、唐冉《特里诉俄亥俄州案——美国警察即时强制盘查的经典案例》，载姜明安主编《行政法论丛》第 17 卷，法律出版社 2015 年 6 月，第 327 页。英文原文为：While Officer McFadden he was patrolling in plain clothes in downtown Cleveland at approximately 2：30 in the afternoon of October 31，1963，his attention was attracted by two men，Chilton and Terry，standing on the corner of Huron Road and Euclid Avenue. He had never seen the two men before，and he was unable to say precisely what first drew his eye to them. However，he testified that he had been a policeman for 39 years and a detective for 35，and that he had been assigned to patrol this vicinity of downtown Cleveland for shoplifters and pickpockets for 30 years. He explained that he had developed routine habits of observation over the years，and that he would "stand and watch people or walk and watch people at many intervals of the day." He added："Now，in this case，when I looked over，they didn't look right to me at the time." His interest aroused，Officer McFadden took up a post of observation in the entrance to a store 300 to 400 feet away from the two men. "I get more purpose to watch them when I seen their movements，" he testified. He saw one of the men leave the other one and walk southwest on Huron Road，past some stores. The man paused for a moment and looked in a store window，then walked on a short distance，turned around and walked back toward the corner，pausing once again to look in the same store window. He rejoined his companion at the corner，and the two conferred briefly. Then the second man went through the same series of motions，strolling down Huron Road，looking in the same window，walking on a short distance，turning back，peering in the store window again，and returning to confer with the first man at the corner. The two men repeated this ritual alternately between five and six times apiece—in all，roughly a dozen trips. At one point，while the two were standing together on the corner，a third man approached them and engaged them briefly in conversation. This man then left the two others and walked west on Euclid Avenue. Chilton and Terry resumed their measured pacing，peering，and conferring. After this had gone on for 10 to 12 minutes，the two men walked off together，heading west on Euclid Avenue，following the path taken earlier by the third man. By this time，Officer McFadden had become thoroughly suspicious. He testified that，after observing their elaborately casual and oft-repeated reconnaissance of the store window on Huron Road，he suspected the two men of "casing a job，a stick-up，" and that he considered it his duty as a police officer to investigate further. He added that he feared "they may have a gun." Thus，Officer McFadden followed Chilton and Terry and saw them stop in front of store to talk to the same man who had conferred with them earlier on the street corner. Officer McFadden approached the three men，identified himself as a police officer and asked for their names. When the men "mumbled something" in response to his inquiries，Officer McFadden grabbed petitioner Terry，spun him around so that they were facing the other two，with Terry between McFadden and the others，and patted down the outside of his clothing. In the left breast pocket of Terry's overcoat，Officer McFadden felt a pistol. He reached inside the overcoat pocket，but was unable to remove the gun. At this point，keeping Terry between himself and the others，the （转下页注）

在该案件中，麦克法登依据自己多年的执法经验，有合理的理由怀疑他们的行为可疑，并且很有必要对他们采取盘查措施。联邦最高法院审理后认为，警察基于其职业经验对该嫌疑人产生"合理怀疑"，并且认为该嫌疑人持有武器，可能会威胁自身或公共安全的，就有权对其进行"拍身搜查"。

对此，美国联邦最高法院也给予充分的论述。首先，麦克法登在决定接近他们时履行的是合法调查职能。因为他观察了特里、奇尔顿和卡茨的一系列行为：这两人在街角逗留很长时间，而且很显然没有在等什么人；他们两人来回踱步，约24次停在同一家商店的橱窗前窥视；每次回来都会做一些简单的交流；第三人与他们进行简短交流后又立刻离开，然后他们就沿第三人所走的这条路与他在十几条街外汇合。若作为一名有着30多年商店反扒侦查经验的警察都没能在自己负责的地区对该种行为进行下一步盘查，那么这个警察也真的可以算是失职了。也就是说警察基于其经验对嫌疑人实施犯罪行为确有"合理怀疑"，便对其进行拦截、盘问，并怀疑其持枪而对其轻拍搜查，直至麦克法登警探通过轻拍搜查感觉到武器，他们才将枪支缴出。而在此之前他并未将手伸进他们的衣服口袋，也未伸入他们的外衣里。可以看出，麦克法登对特里的短暂扣留以及武器搜查行为是合理适当的，因为他有合理的理由怀疑特里持有武器而且可能存在一定

（接上页注①）officer ordered all three men to enter store. As they went in, he removed Terry's overcoat completely, removed a .38 caliber revolver from the pocket and ordered all three men to face the wall with their hands raised. Officer McFadden proceeded to pat down the outer clothing of Chilton and the third man, Katz. He discovered another revolver in the outer pocket of Chilton's overcoat, but no weapons were found on Katz. The officer testified that he only patted the men down to see whether they had weapons, and that he did not put his hands beneath the outer garments of either Terry or Chilton until he felt their guns. So far as appears from the record, he never placed his hands beneath Katz' outer garments. Officer McFadden seized Chilton's gun, asked the proprietor of the store to call a police wagon, and took all three men to the station, where Chilton and Terry were formally charged with carrying concealed weapons.

的危险，为了自己和周围人的人身安全其应积极调查，采取合理措施来保护自身及周围人的人身安全。

麦克法登警察也仅是对其进行轻拍搜查，而且仅限于找到武器的合理的范围。当警察观察到该行为有些奇怪并且结合自己多年执法经验合理地推测很有可能会有犯罪，尤其是当自己表明警察身份进行盘问后该嫌疑人很有可能持有武器存在一定的安全威胁时，警察有权对该嫌疑人的外套进行轻拍搜查，寻找可能存在的武器。美国联邦最高法院认为他们不可能不把保护实施法律的官员作为一个必要条件，更无法不将保护那些因缺少可成立的逮捕理由而可能成为暴力受害者的需求作为重要的考量。当那个警察可以证明他所近距离盘查的可疑人员可能持有武器而且对警察或其他人造成现实的威胁时，警察有权采取一些措施来确定他是否真的持有武器。

美国联邦最高法院的这一经典的特里拍身案确立了"合理怀疑"的启动规则，换句话说警察通过观察，根据经验，进行合理的推理从而形成"合理的理由"，进而启动盘查程序。而且警察在对嫌疑人进行拍身搜查时必须有合理的根据怀疑该嫌疑人可能身藏武器并对警察本人及周围人的人身安全具有一定威胁，决不能因"长得像"这种模糊不清的理由来启动盘查程序。在特里盘查案之前，当警察有相当理由怀疑某人有违法行为并欲对当事人的人身或物品进行检查时，除特殊情况外应先向治安法官申领一个令状再实施检查。不过之后，对警察启动盘查的条件，法院不仅不再要求"令状"，甚至也不必要"相当理由"（probable cause）①，仅仅有合理的

---

① 对 probable cause 英文词组的考究如下。

（一）*Black's Law Dictionary*（Tenth Edition）（Thomson Reuters. 2014 年第 10 版，第 1395 页）

Probable cause. (16c) 1. Criminal law. A reasonable ground to suspect that a person has committed or is committing a crime or that a place contains specific items connected （转下页注）

怀疑即可。不得不说"由'相当理由'到'合理怀疑'，这种逐渐放缓的趋势，却也表明了盘查权不再那么严格，而盘查权的启动条件也宽泛了不少，甚至与之相关的盘查概率、被盘查人数以及权力滥用的可能性都会增大。而由'相当理由'到'合理怀疑'，依然是从一个不确

（接上页注①）with a crime. · Under the Fourth Amendment, probable cause—which amounts to more than a bare suspicion but less than evidence that would justify a conviction—must be shown before an arrest warrant or search warrant may be issued. —Also termed reasonable cause; sufficient cause; reasonable grounds; reasonable excuse. See DUNAWAY HEARING. Cf. reasonable suspicion under SUSPICION.

"Probable cause may not be established simply by showing that the officer who made the challenged arrest or search subjectively believed he had grounds for his action. As emphasized in Beck v. Ohio [379 U. S. 89, 85 S. Ct. 223 (1964)]: 'If subjective good faith alone were the test, the protection of the Fourth Amendment would evaporate, and the people would be "secure in their persons, houses, papers, and effects" only in the discretion of the police.' The probable cause test, then, is an objective one; for there to be probable cause, the facts must be such as would warrant a belief by a reasonable man." Wayne R. LaFave et Jerold H. Israel, Criminal procedure § 3. 3, at 140 (2d ed. 1992).

2. Torts. A reasonable belief in the existence of facts on which a claim is based and in the legal validity of the claim itself. · In this sense, probable cause is usu. assessed as of the time when the claimant brings the claim (as by filing suit). 3. A reasonable basis to support issuance of an administrative warrant based on either (1) specific evidence of an existing violation of administrative rules, or (2) evidence showing that a particular business meets the legislative or administrative standards permitting an inspection of the business premises.

Black's Law Dictionary (Tenth Edition), Thomson Reuters. 2014 年第 10 版，第 1458 页
Reasonable suspicion. See SUSPICION.

Black's Law Dictionary (Tenth Edition), Thomson Reuters. 2014 年第 10 版，第 1336 页
Suspicion. (14c) The apprehension or imagination of the existence of something wrong based only on inconclusive or sight evidence, or possibly even no evidence.

Reasonable suspicion. (18c) A particularized and objective basis, supported by specific and articulable facts, for suspecting a person of criminal activity. · A police officer must have a reasonable suspicion to stop a person in a public place. See STOP-AND-FRISK. Cf. PROBABLE CAUSE.

（二）《兰登书屋袖珍英汉法律词典》（上海外语教育出版社 2002 年 3 月第 1 版，第 305 页）

Probable cause. 1. Reasonable grounds, based on substantial evidence, for believing a fact to be true. Under the Fourth Amendment（见 Appendix），a person cannot be arrested for a crime unless there is probable cause to believe she committed it, and one's person and property（转下页注）

（接上页注①）cannot be searched unless there is probable cause to believe that evidence of a crime will be found. 合理的根据 2. Probable cause hearing. 参见 HEARING。

（三）*Black's Law Dictionary*（West Publishing Co. 1979 年第 5 版，第 1081 页）

Probable cause. Reasonable cause; having more evidence for than against. A reasonable ground for belief in the existence of facts warranting the proceedings complained of. An apparent state of facts found to exist upon reasonable inquiry（that is, such inquiry as the given case renders convenient and proper）, which would induce a reasonably intelligent and prudent man to believe, in a criminal case, that the accused person had committed the crime charged, or, in a civil case, that a cause of action existed. Cook v. Singer Sewing Mach. Co. , 38 Cal. App. 418, 32 P 2d 430, 431. See also Information and belief; Reasonable and probable cause; reasonable belief; Reasonable grounds.

Arrest, search and seizure. Reasonable grounds for belief that q person should be arrested or searched. Probable cause exists where the facts and circumstances would warrant a person of reasonable caution to believe that an offense was or is being committed. Com. V. Stewart, 358 Mass. 747, 267 N. E. 2d213. Probable cause is the existence of circumstances which would lead a reasonably prudent man to believe in guilt of arrested party; mere suspicion or belief, unsupported by facts or circumstances, is insufficient. State v. Jones, 248 Or. 428, 435 P. 2d 317, 319. It permits an officer to arrest one for a felony without a warrant. Probable cause justifying officer's arrest without warrant has been defined as situation where officer has more evidence favoring suspicion that person is guilty of crime than evidence against such suspicion, but there is some room for doubt. Nugent v. Superior Court for San Mateo County, 254 C. A. 2d 420, 62 Cal. Rptr. 217, 221.

Probable cause exists when facts and circumstances within officer's knowledge and of which he has reasonably trustworthy information are sufficient to warrant a man of reasonable caution in believing that offense has been or is being committed. State v. Kolb, N. D. 239 N. W. 2d 815, 817. Probable cause for search and seizure with or without search warrant involves probabilities which are not technical but factual and practical considerations of every day life upon which reasonable and prudent men act, and essence of probable cause is reasonable ground for belief of guilt. Paula v. State, Fla. App. , 188 So. 2d 388, 390.

The finding of probable cause for issuance of an arrest warrant（as required by 4th Amend. ）may be based upon hearsay evidence in whole or part. Fed. R. Crim. p 4（b）. See also Rule5. 1（a）（Preliminary examination）, and Rule 41（c）（search and seizure）.

See also Arrest; Probable cause hearing; Search; Search-warrant.

False imprisonment action. For arrest which must be shown as justification by defendants in action for false imprisonment is reasonable ground of suspicion supported by circumstances sufficient in themselves to warrant cautious man in believing accused to be guilty, but does not depend on actual state of case in point of fact, as it may turn out upon legal investigation, but on knowledge of facts which would be sufficient to induce reasonable belief in truth of accusation. Christ v. McDonald, 152 Or. 494, 52 P. 2d 655, 658. （转下页注）

定性跳到另一个不确定性"。① 但是，众所周知，美国是一个注重人权的国家，其人权理念的发展水平一直处于世界领先位置，美国联邦宪法第四修正案②

（接上页注①）

（四）《英汉法律词典》（第 4 版）（法律出版社 2012 年 10 月，第 863 页）

probable cause 合理的理由［指美国检察官提起公诉所适用的标准与合法逮捕的证据标准一样，即只要求有合理的根据（probable cause.）］；相当理由（指对于运用卧底警探之证明标准，德国法上是"充分的事实根据"，美国判例法的标准是"相当理由"。"充分的事实根据"相对于"相当理由"而言证明度较高，不但要求卧底侦查的事实有证据证明，而且要求证据证明力能充分证明犯罪事实存在的高度可能性）；可能的原因；（相信被告有罪的）合理根据。

《英汉法律词典》（第 4 版）（法律出版社 2012 年 10 月，第 906 页）

reasonable suspicion（美）合理怀疑（参见 grounds to suspect）。

（五）《元照英美法词典》（缩印版）（北京大学出版社 2013 年 10 月缩印版，第 1097 页）

probablecause 合理根据；可成立的理由 指极有可能是确实的根据，其可信程度大于怀疑但小于确切无误。从合理调查所获知的明白无误的事实，足以使明智而谨慎的人相信刑事案件的被控人员犯有被指控的罪名，或民事案件中存有诉讼根据（⇒information and belief；reasonable and probable cause；reasonable belief；reasonable grounds）。

《元照英美法词典》（缩印版）（北京大学出版社 2013 年 10 月缩印版，第 1152 页）

reasonable suspicion 合理怀疑 基于具体的、清楚的事实，足以使任一谨慎而细心的人断定犯罪活动即将发生。警务人员基于这一合理怀疑有权在公共场所拦截（stop）嫌疑人（probable cause）。

（六）《朗文英汉法律词典》（第 7 版）（法律出版社 2007 年 10 月第 1 版）

无 probable cause，reasonable suspicion 等词条。

① 余凌云：《对不确定的法律概念予以确定化之途径———以警察盘查权的启动条件为例》，《法商研究》2009 年第 2 期，总第 130 期，第 62 页。

② 美国宪法第四修正案：任何公民的人身、住宅、文件和财产不受无理搜查和查封，没有合理事实依据，不能签发搜查令和逮捕令，搜查令必须具体描述清楚要搜查的地点、需要搜查和查封的具体文件和物品，逮捕令必须具体描述清楚要逮捕的人。（The right of the people to be secure in their persons, houses, papers, and effects, against unreasonable searches and seizures, shall not be violated, and no Warrants shall issue, but upon probable cause, supported by Oath or affirmation, and particularly describing the place to be searched, and the persons or things to be seized. 来源于全球法律法规网：http://policy. mofcom. gov. cn/）。朱曾文先生译为："人民之人身、住房、文件与财物不受无理搜查和扣押之权利不得侵犯；除非有正当理由，经宣誓或代誓宣言确保，并特别列应予搜查之地点与应予扣押之人或物，不得颁发搜查或扣押证。"（《美国宪法及其修正案》，商务印书馆 2014 年版，第 14 页）王希先生译为："人民的人身、住宅、文件和财产不受无理搜查和扣押的权利，不得侵犯。除依据可能成立的理由，以宣誓或代誓宣言保证，并详细说明搜查地点和扣押的人或物，不得发出搜查和扣押状。"（《原则与妥协：美国宪法的精神与实践》（增订版），北京大学出版社 2014 年第 3 版，附录第 811、812 页）

也明确规定人身财产的不受侵犯性。因此，如何理解美国"合理怀疑"的启动标准也是把握美国警察盘查制度的重要方面。

那么，什么才是"合理怀疑"的标准呢？理论上认为，所谓"合理怀疑"的标准，着重于探讨警察当时的行为是否合理。至于何谓"合理"，一般而言并无固定的标准，首先要考虑国家与社会公共的利益，而且警察盘查行为具有强制性，因此在判断时需考虑该盘查行为的强制性程度以及该强制性对公民的权益是否造成侵害，依据当时的各种情况，综合判断警察实施盘查行为是否合理。法院依"合理性"标准判断警察行为之合法性时，除必须斟酌当时客观的证据外，还必须考虑警察"专业"的观察，及警察的直觉反应，必须尊重现场执法警察个人的反应及行为。[①] 就如特里拍身案，警察通过自身的"专业"观察，直觉判断三名嫌疑人有预备犯罪的可能并且很有可能携带武器对自身和周围他人的人身安全产生一定威胁，这才使警察对其进行拦截、盘问并轻拍搜身。保护自身及周围他人的人身安全与对嫌疑人人身权（一般主要指警察拦截盘问限制嫌疑人的人身自由权和轻拍搜身限制的隐私权）的轻微限制相比，选择对嫌疑人人身权的轻微限制自然是符合比例原则的"适当合理"行为。在该案中，警察通过多年的职业经验，根据三人来回踱步、偷窥以及有计划的交流等一系列可疑的行为动作，判断其有"为持枪抢劫而踩点"的嫌疑，于是上前盘查，该行为非常合理。通过盘查询问，警察感觉该三人有可能持有枪支且会威胁自身和他人人身安全，于是采取"轻拍搜身"的方式来排除生命所受的威胁，自然也符合标准。

二　合理怀疑的事实基础

然而这一切都基于相应的事实基础，也就是说，事实是"合理怀疑"

---

① 万毅：《论盘查》，《法学研究》2006 年第 2 期，第 132 页。

的基础，是"合理怀疑"的基本构件，而每一起案件中的事实却可能是各不相同的。① 那么，现在来探讨另一个问题，那就是警察产生"合理怀疑"的事实基础都有哪些。在特里拍身案过去将近40年后的2000年，美国联邦最高法院又审理了一起警察搜查枪支的上诉案件。与特里拍身案不同的是，这次案件联邦最高法院支持了佛罗里达州最高法院的判决，认为警察不具有证明截停和拍身搜查的正当性，J. L. 基于被搜身而取得的证据应予以排除。②

---

① 余凌云：《对不确定的法律概念予以确定化之途径———以警察盘查权的启动条件为例》，《法商研究》2009年第2期，总第130期，第63页。

② 本书关于佛罗里达案的原文来自 Justia US Supreme Court：Florida v. J. L. , 529 U. S. 266 （2000）, https://supreme. justia. com/cases/federal/us/529/266/case. html, 2017 年 6 月 16 日访问。译文参照《佛罗里达诉 J. L. 案——美国警察即时强制盘查的典型案例》（杨曙光、杨雅迪译评，《湖北警官学院学报》2016 年 10 月第 5 期，总第 176 期）。

原文：After an anonymous caller reported to the Miami-Dade Police that a young black male standing at a particular bus stop and wearing a plaid shirt was carrying a gun, officers went to the bus stop and saw three black males, one of whom, respondent J. L. , was wearing a plaid shirt. Apart from the tip, the officers had no reason to suspect any of the three of illegal conduct. The officers did not see a firearm or observe any unusual movements. One of the officers frisked J. L. and seized a gun from his pocket. J. L. , who was then almost 16, was charged under state law with carrying a concealed firearm without a license and possessing a firearm while under the age of 18. The trial court granted his motion to suppress the gun as the fruit of an unlawful search. The intermediate appellate court reversed, but the Supreme Court of Florida quashed that decision and held the search invalid under the Fourth Amendment.

Held：An anonymous tip that a person is carrying a gun is not, without more, sufficient to justify a police officer's stop and frisk of that person. An officer, for the protection of himself and others, may conduct a carefully limited search for weapons in the outer clothing of persons engaged in unusual conduct where, inter alia, the officer reasonably concludes in light of his experience that criminal activity may be afoot and that the persons in question may be armed and presently dangerous. Terry v. Ohio, 392 U. S. 1, 30. Here, the officers' suspicion that J. L. was carrying a weapon arose not from their own observations but solely from a call made from an unknown location by an unknown caller. The tip lacked sufficient indicia of reliability to provide reasonable suspicion to make a Terry stop：It provided no predictive information and therefore left the police without means to test the informant's knowledge or credibility. See Alabama v. White, 496 U. S. 325, 327. The contentions of Florida and the United States as amicus that the tip was reliable because it accurately described J. L. 's visible attributes misapprehend the reliability needed for a tip to justify a Terry stop. The reasonable suspicion here at issue requires that a tip be reliable in its assertion of illegality, （转下页注）

　　1995 年 10 月 13 日，Miami-Dade 警察局突然收到了一个匿名的举报电话，这个人说在某个汽车站旁边有一个很可能持有枪支的穿着格子衫的黑人男子。但是仅从记录看，并没有举报电话的录音或是有关该举报人的任何信息。自接到这个电话之后，记录也没有说过了多长时间，警察局派了两位警察前去核实情况。他们约六分钟后到达该车站，也的确注意到了有

（接上页注②）not just in its tendency to identify a determinate person. This Court also declines to adopt the argument that the standard Terry analysis should be modified to license a "firearm exception," under which a tip alleging an illegal gun would justify a stop and frisk even if the accusation would fail standard pre-search reliability testing. The facts of this case do not require the Court to speculate about the circumstances under which the danger alleged in an anonymous tip might be so great—e. g. , a report of a person carrying a bomb—as to justify a search even without a showing of reliability.

译文：迈阿密德郡的警察局接到一个匿名的举报电话，电话里说有一个穿着格子衫的年轻黑人男子站在某一个汽车站旁，该黑人持有枪支。然后，警察就赶到该汽车站，看到三个黑人男子，其中的一个就是被告 J. L. ，他穿着格子衫。除了轻拍搜身之外，警察没有理由去怀疑他们三个中的任何一个有违法行为。警察没有发现枪支或者他们有其他的反常行为。但是其中的一个警察在对 J. L. 搜身后，从他的口袋里搜出一支枪。不到 16 岁的 J. L. 因为没有持枪许可偷藏枪支而被控告，因为法律不允许 18 岁以下的人持枪。一审法院确认了他偷藏枪支被发现是因为一次非法的搜查。上诉法院对一审法院的判决予以了撤销，但是佛罗里达州最高法院撤销了上诉法院的决定，认为依据宪法第四修正案搜查无效。

一个匿名的举报不足以作为警察搜查他人的合法依据。一个警察，为了保护自己和他人，可能对他人的外衣做一些有限的搜查以查看其是否携带武器而从事非法行为。其中，警察合理的依据包括他根据自己对犯罪嫌疑人准备犯罪活动的经验来推测嫌疑人是否携带武器和存在危险（Terry v. Ohio，392 U. S. 1，30，20L. Ed. 2d 889，88S. Ct. 1868. ）。在本案中，警察怀疑 J. L. 携带武器不是依据自己的侦查而是仅仅依据一个从未知地方打来的匿名电话。警察产生合理怀疑来实现特里截停时尚缺乏充足的可靠的根据。因为举报者提供的是没有预见性的信息，警察也无法知晓举报人的认知水平或可信度（参见 Alabama v. White，496U. S. 325，327，110L. Ed 2d 301，110S. Ct. 2412）。作为解决佛罗里达州和联邦争议的咨询机构认为轻拍搜身是合理的，因为它能准确描述对起因于误解的 J. L. 实施的轻拍搜身以证明特里拦截是有依据的。合理怀疑在这一问题上需要合法的搜查来证明被告人的行为是违法的，而不是确定这个人的存在。该法院也拒绝采纳该争议，即把特里案的解释作为更改持枪许可的例外，因一个轻拍搜身而控告某人非法持枪将会证明拦截和搜身的合理性，即使关于事先搜查的合法性最终不被采纳。这个案例的事实不需要法院去推测当时周边的环境状况，当时匿名举报，例如某人携带炸弹的举报，在没有可信度时也许足以为搜查提供正当理由。

三个黑人男子待在那里。其中有一个就是电话上所提到的穿着格子衫的
J. L. 。除了收到的一个举报电话之外，警察再也没有任何其他的理由来怀疑
他们有什么违法的行为。警察也并没有发现持有枪支的人，而且也没有什么理
由怀疑 J. L. 有犯罪嫌疑，也没感觉到他带有任何的危险性。而当中的一位警官
慢慢靠近他，并要求其举起手来，实施搜身行为，此时才从他的口袋中发现
了那把手枪。于是乎另一位对其他的二人进行了搜查，却什么也没有搜查到，
自然也没有对他们进行任何的指控。J. L. 被搜身的时候还差 10 天 16 周岁，而
且他被指控在没有满 18 周岁的情况下是不能持枪的，因此属于私藏枪支。他
提出此次搜查应是违法的，因此该次违法搜查所取得的证据应予以排除。

一审法院确认了他持有枪支被发现的过程完全是因为非法的搜查。上诉
法院对一审法院的判决进行了撤销，但是佛罗里达州最高法院又撤销了上诉
法院的决定，认为依据宪法第四修正案搜查是无效的。于是案件上诉至美国
联邦最高法院，联邦最高法院认为匿名举报无法达到警察搜查他人的合法依
据标准。作为警察，为了自己和周围人的人身安全，可能对嫌疑人的外衣做
一些有限的搜查以查看是否携带武器而免使自己或他人人身安全受到威胁。
但是，警察的合理理由是基于自己对犯罪嫌疑人的一系列行为来推断他是否
持有武器。在该案件中，警察怀疑 J. L. 持有枪支不是根据自己的侦查结论而
是一通不知其来源的匿名电话。以此，警察对其实施拍身搜查时并没有充分
的根据，由于举报者信息的未知性，警察也不能真正了解举报人的认知水平
或可信度。对此，联邦最高法院的判决书中还提到了 1990 年的怀特案，当时
警察接到的匿名举报肯定地说一个携带可卡因的女子在什么时间从什么公寓
离开上了一辆怎样的汽车去到什么名字的旅馆。于是，警察立刻赶到公寓建
筑物前，看到一辆与打电话的人描述相近的车辆。观察到怀特离开公寓乘汽
车前往旅馆，然后跟随她到达旅馆，在旅馆附近拦截了她的车。在一场经同
意完成的搜查之后，警察从她的车中搜查出大麻，并且可卡因就在她的手提

包里，于是怀特被逮捕。① 最高法院认为在该案中，孤立地看，该举报没有特里拦截所成立的正当理由。只有当警察真的能够确定该举报者所提供的信息有一定的真实性时，才有合理的理由让警察认为该信息是符合他的认知的，也才能认可该举报信息，才能启动盘查程序。由此可见，如果只是单纯的一则匿名举报并不能成为警察启动盘查程序的"合理怀疑"的依据。然而，若警方通过跟踪观察等手段确认举报符合事实，就有合理根据使警方认为举报者的举报符合他的认知，便可启动盘查程序。

在 1979 年的 DeFillippo 案中，一位警探在晚上 10 时于小巷发现了一位可疑分子，于是对其拦截盘查，要求他出示合法有效的证件，但是嫌疑人并没能提供证明其身份的证件。之后警察在实施搜查时发现毒品而且作为证据起诉。美国联邦最高法院审理后认为，警察的启动盘查符合"合理怀疑"的标准，附带的搜查自然合法。② 由此可见，无身份证明文件也可以

---

① 本书关于怀特案的原文均来源于 Findlaw，http://caselaw. findlaw. com/us-supreme-court/496/325. html，2017 年 6 月 17 日访问。

该引用部分的判决书原文：Police received an anonymous telephone tip that respondent White would be leaving a particular apartment at a particular time in a particular vehicle, that she would be going to a particular motel, and that she would be in possession of cocaine. They immediately proceeded to the apartment building, saw a vehicle matching the caller's description, observed White as she left the building and entered the vehicle, and followed her along the most direct route to the motel, stopping her vehicle just short of the motel. A consensual search of the vehicle revealed marijuana and, after White was arrested, cocaine was found in her purse. The Court of Criminal Appeals of Alabama reversed her conviction on possession charges, holding that the trial court should have suppressed the marijuana and cocaine because the officers did not have the reasonable suspicion necessary under Terry v. Ohio, 392 U. S. 1, to justify the investigatory stop of the vehicle.

② 本书关于 *Michigan v. DeFillippo* 案 [*Michigan v. DeFillippo*, *443 U. S. 31*, (*1979*)] 的原文均来源于 Findlaw，http://caselaw. findlaw. com/us-supreme-court/443/31. html，2017 年 6 月 18 日访问。

该引用部分的判决书原文：At 10 o'clock at night, Detroit police officers found respondent in an alley with a woman who was in the process of lowering her slacks. When asked for identification, respondent gave inconsistent and evasive responses. He was then arrested for violation of a Detroit ordinance, which provides that a police officer may stop and question an individual if he has reasonable cause to believe that the individual's "behavior ... warrants further investigation" for criminal activity, and further provides that it is unlawful for any person so stopped to refuse to identify himself and produce evidence of his identity.

构成"合理怀疑"的基础。事实上，警察产生"合理怀疑"的事实基础可以有很多，首先是建立在经验之上的①，另外，报案人的举报、相关线人提供的信息或是行为人自己的行为特征也是其重要依据。然而，单单依靠一些表面的信息，并不能达到产生"合理怀疑"的标准，还应根据其他信息侧面佐证这些信息以使其达到"合理怀疑"标准从而启动盘查程序。当然，很多产生"合理怀疑"的事实基础也并不是孤立的单个信息，而是一串看似"偶然"的信息集合。例如在 *United States v. Sokolow*，*490 U. S. 1*（*1989*）案中，法院认为被告下列的这一串看似偶然的情形，连在一起就构成"合理怀疑"：①被告用了一卷 20 元的钞票购买了两张 2100 元的机票；②旅行时使用的名字与其电话登记的名字不一致；③一开始就要去迈阿密——一个违法毒品的来源地；④从檀香山到迈阿密来回得坐 20 个小时的飞机，却在此处只逗留了 48 个小时；⑤在旅途中显得很紧张；⑥根本不托运自己的行李。② 单从一个孤立的事实看似乎并没有问题，但将其联系在一起就会产生怀疑。

特里案所确定的"合理怀疑"的启动标准，不仅是警察合理怀疑某人

---

① 余凌云教授在《对不确定的法律概念予以确定化之途径———以警察盘查权的启动条件为例》（《法商研究》2009 年第 2 期）第一部分"误差：游离在合理与不合理之间"的第 3 项"可容忍的相对性"中谈到"我们很容易观察到，对'形迹可疑'或者'有违法犯罪嫌疑'的判断，主要是建立在经验基础之上的。正如我们下面的研究所显示的那样，即便是提炼为一般性理论，也无法完全排除经验的成分。经验会左右警察的裁量范围，进而直接影响到被盘查人的数量"。可见经验是判断是不是"合理怀疑"的重要基础。

② 本书关于 *United States v. Sokolow*，*490 U. S. 1*（*1989*）案的原文来源于 Findlaw，http://caselaw. findlaw. com/us-supreme-court/490/1. html，2017 年 6 月 18 日访问。
该引用部分的判决书原文：When respondent was stopped, the agents knew, inter alia, that (1) he paid ＄2100 for two round-trip plane tickets from a roll of ＄20 bills；(2) he traveled under a name that did not match the name under which his telephone number was listed；(3) his original destination was Miami, a source city for illicit drugs；(4) he stayed in Miami for only 48 hours, even though a round-trip flight from Honolulu to Miami takes 20 hours；(5) he appeared nervous during his trip；and (6) he checked none of his luggage.

有犯罪行为或犯罪预备行为，还有一个重要的方面是怀疑嫌疑人有可能携带武器威胁警察自身和周围其他人的人身安全。因此，如何判断嫌疑人是否携带武器并危及警察自身和周边人的安全呢？美国纽约的一个政策给了我们一个较为详细的列表：首先，嫌疑人是否有暴力或者持枪；其次，警察的人数和嫌疑人的数量；再次，盘查的时间，白天还是夜晚；复次，所了解的嫌疑人前科以及其可信度；最后，嫌疑人的身手是否敏捷，是否携带武器。若警察是基于这些情况推断受到威胁，则就能够立即实施拍身检查（frisk）。而且在检查时，若嫌疑人随身携带的相关包裹中可能藏有武器，不能直接打开，应命令嫌疑人将该包裹放到他们够不到的地方，以保证这些物品不能构成对警察的即刻威胁。[①] 在实践中，警察因为拦截、盘查嫌疑人而导致的伤害现象也时常发生，以至于法律在规定警察盘查行为时必须把保护警察自身安全放在重要位置。因此，当警察基于事实基础、职业经验判断嫌疑人有可能携带武器并可能威胁自身和周边其他公民安全时，就可对其采取措施，实施盘查行为。

三 其他国家与地区对盘查启动标准的规范

正如前文所提及，英国警察盘查主要是依据 1984 年的《警察与刑事证据法》，而且英国警察同样也具有阻留、拘留和搜查人及车辆等的相关权力，不过只在警察对特定犯罪有合理怀疑时才可以使用。关于"合理怀疑"的定义，英国《警察与罪证法》对该词做了三点解释：（1）警察所基于的正当怀疑的理由，其理由的充分度应相当于逮捕行动所依据的怀疑理由；（2）正当怀疑理由不能单凭警察的直觉与本能，

---

① 转引自余凌云《盘查程序与相对人的协助义务》，《北方法学》2011 年第 5 期，总第 29 期部门法专论部分，第 91 页。根据此文注释 19、20，引自 Cf. James J. Fyfe，"Terry：A [n Ex－] Cop's View（1998）72 St."，*John's Law Review*，p. 1232。

必须有客观性的东西作为依据，标准是能够使客观的第三者也持相应的怀疑态度，换句话说就是一定要有相应的事实根据；（3）一个人的发型、衣着、肤色或者属于某个群体或有犯罪前科都不能单独成为所谓的正当怀疑的理由。① 因此，英国警察盘查的启动条件与美国相似，都需要有"合理怀疑"，而以上的三点解释多是从合理怀疑的依据进行阐释的，也就是说当警察在正常巡逻时遇到怎样的行为才可以对嫌疑人实施盘查。

不过，与美国相似，英国警察盘查的"合理怀疑"也是一种经验性很强的启动标准，不得不说其也给警察带来极大的自由裁量权。英国警察盘查对"正当怀疑理由"有以下两个标准：一是根据允许警察实施盘查的目的（为了对犯罪或者其他特殊情况作出迅速反映）；二是在于本国警察的较高素质以及特有的文化、法律传统。当然，为了避免盘查权被滥用，英国又对"正当合理怀疑"作了限定解释，也就是加入了一般人的标准和非歧视性标准，如一个人的年龄、肤色、服式、发型或者前科都不是引起合理怀疑的充分条件。② 并且，英国的《警察与罪证法》中规定，但靠个人因素、归纳的特征或者是立体的典型形象，都不能产生或支持合理怀疑；只有基于一系列的因素才可能有效地适用"合理怀疑"；唯有如此，才能防止滥用权力，并提高公信力。③

德国的警察盘查制度通常主要包括以下内容。（1）拦停、询问。警察根据事实，若认为该人可以对相关情况做必要有益的陈述时，就可以行使

---

① 高文英：《我国警察盘查权运行及其理论研究现状》，《中国人民公安大学学报》（社会科学版）2006 年第 4 期，总第 122 期，第 17 页。
② 高文英：《我国警察盘查权运行及其理论研究现状》，《中国人民公安大学学报》（社会科学版）2006 年第 4 期，总第 122 期，第 17 页。
③ 余凌云：《对不确定的法律概念予以确定化之途径———以警察盘查权的启动条件为例》，《法商研究》2009 年第 2 期，总第 130 期，第 64 页。

拦停、询问权。（2）查证身份。警察对符合法定情形的人可以核实他的身份。（3）搜索。警察为自己以及周围人的人身安全，经过对现场情况的考察认为必要时，可对其进行轻拍搜身，检查他是否携带武器或其他危险物品及爆破物。（4）留置的对象。警察对符合法定条件的当事人可以留置。①也就是说，在德国警察盘查的启动程序也可以从四个方面进行研究：一是当认为该人可以对相关情况做必要有益的陈述时，就可以行使拦停、询问权；二是依法查证某人身份时，这里有相应的法律规定；三是警察为保护自身和周围人的安全而实施的盘查，这方面与英美国家相类似；四是法定条件的留置。总体来看，德国警察启动盘查多数情况下有相应的法律规定，这也就使得警察自由裁量权相对较小，这在一定程度上也能较好地保护当事人合法权益。

日本警察盘查的规定主要体现在《警察官职务执行法》第 2 条中。在启动程序方面主要指：有相当理由能够认定该人很有可能犯罪时，警察能对他实施拦停盘问。除此之外，警察对他们认为已发生犯罪的知情人或即将实施犯罪的知情人也可采取拦停盘查措施。当然，对演艺场、旅馆、饮食店、车站及其他公众自由出入的场所，在开放的时间内，警察为预防犯罪或防止对人生命、身体或财产的危害，有权进入该场所实施盘查。可见日本采用的是"相当理由"标准，但也和英美法系的"合理怀疑"有一些相似之处。

我国台湾地区的警察盘查主要以危害为标准，区分对场所和对人的盘查临检，对场所的临检以"已发生危害或依客观、合理判断易生危害"为要件，对人的临检须以"有相当理由足以认其行为已构成或将发生危害"为要件。而"危害"具体可以阐述为以下两点：一是防止具体

①　高文英：《我国警察盘查权运行及其理论研究现状》，《中国人民公安大学学报》（社会科学版）2006 年第 4 期，总第 122 期，第 19 页。

危害；二是防止潜在危害。首先，防止具体危害属于常态。具体危害是指"在具体案件中之行为或状况，根据一般的生活经验从客观来判断，猜测短期内极有可能形成伤害（Schaden）的一般状况（Zustand）"，也就是说案件的发生性、危害的发生性都比较大，也就是指"危害发生需有不可迟延性（Unaufschiebbarkeit）、可能性（Wahrschlichkeit）及伤害性"，由此构成具体危害，警察亦可发动盘查。其次，关于防止潜在危害的情形，这其实属于一种特例，警察应极其克制，符合比例原则，主要包括如下几点。（1）对逗留在"易生危害地点"的人是能够采取盘查措施的。尽管他们也不一定制造"具体危害"，不过，因为这一地点极有可能会发生一些危害，若警察权不及时介入，很有可能会贻误时机。（2）对"易遭危害地点"（an gefahrdeten orten）进行盘查。所谓易遭危害地点，主要指交通设施、重要民生必需品生产储存设施、大众交通工具、政府办公大楼等。当有人滞留在上述标的物之内或者附近，有相关理由足以认定他很有可能实施犯罪，而且很有可能威胁周围人的人身安全时，警察才能实施盘查措施。（3）对通过管制站（kontrollstelle）的人进行盘查。① 比如在一些人员聚集地，设置管制站进行盘查以防危险发生。

第二节　警察盘查行为的时间限度

警察实施盘查行为会在一定程度上限制相对人的人身自由，美国联邦

---

① 参见余凌云《警察盘查之理由研究——以美英法及我国实践为例》，载于中国法学会行政法学会 2010 年会论文集。另外，余凌云在对该部分进行介绍时，在脚注中注明参照了李震山教授（李震山：《论警察盘查权与人身自由之保障》，载《警察法学创刊号》，"内政部"警察法学研究中心暨"内政部警政署"出版 2003 年 1 月）以德国法为知识背景，对"危害"的具体划分。

最高法院在特里案中明确提到：盘查行为是警察靠近一个人并限制其离开的自由，并指出"警察应有权'临时扣留'（investigatory 'stop'）一个人并因对其可能涉嫌犯罪的怀疑而将其短暂截停以进行盘问"。① 可见，警察盘查行为是警察对嫌疑人的一种临时性的限制人身自由的措施。既然警察盘查行为会限制公民权利，那么应有严格的时间限制，不能使警察无休止地限制公民自由。

一　美国相关判例的实践

首先，在最初开始的时间点上，警察的盘查行为只能开始于当时当场，这才符合盘查的即时性。当然，关于盘查所持续的时间可以这样来探讨：盘查不同于逮捕，因此对当事人人身自由的限制应局限于"短暂"留置，若超出范围，可能会被认定为不合法的逮捕行为。美国联邦最高法院认为，警察盘查不应受时间长短的僵硬限制。② 这里所指的"僵硬限制"是指一种不具有弹性的硬性限制，联邦最高法院认为，严格的时间限制固然重要，但拦截、盘问所需要的时间更应该按照一般经验和具体情况来判断其是否合理，这里也可以借用一下特里案所确定的合理性规则，只不过其不再是一种"合理怀疑"，而是一种"合理时间"，也就是说警察在实施盘查行为时依据当时的情况所需要的合理时间。

同样，警察的盘查行为，不仅针对人也可以针对物，这就使得在盘查中扣留的物品也不属于行政法中的"扣押"，更不可以强行对其进行处置，并且也应有相应的扣留时间的限制。在 1983 年的 *United States v. Place*,

---

① 原文：The police should be allowed to "stop" a person and detain him briefly for questioning upon suspicion that he may be connected with criminal activity。

② 万毅：《论盘查》，《法学研究》2006 年第 2 期，第 134 页。

462 U. S. 696，（*1983*）① 案（简称"Place 案"）中，当 Place 在迈阿密国际机场排队购买去纽约拉瓜地亚的机票时，警察就感觉他有些不同，怀疑他的行李箱里藏有毒品，随后在 Place 同意后警察对他的两个已经安检过的行李进行了检查，发现其标签有些奇怪。但是该飞机马上就要起飞了，于是警察只能允许他先登机，与此同时向毒品管理局报告了这一问题。当 Place 到达纽约拉瓜地亚时，该地警察想对他再次进行检查但是他予以拒绝，于是警察扣留了他的物品并让警犬前来侦测，果然警犬的反应证实了警察的猜测。于是警察申请搜查证对该行李包采取搜查措施，截止到当时，该行李已经被扣留了九十分钟，也就是说在没有任何合法手续、令状的情况下扣押物品已经一个半小时。美国联邦最高法院审理后认为，若是警察根据"合理怀疑"原则，判断行李箱里藏有毒品，那么也的确能够在无令状的情况下暂时扣留行李。但问题在于，手提箱的扣留时间已经长达

---

① *United States v. Place*，*462 U. S. 696*，（*1983*）的原文来源于 Findlaw，http://caselaw. find-law. com/us-supreme-court/462/696. html，2017 年 6 月 18 日访问。

原文：Raymond J. Place first aroused the suspicion of law enforcement officers as he was standing in line at the Miami airport waiting to buy a ticket to New York's LaGuardia Airport. The officers approached him on his way to the gate and asked him for identification. Place also agreed to let the officers search the luggage he had checked, but they declined to do so in light of the flight's imminent departure. Discrepancies between the two luggage tags on Place's two suitcases further aroused the officers' suspicions, and they confirmed that the addresses were false. The Miami officers alerted DEA agents at LaGuardia to their suspicions about Place.

The DEA agents waited until Place had retrieved his luggage and called a limousine before approaching him in New York. The DEA agents again asked Place for his identification, which he produced. The agents discovered that Place had no outstanding warrants. They then asked to search Place's luggage, but Place declined to allow the agents to do so. The agents then told Place they were going to take the luggage to a federal judge to obtain a warrant to search the luggage, and that Place was free to accompany them if he chose to. An hour and a half later, the agents had taken Place's bags to Kennedy airport and allowed a trained narcotics detection dog to perform a "sniff" test. The dog detected the presence of narcotics. This was late on a Friday afternoon; the agents retained the luggage over the weekend until Monday, when they obtained a warrant to search the luggage. They discovered over a kilogram of cocaine.

一个半小时，已经超过必要的限度，所以法院判决警察盘查时间太长而不合法。美国联邦最高法院认为，警察的盘查活动必须以谨慎、合理的方式进行，应在最短的时间内确认对当事者的怀疑是否有合理根据，留置的时间不能超过为实现拦阻目的所需的必要时间。[①] 在 *United States v. Sharpe*, 470 U. S. 675, (1985)[②] 案中，二十分钟的拦阻时间在法官看来完全属于合法合理的正当行为，并没有超出必要的限度。

从美国相关判例分析可知，警察盘查行为的时间并没有非常清晰明确的限制，仅是一种模糊的标准，即所谓的"警察的盘查活动是否审

[①] 胡建刚：《美国盘查制度研究》，《中国人民公安大学学报》（社会科学版）2012 年第 3 期，第 66 页。

[②] *United States v. Sharpe*, 470 U. S. 675, (1985) 的原文来源于 Justia US Supreme Court：United States v. Sharpe, 470 U. S. 675, (1985), https://supreme. justia. com/cases/federal/us/470/675/case. html，2017 年 6 月 20 日访问。

原文为 Syllabus：A Drug Enforcement Administration (DEA) agent, while patrolling a highway in an area under surveillance for suspected drug trafficking, noticed an apparently overloaded pick-up truck with an attached camper traveling in tandem with a Pontiac. Respondent Savage was driving the truck, and respondent Sharpe was driving the Pontiac. After following the two vehicles for about 20 miles, the agent decided to make an "investigative stop," and radioed the South Carolina State Highway Patrol for assistance. An officer responded, and he and the DEA agent continued to follow the two vehicles. When they attempted to stop the vehicles, the Pontiac pulled over to the side of the road, but the truck continued on, pursued by the state officer. After identifying himself and obtaining identification from Sharpe, the DEA agent attempted to radio the State Highway Patrol officer. The DEA agent was unable to contact the state officer to see if he had stopped the truck, so he radioed the local police for help. In the meantime, the state officer had stopped the truck, questioned Savage, and told him that he would be held until the DEA agent arrived. The agent, who had left the local police with the Pontiac, arrived at the scene approximately 15 minutes after the truck had been stopped. After confirming his suspicion that the truck was overloaded and upon smelling marihuana, the agent opened the rear of the camper without Savage's permission and observed a number of burlap-wrapped bales resembling bales of marihuana that the agent had seen in previous investigations. The agent then placed Savage under arrest and, returning to the Pontiac, also arrested Sharpe. Chemical tests later showed that the bales contained marihuana. Respondents were charged with federal drug offenses, and, after the District Court denied their motion to suppress the contraband, were convicted. The Court of Appeals reversed, holding that, because the investigative stops failed to meet the Fourth Amendment's requirement of brevity governing detentions on less than probable cause, the marihuana should have been suppressed as the fruit of unlawful seizures.

慎、合理"，也因此法官判案具有较大的自由裁量性。然而，美国属于判例法国家，法官在断案时往往都会坚持"遵循先例"原则。不对盘查时间作任何规定，而仅凭"合理性"来裁判，这势必会因不同法官对"合理性"的不同认识造成相同案件不同判决结果的情况。但是，若硬性规定一个确定的时间限制，而不考虑当时案件的情形也不利于维护公平公正。比如说，这个时间点就很难确定，如果时间限制在二十四小时内，那么作为一个比"扣留"这种强制措施程度轻的强制措施，在时间限制上自然也会让人感觉过长。若缩短成八小时或是十二小时，那么像Place案这样的案件警察也就没有超过时间限度，如此一来似乎让人感觉有失公允。那若把盘查时间缩短至二十分钟或半个小时，那么势必会有许多警察盘查工作无法顺利展开，嫌疑人只需要拖延时间，只要拖过这半小时，即便警察查出什么也可以作为非法证据进行排除，这必然严重影响盘查的效果。由此可见，若实行"一刀切"式的盘查时间规定势必会严重影响盘查效果。

二 相对限制性规定的含义

因此，应对盘查时间做相对限制性规定。何为"相对限制性规定"？就是将美国的盘查时间的"合理性"规定和一个确定的时间点相结合，笔者认为可以有以下三种规定和解释方法。

其一，设定盘查的一个具体时间点。比如，规定盘查行为限制公民人身自由必须不超过一个小时或是两个小时，如果警察在盘查的过程中超过这个时间点但有其合理理由，也不能认为警察行使盘查权违法。但对此，警察必须承担举证责任，向法庭说明其"合理理由"，可以是嫌疑人拒不配合、故意拖延时间、仍有其他疑点等等；必须理由充分，程序严格，才能既尽最大可能保障公平公证，也才能减少给嫌疑人"投机倒把"的机会。但是此种方式的缺点是警察的盘查时间没有一个兜底的时间点，"合理理由"给了法官较大的自由裁量权，若是在法治发展欠发达地区这也是十分危险的。

其二，规定警察应在"合理时间"进行盘查，最长时间不超过十二小时。也就是说警察在实施盘查行为时必须向法庭举证其盘查的时间属于"合理时间"；不仅如此，即使举证"合理时间"，盘查的总时间也不得超过十二小时，超出十二小时即算违法。这主要是从保障公民权益出发，对警察实施盘查权进行限制的两道门槛，一方面警察要遵循基本的"合理性原则"，即在合理的时间内完成盘查行为，另一方面在留给警察较为充足的时间进行盘查活动的同时也规定十二小时这个底线，也就是说即使警察有充分、合理的理由也不能超过十二小时这个底线。此种方式更多地体现对公民基本权利保护的观点，国家必须在公法中保护个人的基本权，并防止其受到侵害；"基本权保护义务加诸于所有国家权力之上，每一种权力均应依其特有的任务立场而被召唤来完成保护义务……国家不仅会因自己的基本权干预行为而受到抵御，同时也会在有第三人侵犯基本权领域时，被呼唤前去提供协助"[1]；从而将保障人权原则作为警察实施盘查行为的最重要原则。虽然十二小时之内的自由裁量权远比第一种的自由裁量性小，但是如果每次庭审都需要警察举证"合理性"，一定程度上也没有提高审判效率。

其三，即最后一种，将上述两种方式结合，规定警察盘查的时间不超过一个小时，但若有其他"正当合理的理由"也可以延长，但盘查的最长时间不能超过十二小时。也就是说盘查时间限制在一个小时之内，如果警察行使盘查权超过一个小时但有正当合理的理由，也是

---

[1] 〔德〕Klaus Stern：《基本权保护义务之功能——法学上的一大发现》，蔡宗珍译，《月旦法学》（中国台湾地区）2009 年第 12 期，第 36 页。

合法的。不过即便警察有正当合理的理由，只要超过十二个小时就是违法。与前一种相比就是在一个小时之内的盘查警察不需要向法庭解释其盘查时间的合理性，只有超出一个小时之后才需向法庭解释其超出的合理性，大多数简单盘查案件都不会超过一个小时，这也从侧面提高了庭审效率。此种规定既可以保证警察在最短的时间内对被盘查的对象是否违法进行判断，最小地降低对被盘查公民人身自由权及其他权利的限制。同时也可减少被盘查者故意拖延时间，以期逃避法律追究的行为。并且，确定十二小时为兜底，最终的落脚点也是将保障人权作为最重要目标。警察盘查行为虽然可以发挥重要作用，但仍要以保障人权为出发点。另外，对于最终兜底的这个时间点的设置，笔者认为根据《刑事诉讼法》拘传的时间不得超过十二小时，虽然盘查属于行政即时强制措施，但仍然可以参照此规定不得超过十二小时这个时间点。加之，《人民警察法》第 9 条规定"对被盘问人的留置时间自带至公安机关之时起不超过二十四小时，在特殊情况下，经县级以上公安机关批准，可以延长至四十八小时，并应当留有盘问记录"，也就是说留置盘问的时间是不超过二十四小时，那么盘查（不包括继续盘查）的时间规定在十二小时也是合理的。

笔者认为，第三种方式可以综合前两种方式的优势，既能使警察更有效地行使盘查权，又能在较大限度内保护被盘查公民的合法权益，保障人权。

第三节　警察盘查行为的范围

所谓警察盘查权的范围是指哪些是警察盘查行为可以针对的对象。孟德斯鸠在《论法的精神》一书中指出："然而，自古以来的经验表明，所有拥有权力的人，都倾向于滥用权力，而且不用到极限绝不罢休。"[1] 如此，只有把盘查权限制在合理的范围内，才能发挥巨大的作用，以此保护公民权益。

一　可以立即触及的范围

首先，警察盘查行为可以针对特定的人，即警察在履行职责过程中，根据自身职业经验和具体情况对相对人有违法行为产生"合理怀疑"，就可以针对该怀疑对象实施盘查，对其人身自由进行短暂的限制。但即便如此，盘查的范围还是应受到一定限制。再次提及本书中多次研讨的特里案，当麦克法登警探轻拍搜查特里及其两名同伙的外衣后，直至感觉到武器前，他并未将手伸进他们的衣服口袋，也未伸入他们的外衣里，之后他也仅是伸向手枪并将其抽出，并没有对其进行其他不规范的搜查。在盘查个人的过程中会不自觉地盘查与个人有关联的物品，这就要求所盘查的物

---

① 〔法〕孟德斯鸠：《论法的精神》（上卷），许明龙译，商务印书馆 2015 年版。第十一章"确立政治自由的法与政制的关系"，第四节"续前题"（第 185 页）："然而，自古以来的经验表明，所有拥有权力的人，都倾向于滥用权力，而且不用到极限绝不罢休。谁能想到，美德本身也需要极限！""为了防止滥用权力，必须通过事物的统筹协调，以权力制止权力。我们可以有这样一种政治体制，不强迫任何人去做法律不强制他做的事，也不强迫任何人不去做法律允许他做的事。"另外，第二章"直接源自政体性质的法"，第三节"与贵族政治性质相关的法"（第 24 页）也有类似阐述："可是，在共和政体中，如果一个公民攫取了过高的权力，滥用权力的情况就会更加严重，因为法律对此未曾作出预见，因而无力制止。"

此外，关于〔法〕孟德斯鸠著的《论法的精神》还有张雁深译和钟书锋译两个版本。其中张雁深译版本中（〔法〕孟德斯鸠：《论法的精神》（上），张雁深译，商务印书馆 1961 年版，第 154 页）将此部分译为"一切有权力的人都容易滥用权力，这是万古不易的一条经验。有权力的人们使用权力一直遇到有界限的地方才休止"。钟书锋译的版本中（〔法〕孟德斯鸠：《论法的精神（选译本）》，钟书锋译，光明日报出版社 2012 年 4 月第 1 版，第 126 页），第十一章"论政体与确立政治自由之法的关系"中的第四节"论何谓自由（续）"阐明："可是，自古以来的经验都证明，一切拥有权力之人，都具有滥用权力的倾向，都具有滥用权力至无以复加的地步。"

品应是被盘查人随身携带及在其能立即触及的范围。当然，美国判例中所确立的"能立即触及的范围"很大程度上是为保护警察的安全，因为如若不对其所触及的范围进行盘查，嫌疑人很可能会用这些空间藏匿武器等其他危险物品从而危害执法人员与无辜群众的生命安全。① 乔恩·R. 华尔兹在其《刑事证据大全》一书中曾提到，搜查的范围应该限定为被逮捕者的"人身以及'它能直接控制的'区域"——这个短语解释出来就是指他有可能隐藏武器或者易毁坏的证据的区域。② 比如在 *Sibron v. Newyork* 案［*Sibron v. Newyork*，*392 U. S. 40*，（*1968*）］中，警察通过掌握的线索对嫌疑人 Sibron 进行跟踪，从下午四点至午夜时分数小时，警察观察到嫌疑人与多名吸毒者窃窃私语（这多名吸毒者警察早已知悉），但警察既未听到他们的交谈内容也未发现他们有任何其他的异常行为，却仍对 Sibron 进行了拦截盘查，并伸手搜查 Sibron 的口袋，果然搜出一些信封，里面有海洛因，因此警方起诉其非法持有毒品。美国联邦最高法院审理后认为，被告Sibron 只是在和毒犯交谈，警察也没有听到任何的交谈内容，警察的怀疑完全基于主观猜测，不足以构成发动盘查的"合理怀疑"，判决警察盘查行为非法。③ 不得不说，住宅权已作为公民隐私权的核心内容而被写进大

---

① 万毅：《论盘查》，《法学研究》2006 年第 2 期，第 133 页。

② 〔美〕乔恩·R. 华尔兹：《刑事证据大全》（第 2 版），何家弘等译，中国人民公安大学出版社 2004 年 8 月，第十章 "无理搜查与证据扣押隐私权的证据保护"，第八节 "人的扣押（逮捕）中的即时搜查与扣押"，第 228 页。本段内容是作者乔恩·R. 华尔兹根据联邦最高法院对奇门尔诉加利福尼亚州案（1969 年）中的法院判决所做的阐释，其中部分内容来源于判决书。

③ *Sibron v. Newyork*，*392 U. S. 40*，（*1968*），原文来源于 Findlaw，http://caselaw. findlaw. com/us-supreme-court/392/40. html，2017 年 6 月 23 日访问。

原文为 Syllabus：In No. 63, a New York police officer on patrol observed during an eight-hour period a man (appellant Sibron), whom he did not know and had no information about, in conversation with six or eight persons whom the officer knew as narcotics addicts. Later the officer saw Sibron in a restaurant with three more known addicts. The officer on none of these occasions overheard any conversation or saw anything pass between Sibron and the others. Later the （转下页注）

多数国家的宪法以及多个国际人权公约，因此法治国家都规定警察的盘查权应当止于他人的住宅门口。进入住宅必须具有搜查、逮捕的"可能事由"，非紧急情况下还应当具有法官签发的令状；除此之外，只能在救护生命，或防止财产的重大损失时才能进入住宅。盘查应当限于公共场所和特定营业场所，禁止进入住宅进行盘查在各国是一条不可动摇的

（接上页注③）officer ordered Sibron outside the restaurant, where the officer said, "You know what I am after." When Sibron reached into his pocket the officer reached into the same pocket and found some envelopes containing heroin. Sibron was charged with the unlawful possession of the heroin. The trial court rejected Sibron's motion to suppress the heroin as illegally seized, holding that the officer had probable cause to make the arrest and to seize the heroin. Thereafter Sibron pleaded guilty, preserving his right to appeal the evidentiary ruling. Sibron, who was precluded from obtaining bail pending appeal, completed service of his six-month sentence roughly two months before it was physically possible for him to present his case on appeal. His conviction was affirmed by the intermediate state appellate court and then by the New York Court of Appeals. In this Court the State initially sought to justify the search on the basis of New York's "stop-and-frisk" law, N. Y. Code Crim. Proc. 180 – a, which the New York Court of Appeals apparently viewed as authorizing the search. That law provides that a "police officer may stop any person abroad in a public place whom he reasonably suspects is committing …" certain crimes "and may demand … his name, address and an explanation of his actions," and when the officer "suspects that he is in danger … he may search such person for a dangerous weapon." After this Court noted probable jurisdiction the county District Attorney confessed error. In No. 74, an officer, at home in the apartment where he had lived for 12 years, heard a noise at the door. Through the peephole [392 U. S. 40, 41] he saw two strangers (appellant Peters and another) tiptoeing furtively about the hallway. He called the police, dressed, and armed himself with his service revolver. He observed the two still engaged in suspicious maneuvers and, believing that they were attempting a burglary, the officer pursued them, catching Peters by the collar in the apartment hallway. Peters said that he had been visiting a girl friend, whom he declined to identify. The officer patted Peters down for weapons and discovered a hard object which he thought might be a knife but which turned out to be a container with burglar's tools, for the possession of which Peters was later charged. The trial court denied Peters' motion to suppress that evidence, refusing to credit Peters' testimony that he had been visiting a girl friend and finding that the officer had the requisite "reasonable suspicion" under 180 – a to stop and question Peters and to "frisk" him for a dangerous weapon in the apartment hallway, which the court found was a "public place," within the meaning of the statute. Peters then pleaded guilty, preserving his right to appeal the rejection of his motion to suppress. The intermediate appellate court affirmed, as did the New York Court of Appeals, which held the search justified under 180 – a. The parties on both sides contend that the principal issue in both cases is the constitutionality of 180 – a "on its face."

原则。①

马普案是关于警察盘查范围的典型案例。在 1957 年 3 月 27 日，克利夫兰的三名警察根据一条消息到达上诉人的住所，该消息称"一名因近期爆炸案的问询调查而被通缉的人正躲在房中，且房中有大量警用物品"。这栋住所的顶层住着马普小姐和其与前夫所生的女儿。警察到达该房屋时敲了门并请求入内。但是上诉人在致电其律师后拒绝让无搜查令（without a search warrant）的警察进入。警察将情形汇报给总局，并对该房屋实施监控（surveillance）。

大约三小时后，又有至少四名警察到达现场，警方再次要求进到房屋内。马普小姐并未立刻来到门边，此时警察强行（forcibly）打开房屋多扇门中的一扇并得以入内。当马普小姐的律师到达时，在已经保障自身安全的前提下仍持续藐视法律的警察们并没有让律师见马普小姐，更不让该律师进入（entry）。在警察以高压暴力方式进入客厅时，马普小姐正从楼上顺楼梯下到一半。她要求看一下搜查令。一名警察手里举着一张称作令状的纸。马普小姐夺下这张"令状"（warrant）并将它放在怀中。警察在持续的争夺中夺回纸张并将上诉人铐住，因为在警察从她身上取回"令状"时她的反抗显得"好斗"（belligerent）。警察无情地对待上诉人，其中一名警察"抓过"（grabbed）她，"反剪其双手"（twisted [her] hand），上诉人"因为很疼"（it was hurting）而大喊大叫并请求他放开。上诉人被手铐铐住，并被粗暴地带到其位于楼上的卧室，在那里，警察搜查衣橱、抽屉、壁橱和几个手提箱；他们也检查了相册以及上诉人的私人材料。搜查范围扩展到二楼，包括孩子卧室、客厅、厨房和餐厅在内的其他地方。房屋的地下室和那里面的一个大箱子也被搜查。上诉人被判所持有的淫秽物

---

① 高峰：《比较法视野下的盘查措施》，《现代法学》2006 年第 28 卷第 3 期，第 142 页。

品是在这一场大搜查中发现的。

初审时，起诉中并未出示搜查令（search warrant），但也没有任何相关解释或证明。更糟糕的是（At best）①："证据中在关于是否有审核搜查被告人住所的令状问题上有相当大的疑问。"② 俄亥俄州最高法院认为可以得出定罪应被撤销的"合理主张"（reasonable argument），因为获得（证据）的手段"冒犯"（offend）了公平正义之感，"但是法庭认为事实清楚之处在于证据不是在对被告人突然用力或进攻时所得"。

俄亥俄州认为即使搜查并无授权，或者说是不合理的，但也并不会妨碍审判使用违宪扣留（unconstitutionally seized）的证据，并援引了沃尔夫诉科罗拉多案，在该案中，法院确实曾认为"在州法院进行的控告违反州法律的诉讼中，第四修正案不禁止采纳不合理搜查和扣留所得的证据。在本次上诉中，我们有适当的司法管辖权（jurisdiction），我们被要求再次审视这一观点"。③

---

① 另一种观点认为应译为"充其量"，原文为：At best。
② 〔美〕《俄亥俄州判例汇编》第 170 卷第 430 页（170 Ohio St. 430）。
③ 本书案例 *Mapp v. Ohio, 367 U. S. 643*（1961）英文原文来自 http://caselaw. lp. find-law. com/，2017 年 7 月 28 日访问。

原文：On May 23, 1957, three Cleveland police officers arrived at appellant's residence in that city pursuant to information that "a person [was] hiding out in the home, who was wanted for questioning in connection with a recent bombing, and that there was a large amount of policy paraphernalia being hidden in the home. " Miss Mapp and her daughter by a former marriage lived on the top floor of the two-family dwelling. Upon their arrival at that house, the officers knocked on the door and demanded entrance but appellant, after telephoning her attorney, refused to admit them without a search warrant. They advised their headquarters of the situation and undertook a surveillance of the house.

The officers again sought entrance some three hours later when four or more additional officers arrived on the scene. When Miss Mapp did not come to the door immediately, at least one of the several doors to the house was forcibly opened 2 and the policemen gained admittance. Meanwhile Miss Mapp's attorney arrived, but the officers, having secured their own entry, and continuing in their defiance of the law, would permit him neither to see Miss Mapp nor to enter the house. It appears that Miss Mapp was halfway down the stairs from the upper floor to the front door when the officers, in this highhanded manner, broke into the hall. She demanded to see the search warrant. A paper, claimed to be a warrant, was held up by one of the officers. She grabbed the （转下页注）

最高法院法官认为警察的这一行为严重侵害了公民的隐私权，并且已超出盘查所必要的范围："十四修正案所体现的隐私权对各州都适用，而且有不受州公务人员粗暴侵犯隐私的宪法权利，我们不能坐视这一权利沦为空头支票。因为它与正当程序条款所保护的其他基本权利在方式和效果上都具适用性，我们不能再任由这一权利因以执法之名的警察一时兴起选择终止享有这一权利的行为而消灭。我们基于理性和真理的判决，给予公民宪法所赋予的保障，而赋予警察亦不少于正式执法所应有的权力，给予法

（接上页注③）"warrant" and placed it in her bosom. A struggle ensued in which the officers recovered the piece of paper and as a result of which they handcuffed appellant because she had been "belligerent" [367 U. S. 643, 645] in resisting their official rescue of the "warrant" from her person. Running roughshod over appellant, a policeman "grabbed" her, "twisted [her] hand," and she "yelled [and] pleaded with him" because "it was hurting." Appellant, in handcuffs, was then forcibly taken upstairs to her bedroom where the officers searched a dresser, a chest of drawers, a closet and some suitcases. They also looked into a photo album and through personal papers belonging to the appellant. The search spread to the rest of the second floor including the child's bedroom, the living room, the kitchen and a dinette. The basement of the building and a trunk found therein were also searched. The obscene materials for possession of which she was ultimately convicted were discovered in the course of that widespread search.

At the trial no search warrant was produced by the prosecution, nor was the failure to produce one explained or accounted for. At best, "There is, in the record, considerable doubt as to whether there ever was any warrant for the search of defendant's home." 170 Ohio St., at 430, 166 N. E. 2d, at 389. The Ohio Supreme Court believed a "reasonable argument" could be made that the conviction should be reversed "because the 'methods' employed to obtain the [evidence] … were such as to 'offend' a sense of justice, "'" but the court found determinative the fact that the evidence had not been taken "from defendant's person by the use of brutal or offensive physical force against defendant." 170 Ohio St., at 431, 166 N. E. 2d, at 389 – 390.

The State says that even if the search were made without authority, or otherwise unreasonably, it is not prevented from using the unconstitutionally seized evidence at trial, citing Wolf v. Colorado, 338 U. S. 25 (1949), in which this Court did indeed hold "that in a prosecution in a State court for a State crime the Fourteenth Amendment [367 U. S. 643, 646] does not forbid the admission of evidence obtained by an unreasonable search and seizure." At p. 33. On this appeal, of which we have noted probable jurisdiction, 364 U. S. 868, it is urged once again that we review that holding.

院审判中必需的司法完整性。"① 若将警察此次行为认定为刑事诉讼法上的搜查行为，则并没有相应的搜查令；若认定为盘查中的搜查行为，警察的行为已完全超出盘查范围而侵害了马普的权利。在对可疑场所进行盘查时，也是以对人的怀疑为基础的，在相应范围内为保障自身安全进行嫌疑人可触及范围内的盘查。在本案中，警察在保障自身安全时，不允许马普的律师进入，这本身也是违法的，并且在没有证据的情况下大肆搜查其房屋，也严重侵害了公民权利。

二　交通盘查的范围

当然，盘查中常常遇到一种情况——"路检"，也就是警察对可疑车辆进行拦截、搜查的盘查行为。路检也会限制公民的人身自由，一定程度上对公民隐私权也有影响，因此其所涉及的范围也应具有相应规定。当警察设卡检查过往车辆时，如果发现车里的人有违法犯罪的"嫌疑"，为保证自身和周围人的生命安全，警察至少能适当地在该汽车范围内进行搜查，如工具袋和司机座椅下方。谈到这，又要提及"嫌疑人所能立即触及的范围"这一观点，警察对汽车范围内的搜查，也是因为这些地方是嫌疑人能直接触及的范围，是警察保护自身和周围他人人身安全的方式。

在 *Harris v. United States 390 U. S. 234*，（*1968*）案中，警察按照正常程序对一辆被扣押的用于抢劫的汽车进行检查。检查完成后，警察打开汽车车门

---

① 本案例原文：Having once recognized that the right to privacy embodied in the Fourth Amendment is enforceable against the States, and that the right to be secure against rude invasions of privacy by state officers is, therefore, constitutional in origin, we can no longer permit that right to remain an empty promise. Because it is enforceable in the same manner and to like effect as other basic rights secured by the Due Process Clause, we can no longer permit it to be revocable at the whim of any police officer who, in the name of law enforcement itself, chooses to suspend its enjoyment. Our decision, founded on reason and truth, gives to the individual no more than that which the Constitution guarantees him, to the police officer no less than that to which honest law enforcement is entitled, and, to the courts, that judicial integrity so necessary in the true administration of justice.

准备关闭车窗时看见受害者的汽车登记卡，后用该卡作为证据起诉。Harris
抗辩称，汽车登记卡是在无令状情况下被搜查出来的，属于非法证据。美国
联邦最高法院认为，只要警察合法地处于适当位置进行观察，在适当范围内
搜查到的物品都可以作为证据，因此此次搜查获得的证据是合法有效的。①
在威廉姆斯案中，警察得到线人的情报，被告坐在附近的一辆车里，带有
枪支和一定数量的毒品。警察对该辆汽车进行盘查，果然从汽车里面找到
了枪支和毒品。最高法院认为，警察的搜查行为是基于自身安全，并在规
定范围内行使，认定该搜查行为合法有效。② 那么，在警察认为需要对这辆
车进行盘查时，车上所有乘客以及司机是否都需要下车接受检查？在 1997
年的 Wilson 案件中，联邦最高法院认为，警察对车辆进行拦截盘查时，有权
要求驾驶员下车接受搜查，同时警察哪怕并没有怀疑乘客的依据，也有权要
求乘客下车接受同样的检查。那是因为，在进行车辆拦截搜查的过程中，除
了司机外，乘客的危险可能会更大。因为在人身自由方面，乘客要比司机更

---

① 本案例 *Harris v. United States*，390 U. S. 234，（1968）原文来源于 Justia US Supreme Court：
Harris v. United States，390 U. S. 234，（1968），https：//supreme. justia. com/cases/federal/
us/390/234/，2017 年 6 月 29 日访问。
原文：Syllabus：Pursuant to a departmental regulation, a police officer searched a impounded car held
as evidence of a robbery. The search completed, the officer opened the car door for the purpose of roll-
ing up a window and thus protecting the car and its contents. On opening the door, the officer saw, ex-
posed to plain view, the automobile registration card belonging to the victim of the robbery. This card
was used as evidence in petitioner's trial. Petitioner's conviction was affirmed by the Court of Appeals o-
ver his contention that the card had been illegally seized following a warrantless search.

② 本案例 *Adams v. Williams 407 U. S. 143*（1972）原文来源于 Findlaw，http：//caselaw. find-
law. com/us-supreme-court/407/143. html，2017 年 6 月 29 日访问。
原文：Syllabus：Acting on a tip supplied moments earlier by an informant known to him, a police officer
asked respondent to open his car door. Respondent lowered the window, and the officer reached into the
car and found a loaded handgun（which had not been visible from the outside）in respondent's waist-
band, precisely where the informant said it would be. Respondent was arrested for unlawful possession of
the handgun. A search incident to the arrest disclosed heroin on respondent's person（as the informant had
reported）, as well as other contraband in the car. Respondent's petition for federal habeas corpus relief was
denied by the District Court. The Court of Appeals reversed, holding that the evidence that had been used
in the trial resulting in respondent's conviction had been obtained by an unlawful search.

自由，从某种意义上说，其犯罪的可能性会更大，因此其更应该接受搜查，从而减少警察和周围人生命安全所受到的威胁。不过，虽然有时候并没有理由停止或扣留乘客，但作为一个实际问题，乘客已经因为车辆的停止而无法继续前行，因此，搜查行为给乘客带来的额外的损害是最小的。①

另外，警察实施盘查行为一般要在案发现场当场实施。因为警察实施盘查行为往往是以下几种情形：一是警察发现某人有违法嫌疑，但该嫌疑人还未来得及实施违法行为，例如特里案，警察根据其合理理由对其进行盘查；二是警

---

① 本案例 *Maryland v. Wilson*, *519 U. S. 408*（1997）原文来源于 Findlaw, http://caselaw. find-law. com/us-supreme-court/519/408. html, 2017 年 6 月 29 日访问。

原文：Syllabus：After stopping a speeding car in which respondent Wilson was a passenger, a Maryland state trooper ordered Wilson out of the car upon noticing his apparent nervousness. When Wilson exited, a quantity of cocaine fell to the ground. He was arrested and charged with possession of cocaine with intent to distribute. The Baltimore County Circuit Court granted his motion to suppress the evidence, deciding that the trooper's ordering him out of the car constituted an unreasonable seizure under the Fourth Amendment. The Maryland Court of Special Appeals affirmed, holding that the rule of Pennsylvania v. Mimms, 434 U. S. 106, that an officer may as a matter of course order the driver of a lawfully stopped car to exit his vehicle, does not apply to passengers.

Held：An officer making a traffic stop may order passengers to get out of the car pending completion of the stop. Statements by the Court in Michigan v. Long, 463 U. S. 1032, 1047 – 1048 (Mimms "held that police may order persons out of an automobile during a [traffic] stop" (emphasis added)), and by Justice Powell in Rakas v. Illinois, 439 U. S. 128, 155, n. 4 (Mimms held "that passengers … have no Fourth Amendment right not to be ordered from their vehicle, once a proper stop is made" (emphasis added)), do not constitute binding precedent, since the former statement was dictum, and the latter was contained in a concurrence. Nevertheless, the Mimms rule applies to passengers as well as to drivers. The Court therein explained that the touchstone of Fourth Amendment analysis is the reasonableness of the particular governmental invasion of a citizen's personal security, 434 U. S. , at 108 – 109, and that reasonableness depends on a balance between the public interest and the individual's right to personal security free from arbitrary interference by officers, id. , at 109. On the publicinterest side, the same weighty interest in officer safety is present regardless of whether the occupant of the stopped car is a driver, as in Mimms, see id. , at 109 – 110, or a passenger, as here. Indeed, the danger to an officer from a traffic stop is likely to be greater when there are passengers in addition to the driver in the stopped car. On the personal liberty side, the case for passengers is stronger than that for the driver in the sense that there is probable cause to believe that the driver has committed a minor vehicular offense, see id. , at 110, but there is no such reason to stop or detain passengers. But as a practical matter, passengers are already stopped by virtue of the stop of the vehicle, so that the additional intrusion upon them is minimal.

察偶遇案件的发生，临时采取紧急措施；三是警察在案件发生后或是根据线人报案在极短的时间内赶赴现场对嫌疑人采取限制人身自由的紧急措施。这三种情形都体现了一个共同的特征：紧急性。因此，在紧急状态下进行的盘查行为一般都应在现场立即处理，若确有需要则带回调查，但如果发现没有违法行为则应立即释放，这也是为了尽可能减少对公民权利的限制。当然，一旦出现违法犯罪嫌疑人逃跑等特殊情形，也允许突破此种空间限制。

第四节　警察盘查行为的程度

警察实施盘查行为应在一定限度内，不能超出必要限度。首先，盘查的强制力所作用的对象只能是相对表面的，例如对嫌疑人的搜查只能是"轻拍搜身"，或是脱下外套进行检查，而不可以强制其脱下贴身内衣进行搜身；对公众场所的搜查也只能是对场所表面的搜查，不能对场所里里外外进行彻底搜查，也要注意对物品的保护，减少因为搜查而带来的不必要的损失；当然对公民个人较为私密的处所比如公寓等更不可随意搜查，即使得到命令可以对其进行搜查也要考虑限度的问题。另外，对公民物品的搜查也应符合相应限度，只能局限于外部。

一　一眼看清规则

从此种情况看，警察盘查行为的程度似乎与盘查范围有重合部分，但是盘查程度更富有弹性，甚至在许多情况下，盘查是否符合限度，要根据当时的情况来判断。以 *Minnesota v. Dickerson*, *508. U. S. 366*, （*1993*）案为例。1989 年 11 月 9 日晚，两个 Minneapolis 警察在城市北边区域巡逻。大约在 20 点 15 分，其中一名警察观察到 Dickerson 离开这所有 12 个单元的公寓楼。这名警察在此之前接到过在这幢大楼走廊有毒品交易的举报，而且在有搜查令的前提下执行过好几次搜查，认为该建筑是一个臭名昭著的"裂纹房子"（"crack house"）。根据初审法院所采纳的证词，Dickerson开始是往警察的方向行走。但是当他看到巡警车并且与一名警察眼神接触之后，便突然停止行走而朝相反方向走去。这引起警察的怀疑，警察看着被调查者转身走进另一边公寓大楼的一条小巷。根据嫌疑人表面上的逃避行为和他刚刚离开以可卡因等毒品交易而出名的建筑的事实，警察决定让其停下进行进一步的调查。警察将其拦截并命令其停下接受拍身搜查。搜查显示并没有武器，但是警察证实说他觉察到在Dickerson的夹克口袋里有小的凸出物，通过手指的触摸他认为那是一包可卡因，然后他把手伸进口袋，摸出一小袋可卡因。Dickerson因此被逮捕而且在亨内平郡地区法院被控告持有违禁品。州最高法院认为警察的临时截停与轻拍搜身都是有效的，但是认为对可卡因的扣留是违宪的。①

---

① 本书案例 *Minnesota v. Dickerson*, *508. U. S. 366*, （1993），原文来源于 Cornell University Law School, https://www. law. cornell. edu/supct/html/91 −2019. ZO. html, 2017 年 6 月 30 日访问。

原文：On the evening of November 9, 1989, two Minneapolis police officers were patrolling an area on the city's north side in a marked squad car. At about 8：15 p. m. , one of the officers observed respondent leaving a 12 unit apartment building on Morgan Avenue North. The officer, having previously responded to complaints of drug sales in the building's hallways and having executed several search warrants on the premises, considered the building to be a notorious "crack house." According to testimony credited by the trial court, respondent began walking toward the police but, upon spotting the squad car and making eye contact with one of the officers, abruptly halted and began walking in the opposite direction. His suspicion aroused, this officer watched as respondent turned and entered an alley on the other side of the apartment building. Based upon respondent's seemingly evasive actions and the fact that he had just left a building known for cocaine traffic, the officers decided to stop respondent and investigate further. The officers pulled their squad car into the alley and ordered respondent to stop and submit to a patdown search. The search revealed no weapons, but the officer conducting the search did take an interest in a small lump in respondent's nylon jacket. The officer later testified："［A］s I pat searched the front of his body, I felt a lump, a small lump, in the front pocket. I examined it with my fingers and it slid and it felt to be a lump of crack cocaine in cellophane." Tr. 9（Feb. 20, 1990）. The officer then reached into respondent's pocket and retrieved a small plastic bag containing one fifth of one gram of crack cocaine. Respondent was arrested and charged in Hennepin County District Court with possession of a controlled substance.

联邦最高法院认为，"一眼看清"（plain-view）① 规则对该案例事实的适用表明，执行搜查的警察在获得可成立的理由去确信 Dickerson 的夹克里

---

① 〔美〕乔恩·R. 华尔兹在其《刑事证据大全》（第 2 版）（何家弘等译，中国人民公安大学出版社 2004 年 8 月第 1 版，第十章 "无理搜查与证据扣押隐私权的证据保护"，第七节 "搜查证一般要求的例外" 第 224 页）一书中曾根据 "柯立芝诉新罕布什尔州案（1971 年）" 中的多数意见分析总结符合 "一眼看清" 规则的三个条件。一是要求执行搜查的警察必须具有事先的独立的正当理由来证明自己确实处于能观察到所扣押证据的位置。二是要求执行扣押的警察必须立刻认识到所扣押的物品可以作为证据；换句话说，被扣押物品中包含的证据必须是警察立刻看得明白白白的。这个条件意在取消那些目的不明确的或者出于执行警察个人爱好的搜查。三是实施扣押的警察对该证据的发现必须是无意的（目前该要求已被法院舍弃，也就是说其实只有两个条件）。

对 Plain-view doctrine 英文词组的考究如下。

（一）*Black's Law Dictionary*（Tenth Edition）（Thomson Reuters. 2014 年第 10 版，第 308 页）

Clear-view doctrine. See PLAIN-VIEW DOCTRINE.

Black's Law Dictionary（2014 年第 10 版，第 1263 页）

Open-fields doctrine. （1963）Criminal procedure . The rule permitting a warrantless search of the area outside a property owner's curtilage；the principle that no one has a reasonable expectation of privacy in anything in plain sight. · Unless there is some other legal basis for the search，it must exclude the home and any adjoining land（such as a yard）that is within an enclosure or otherwise protected from public scrutiny. — Also termed open-field doctrine；open-fields rule. Cf. PLAIN-VIEW DOCTRINE.

Black's Law Dictionary（Tenth Edition）（Thomson Reuters. 2014 年第 10 版，第 1336 页）

Plain-sight rule. See PLAIN-VIEW DOCTRINE.

Black's Law Dictionary（Tenth Edition）（Thomson Reuters. 2014 年第 10 版，第 1336 页）

Plain-view doctrine. （1963）Criminal procedure. The rule permitting a police officer's warrantless seizure and use as evidence of an item seen in plain view from a lawful position or during a legal search when the officer has probable cause to believe that the item is evidence of a crime. · Although some states hold that the plain-view discovery must be inadvertent，the U. S. Supreme Court has held that the viewing need not to be inadvertent. Horton v. California，496 U. S. 128，110 S Ct. 2301（1990）. —Also termed Clear-view doctrine；plain-sight rule. Cf. OPEN-FIELDS DOCTRINE.

（二）《兰登书屋袖珍英汉法律词典》（上海外语教育出版社 2002 年 3 月第 1 版，第 290 页）

Plain view doctrine, the principle that police who are lawfully in a place do not need a search warrant to seize evidence of crime that is in plain view,；similarly, an officer may seize evidence obvious to the touch in the conduct of a lawful patdown for weapons. 显眼证据的原则。

（三）《韦氏法律词典》（中国法制出版社 2014 年 1 月第 1 版，第 361 页和第 362 页）

（转下页注）

的凸状物是违禁品时，并没有在特里案所确定的合法的范围内行事。根据州最高法院的记录可知，警察从来没有想到这个凸状物是一个武器，但也

（接上页注①）Plain view n 1：a location or field of perception in which something is plainly apparent. 2：a doctrine that permits the search, seizure, and use of evidence obtained without a search warrant when such evidence was plainly perceptible in the course of lawful procedure and the police had probable cause to believe it was incriminating— see also INADVERTENTDISCOVERY；compare FRUIT OF THE POISONOUS TREE.

（四）《元照英美法词典》（缩印版）（北京大学出版社 2013 年 10 月缩印版，第 1057 页）

Plain view doctrine 一眼看清原则 按照此项原则，警方在有合法根据进入的场所，无意中发现有关犯罪的物件，并一眼认出与犯罪有关，可即时予以扣押，并可将此物件作为证据提出，但警方不得以此原则为借口扩大搜查范围，以图获取犯罪证据。

（五）《英汉法律词典》（第 4 版）（法律出版社 2012 年 10 月第 4 版，第 824 页）

Plain view doctrine 显明观点说，指警察执行任务时，偶然遇到与犯罪有关的东西，他无须授权即有权没收该项物品并在刑事审判中作为证据提供。

（六）*Barron's Law Dictionary*（Barron's Educational Series Inc., U. S. 1996 年第 4 版，第 372 页）

PLAIN VIEW an exception to the general requirement of a valid search warrant to legitimize a search or seizure. "A search implies a prying into hidden places for that which is concealed, and it is not a search to observe that which is open to view." 193 N. E. 202, 203. Thus, it is not a search for an officer to observe or hear something by one of his natural senses, 474 F 2d 1071, nor when common means of enhancing the senses such as a flashlight, 422 F. 2d 185, or binoculars, 319 N. E. 2d 332, are used. But the use of such devices may be so intrusive as to constitute a search in the case of a high-powered telescope, or x-ray machine, 495 F. 2d 799. See LaFave & Scott, Search and Seizure § 2. 2 (2d ed. 1987). For a plain view seizure to be reasonable the officers must satisfy two requirements：first there must be legal justification to be in the position in which seizable property is observed；secondly, it must be immediately apparent that the item is subject to seizure. 110 S Ct. 2301, 2308. See search or seizure.

（七）《英汉法律用语大辞典》（法律出版社 2005 年 1 月第 1 版，第 878 页）

Plain view doctrine 显明观点原理指允许警察无令状扣押在搜查时认为是犯罪证据的物品，且将之作为证据使用之原理，也称为 clear view doctrine, plain-sight rule。

（八）*Black's Law Dictionary*（West Publishing Co. 1979 年第 5 版，第 1036 页）

Plain-view doctrine. In search and seizure context, objects falling in plain view of officer who has the right to be in position to have that view are subject to seizure without a warrant and may be introduced in evidence. Harris v. U. S. 390 U. S. 234, 236, 88 S Ct. 992, 993, 19 L. Ed. 2d 1069. Under "plain view doctrine," warrantless seizure of incriminating evidence may be permitted when police are lawfully searching specified area if it can be established that police had prior justification for intrusion into area searched, that police inadvertently came across item seized, and that it was immediately apparent to the police that the item seized was evidence. Smith v. State, 33 Md. App. 407, 365 A. 2d 53, 55.

（九）《朗文英汉法律词典》（第 7 版）（法律出版社 2007 年 10 月第 1 版）

无 plain-view doctrine, clear-view doctrine, plain-sight rule 等词条。

没有立即意识到这是可卡因。相反，警察是在把手放进 Dickerson 的口袋后确定那块凸状物是违禁品，而且控制了口袋里的物品。虽然特里案赋予警察可以把手放在被调查者的夹克上并且感觉口袋里的凸状物的资格，但是警察在断定没有武器之后对口袋的进一步调查，是与特里案中搜查的唯一正当理由无关的。因为此处的进一步搜查在宪法上是无效的，紧接着对可卡因的扣留同样也是不符合宪法规定的。可见，该案中警察的搜查可卡因的行为超过必要限度，在特里案中，警察根据其合理怀疑对特里进行拦截盘问，又从保护自身免受武器威胁的角度对特里进行拍身搜查以查找武器。然而，此案中警察已搜查并确认没有武器，仍对口袋的凸状物体产生兴趣而对其搜查，便超出特里案规定的盘查限度，必然是不合法的。

二　关联性标准与自由裁量

在 2005 年发生的米勒尔案中，基于对武装危险分子嫌疑人的搜查，还在睡梦中的美国永久居民米纳等人被持有搜查令的警察戴铐扣留并搜查其住所，并在扣留中质问米纳的移民身份。

法院认为，在萨默斯案中，警察在执行违禁品的搜查令时有权"在进行合理搜查的前提下扣留居住者"，此类扣留是合理的，因为由扣留引起的额外的人格侵犯是轻微的，而扣留的理由则是充足的。很明显，扣留一个人要比搜查本身带来的侵犯性小，搜查证的存在使中立的法官认为搜查房屋一定存在合理的理由。为了防止这种所谓的附加侵犯，法院设定了三种合法的强制执行利益（legitimate law enforcement interests）为扣留一个人提供充足的理由：一是"防止案件中发现的证据消失"，二是"最大限度降低警察受到伤害的风险"，三是有利于"搜查有序的完成"，因为，自我利益可能导致被扣留者打开房门或者是锁上封闭场所以避免遭受强制力。事实上，如果从相反的方面来看，假设警察不对其进行扣留，若米纳是个残暴的罪犯，警察就将自己和周围人的人身安全置于危险之中，若每一次搜查之前都过分考虑相对人可能不是嫌疑人而不尽快先采取措施，只怕警察执法时会受到更多的伤害；当事人的人权保障的确是重要方面，但也不能以将警察生命安全置于危险境地为代价；而且在迟延检查会造成人身伤害危险或者销毁证据等紧急情况下，也可以不要令状，直接实施检查，更何况现在是有该令状的。① 当然，笔者认为警察在搜查过程中对额外的财物损害应予以补偿，虽然警察是有搜查令的合法搜查但还是对公民的人身和财物造成了一定损害，因此应给予一定补偿，因为，从另一个角度来说，这可以视为公民为社会公共利益的需要而作出的"牺牲"。

根据萨默斯案，对米纳的扣留显然是被允许的，警察在搜查中有权附带扣留是无可争议的；不依赖于证明合理扣留的证据之多寡或是扣留所造成的侵害程度。因此，根据萨默斯案，米纳在搜查中被持续扣留是合理的，因为在帕特丽夏大道 1363 号的搜查有合法令状，她当时是被搜查场所中的一个居民。

萨默斯案中的授权扣留搜查场所的居民，其实质是允许通过强制力来实行扣留。"第四修正案法理学早就意识到有权进行逮捕或停止侦查必然有权使用某种程度的身体强制或者威胁来达到目的。"事实上，萨默斯案本身强调的是，"如果警察经常执行毋庸置疑的情形检查"，警察和居民受危害的风险就会降到最低。

警察用手铐作为强制力手段将米纳及其他三个人扣留在车库里是合理的，因为政府利益大于边缘性侵害（the marginal intrusion）。之前在房屋搜

---

① 转引自余凌云《对不确定的法律概念予以确定化之途径——以警察盘查权的启动条件为例》，《法商研究》2009 年第 2 期。原引为 See Rachel Karen Laser, "Unreasonable suspicion: Relying on Refusals to Support Terry Stops", vol. 62, *The University of Chicago Law Review*, 1995。对于这种理由，其实我们并不陌生。如果转换成为我们所熟悉的理论，就是比例原则（来源于该文章第 65 页，注释 12）。

查中，米纳已经被合法扣留，除了被扣留在改装车库里，对米纳强制使用手铐无疑构成了一个单独的侵犯行为；因此警察对米纳的扣留相比之前支持的萨默斯更有侵犯性。

但是，这并不是普通搜查。当搜查证被授权搜查武器和住在室内的犯罪分子时，政府利益达到最大化——不仅仅可适用扣留，还可以使用手铐。在这种固有的危险形势下，手铐的使用能最大限度地降低警察和居民受伤的风险。虽然执行搜查武器的搜查令的固有安全风险足以证明使用手铐的合理性，但是需要扣留多个人才能使手铐的使用更具合理性。

米纳辩称，即使初始时用手铐将她扣留在车库中是合理的，但是持续对其使用手铐也使得扣留变得不合理。当然，持续的扣留会影响格雷厄姆案所提出的利益平衡（the balance of interests）。然而，在本案中连续两三个小时的戴铐扣留并不及政府的固有安全利益重要。正如我们已经指出，这个案子涉及两名警察为搜索危险武器而在犯罪团伙藏身地点中扣留的四名人员。我们得出的结论是米纳在搜查中被戴铐扣留是合理的。正如前面所说的，连续两三个小时的戴铐扣留其实也并未超过必要限度，因为在此过程中警察在搜查一切可疑地方，以排除自身和周围他人的人身安全威胁。如若此时，警察将其铐在车库几个小时，自己没有做任何工作，或是说没有做比此事更紧急的工作，那就是严重失职行为，自然也超出盘查限度，似乎应承认违法，然而本案中并没如此，甚至与之相比，警察的搜查行为更显重要。

上诉法院也认为，警察在扣留米纳期间对其询问移民身份侵犯了米纳的宪法第四修正案中的权利。很显然，这种论断是建立在假设警察需要有独立的合理怀疑才能询问米纳的移民身份的前提之下的，因为询问构成一个单独的侵犯宪法第四修正案的行为。但是这种前提是错误的。法院"一再认为警察的单纯的询问不能算是扣留"，即使警察在没有根据的时候怀疑一个人，通常情况下他们也可以问那个人一些问题，要求核查那个人的身份，要求配合搜查他或她的行李。由于上诉法院认为询问没有延长扣留时间，不存在宪法第四修正案含义范围内的额外扣留，因此，警察无须有合理的怀疑才能询问米纳的名字、出生地点或者移民身份。

法院在伊利诺伊州诉卡伯莱丝案中提出新的建设性观点。在那个案件中，他们认为在交通拦截期间，利用狗嗅完成的搜寻没有违反宪法第四修正案。我们注意到一个合法的扣留"如果超过规定完成任务的合理时间，则会变成违法的"，但还是接受了州法院的决定，交通拦截的时间没有因狗嗅搜寻而延长。因为我们认为狗嗅不是以宪法第四修正案为限制条件的搜查，我们反对认为"目的转换"（the shift in purpose）"从合法的交通拦截转变为毒品搜查"是不合法的观点，因为它"缺乏任何合理怀疑的支持"。同样如此，萨默斯最初的被扣留是合法的，上诉法院不认为询问延长了米纳被扣留的时间，因此，对于米纳移民身份的询问不需要额外地论证宪法第四修正案适用的合法性。

总而言之，警察在执行搜查令时对米纳使用手铐扣留是合理的，没有违反宪法第四修正案。而且，警察对米纳的询问并未构成一个单独的对宪法第四修正案的违反。就像之前在上诉法院那样，米纳在本次庭审中提出另一观点以维持以下的判决；她声称警方对她的扣留已超过警察完成任务的时间；由于上诉法院并未涉及此争辩，法庭对此亦未做讨论。①

---

① 本书案例 *Michigan v. Summers*, 452 U. S. 692（1981），原文来源于 Justia US Supreme Court：In Michigan v. Summers, 452 U. S. 692（1981），https://supreme. justia. com/cases/federal/us/452/692/case. html，于 2017 年 6 月 30 日访问。

原文：We held that officers executing a search warrant for contraband have the authority "to detain the occupants of the premises while a proper search is conducted." Id. , at 705. Such detentions are appropriate, we explained, because the character of the additional intrusion caused by detention is slight and because the justifications for detention are substantial. Id. , at 701 - 705. （转下页注）

　　其实，联邦最高法院认为，当一个中立的法官认为警察有合理的理由相信违禁品的存在时，仅依靠"人和房子的关联"就足以"证明此人被扣留的合法性"，因此，即使米纳未被列为犯罪嫌疑人，并且搜查证针对的

（接上页注①）We made clear that the detention of an occupant is "surely less intrusive than the search itself," and the presence of a warrant assures that a neutral magistrate has determined that probable cause exists to search the home. Id. , at 701. Against this incremental intrusion, we posited three legitimate law enforcement interests that provide substantial justification for detaining an occupant： "preventing flight in the event that incriminating evidence is found"； "minimizing the risk of harm to the officers"； and facilitating "the orderly completion of the search," as detainees' "self-interest may induce them to open locked doors or locked containers to avoid the use of force." Id. , at 702 – 703.

Mena's detention was, under Summers, plainly permissible. 1 An officer's authority to detain incident to a search is categorical；it does not depend on the "quantum of proof justifying detention or the extent of the intrusion to be imposed by the seizure." Id. , at 705, n. 19. Thus, Mena's detention for the duration of the search was reasonable under Summers because a warrant existed to search 1363 Patricia Avenue and she was an occupant of that address at the time of the search.

Inherent in Summers' authorization to detain an occupant of the place to be searched is the authority to use reasonable force to effectuate the detention. See Graham v. Connor, 490 U. S. 386, 396 (1989) ("Fourth Amendment jurisprudence has long recognized that the right to make an arrest or investigatory stop necessarily carries with it the right to use some degree of physical coercion or threat thereof to effect it"). Indeed, Summers itself stressed that the risk of harm to officers and occupants is minimized "if the officers routinely exercise unquestioned command of the situation." 452 U. S. , at 703.

The officers' use of force in the form of handcuffs to effectuate Mena's detention in the garage, as well as the detention of the three other occupants, was reasonable because the governmental interests outweigh the marginal intrusion. See Graham, supra, at 396 – 397. The imposition of correctly applied handcuffs on Mena, who was already being lawfully detained during a search of the house, was undoubtedly a separate intrusion in addition to detention in the converted garage. 2 The detention was thus more intrusive than that which we upheld in Summers. See 452 U. S. , at 701 – 702 (concluding that the additional intrusion in the form of a detention was less than that of the warrant-sanctioned search); Maryland v. Wilson, 519 U. S. 408, 413 – 414 (1997) (concluding that the additional intrusion from ordering passengers out of a car, which was already stopped, was minimal).

But this was no ordinary search. The governmental interests in not only detaining, but using handcuffs, are at their maximum when, as here, a warrant authorizes a search for weapons and a wanted gang member resides on the premises. In such inherently dangerous situations, the use of handcuffs minimizes the risk of harm to both officers and occupants. Cf. Summers, supra, at 702 – 703 (recognizing the execution of a warrant to search for drugs "may give rise to sudden violence or frantic efforts to conceal or destroy evidence"). Though this safety risk （转下页注）

重点是特定区域和不动产，仍可根据米纳是这一房子的主人而对其进行合法的扣留、询问。本案中最重要的一点是警察在调查一个开枪射击的犯罪团伙，人身危险性非常大，在此前提下，警察的系列行为都是为保障生命安全而采取的措施，自然符合限度。因此，警察实施盘查行为应符合相应

（接上页注①）inherent in executing a search warrant for weapons was sufficient to justify the use of handcuffs, the need to detain multiple occupants made the use of handcuffs all the more reasonable. Cf. Maryland v. Wilson, supra, at 414（noting that "danger to an officer from a traffic stop is likely to be greater when there are passengers in addition to the driver in the stopped car"）.

Mena argues that, even if the use of handcuffs to detain her in the garage was reasonable as an initial matter, the duration of the use of handcuffs made the detention unreasonable. The duration of a detention can, of course, affect the balance of interests under Graham. However, the 2 – to 3-hour detention in handcuffs in this case does not outweigh the government's continuing safety interests. As we have noted, this case involved the detention of four detainees by two officers during a search of a gang house for dangerous weapons. We conclude that the detention of Mena in handcuffs during the search was reasonable.

The Court of Appeals also determined that the officers violated Mena's Fourth Amendment rights by questioning her about her immigration status during the detention. 332 F. 3d, at 1264 – 1266. This holding, it appears, was premised on the assumption that the officers were required to have independent reasonable suspicion in order to question Mena concerning her immigration status because the questioning constituted a discrete Fourth Amendment event. But the premise is faulty. We have "held repeatedly that mere police questioning does not constitute a seizure." Florida v. Bostick, 501 U. S. 429, 434（1991）; see also INS v. Delgado, 466 U. S. 210, 212（1984）. "［E］ven when officers have no basis for suspecting a particular individual, they may generally ask questions of that individual; ask to examine the individual's identification; and request consent to search his or her luggage." Bostick, supra, at 434 – 435（citations omitted）. As the Court of Appeals did not hold that the detention was prolonged by the questioning, there was no additional seizure within the meaning of the Fourth Amendment. Hence, the officers did not need reasonable suspicion to ask Mena for her name, date and place of birth, or immigration status.

Our recent opinion in Illinois v. Caballes, 543 U. S. _____（2005）, is instructive. There, we held that a dog sniff performed during a traffic stop does not violate the Fourth Amendment. We noted that a lawful seizure "can become unlawful if it is prolonged beyond the time reasonably required to complete that mission," but accepted the state court's determination that the duration of the stop was not extended by the dog sniff. Id., at _____（slip op., at 2 – 3）. Because we held that a dog sniff was not a search subject to the Fourth Amendment, we rejected the notion that "the shift in purpose" "from a lawful traffic stop into a drug investigation" was unlawful because it "was not supported by any reasonable suspicion." Id., at _____（slip op., at 3 – 4）.

Likewise here, the initial Summers detention was lawful; the Court of Appeals did （转下页注）

限度，但是对盘查行为的限度无法进行统一的规定，应根据当时案件的具体情况来判断。由此，又回到了我们常说的自由裁量性问题，什么情况下属于符合限度，什么情况下就超出了限度。有些情况下盘查限度的标准非常明显，一般人都可判断，但有些情况模糊不定，需要警察根据自己的职业经验和当时情形进行裁量，那么警察在实施盘查行为时又需要遵循哪些原则以确保裁量的准确性呢？这就需要对警察盘查行为的原则和人权保障进行探讨。

（接上页注①）not find that the questioning extended the time Mena was detained. Thus no additional Fourth Amendment justification for inquiring about Mena's immigration status was required. 3 In summary, the officers' detention of Mena in handcuffs during the execution of the search warrant was reasonable and did not violate the Fourth Amendment. Additionally, the officers' questioning of Mena did not constitute an independent Fourth Amendment violation. Mena has advanced in this Court, as she did before the Court of Appeals, an alternative argument for affirming the judgment below. She asserts that her detention extended beyond the time the police completed the tasks incident to the search. Because the Court of Appeals did not address this contention, we too decline to address it. See Pierce County v. Guillen, 537 U. S. 129, 148, n. 10 (2003); National Collegiate Athletic Assn. v. Smith, 525 U. S. 459, 469 –470 (1999).

第七章

警察盘查的原则与人权保障

　　从法理上说，法律原则是指"法律上规定的用以进行法律推理的准则"。它们并不是法律规则，既没有规定确定的事实状态，也没有规定具体的法律后果，但在创制、理解、适用法律过程中是必不可少的。[①]　"人权"一词最初是在法国《人权宣言》中被提出的，当然，历史上关于人权保护的思想可以追溯很远，早在古希腊古罗马时期，就曾经有根据自然界规律性推导出人类的普遍理性，并由人人具有理性而确认人的平等权利的观点。[②]　文艺复兴时期，霍布斯、菲尔曼、洛克、萨维尼等一批思想家高举人权的大旗，将人权理论上升到一个新的高度。其中卢梭的"天赋人权"，孟德斯鸠的法治民主思想以及意大利作家皮科·德拉·米朗多拉的那本被称为"人文主义宣言"的《关于人的尊严的演说》，都为人类人权事业的发展奠定了基础。直至法国的《人权宣言》以及美国《独立宣言》才正式将人权以国家纲领性文件的形式固定下来。人权具体是指在一定的社会历史条件下每个人按其本质和尊严享有或应该享有的基本权利。警察实施盘查行为本质是为保障公共利益，维护公共秩序。社会是由单个的人组成的，只有对个人权利给予充分合理的保护和尊重，才能实现对社会公共权益的保护。作为一个国家法律的核心和龙头，几乎每一部宪法都是一部人权保障法。

[①]　胡乔木等编著《中国大百科全书·法学》（修订版），中国大百科全书出版社 2006 年 1 月第 1 版，第 82 页。

[②]　徐秀义、韩大元：《现代宪法学基本原理》，中国人民公安大学出版社 2001 年版，第 192 页。

第一节　警察盘查的原则

在前文论述中，笔者提到美国根据其判例而确立的几种规则，例如特里案中的"合理怀疑"规则、Dickerson 案中所提到的"一眼看清"规则、*Sibron v. Newyork* 案中提到的"立即可触及"（immediate control doctrine）规则以及 Place 案和 *United States v. Sharpe* 案中所共同体现出的"综合考量"规则。① 美国最高法院通过大量的判例总结出许多相应的规则，但笔者认为，再多的规则都离不开基本原则做支撑，其中最重要的是合法性原则、合理性原则、比例原则、公益性原则这四个原则。

一　合法性原则

在研究合理性原则、比例原则、公益性原则之前，先来探讨其基础原则——合法性原则。之所以要先说合法性原则，是因为合法性原则在各项原则中处于基础地位，是始终贯穿立法、执法、司法的原则；而且只有确保该行为是合法行为才会考虑后面的是否合理以及是否遵循比例原则等等；若一个行为首先是不合法的，则就没有必要再考虑之后的其他方面。合法性原则是指行政权的存在、行使必须依据法律，符合法律，不得与法律相抵触。② 合法性原则是法治原则的核心内容，任何国家机关的行为都应当具有合法性，而且由于行政行为带有执行性的特点，因而更要求具有合法性。不仅如此，行政法上的诸如行政复议制度、行政诉讼制度、国家

---

① 胡建刚：《美国盘查制度研究》，《中国人民公安大学学报》（社会科学版）2012 年第 3 期，第 66 页。

② 罗豪才、湛中乐主编《行政法学》（第 3 版），北京大学出版社 2012 年 1 月，第一章"绪论"第三节"行政法基本原则"，第 29 页。

赔偿制度等许多制度都是根据合法性原则进行设计的。① 合法性原则也是
行政行为目的得以实现的保障,可以确保行政活动建立在理性的法律规则
之上,免受个人意志的干预。

　　合法性原则在不同国家都有规定,但理解各有不同。例如,在英国,
行政法治原则是指政府的一切活动必须遵循法律,且保证法律的公正与平
等;最重要的是,在英国法治原则不仅仅包含合法性原则,还要求法律必
须符合一定标准,具备一定内容。在美国,依法行政的构成要素主要表现
为基本权利和正当程序。基本权利主要指一切组织和个人都必须服从法
律,并且旨在保护人类固有的基本权利。至于正当程序,则是指法律的实
施应当通过一种正当的程序进行。在法国,行政法治主要是指行政行为的
作出必须根据法律(也就是说在法定权限内)、符合法律(要符合法律所
授权的目的、程序和条件)以及采取相应措施以保证法律规范的实施。在
日本,主要是通过法律优先、法律保留和司法审查三方面予以体现。②

　　合法性原则有两个重要的基本内容,即法律优先和法律保留。法律优
先这一概念最早由德国行政法学家奥托·迈耶提出,其是指一切的行政行
为都不得与法律抵触,行政机关也不能采取与法律相抵触的任何措施,法
律与任何行政行为相比都处于最高的位阶,其根本目的是要禁止违法的行
政行为。关于法律保留,其来源于 19 世纪的"干涉行政",是随着宪政工
具而发展起来的一项重要原则。其最初的意义是指行政机关如果对私人的

---

① 胡锦光主编《行政法与行政诉讼法》(第 3 版),中国人民大学出版社 2014 年 1 月,第一
　章"行政法概述"第五节"行政法的基本原则",第 13 页。
② 参照马怀德主编《行政法学》(第 2 版),中国政法大学出版社 2009 年 8 月第 2 版,第二
　章"行政法的基本原则"第三节"依法行政原则"第三段。作者在编写本节内容时参照
　了以下四本书籍。(1)王名扬:《英国行政法》,中国政法大学出版社 1987 年版,第 11
　页。(2)王名扬:《美国行政法》,中国政法大学出版社 1995 年版,第 114 ~ 116 页。(3)
　王名扬:《法国行政法》,中国政法大学出版社 1989 年版,第 196 ~ 198 页。(4)和田英
　夫:《现代行政法》,倪建民等译,中国广播电视出版社 1993 年版,第 27 ~ 28 页。笔者
　对马怀德老师主编的《行政法学》(第 2 版)进行了研读,加入了自己的理解。

财政和自由进行干预，必须得到议会所指定的法律的明确授权，否则就构成违法。随着行政权的不断扩张以及现代行政的发展，法律保留对行政控制的范围和程度也发生了变化。现代意义上的法律保留是指在特定范围内对行政自行作用的排除；也就是说其是指宪法规定将某些事项交由民意代表机关来制定，而其他国家机关均无权制定。所以说，美国宪法第一修正案就是典型的宪法保留，就是"国会不得制定关于下列事项的法律：确立国教或禁止信教自由；剥夺言论自由或出版自由；或剥夺人民和平集会和向政府请愿申冤的权利"①。警察实施盘查行为首先的一条就是必须遵循合法性原则，严格按照法律规定执行盘查行为，当然法官在审理盘查案件时也应严格遵守合法性原则予以裁判。

二　合理性原则

行政法中的合理性原则是指行政行为的内容要客观、适度、合乎理性。合理性原则产生的主要原因是行政裁量权的存在。行政裁量权是指在法律规定的条件下，行政机关根据其合理的判断，决定作为或不作为，以及如何作为的权力。② 例如特里案中所确立的"合理怀疑"规则，就要求警察在实施盘查行为时依据其职业经验和具体情况进行合理判断，从而形成"合理怀疑"的理由，并有相应证据可以证明其怀疑的合理性。当然，还应合理行使自由裁量权，在相应范围内行使，不得无限扩大范围并且额外扩大相对人的损失。不仅如此，在 Place 案中，警察延长搜查时间亦是不合理的表现，马普案中警察强行进入其住宅并搜查她的衣橱、抽屉、壁

---

① 原文条款：Congress shall make no law respecting an establishment of religion, or prohibiting the free exercise thereof; or abridging the freedom of speech, or of the press; or the right of the people peaceably to assemble, and to petition the Government for a redress of grievances（来源于全球法律法规网：http://policy. mofcom. gov. cn/）。

② 罗豪才、湛中乐主编《行政法学》（第3版），北京大学出版社2012年1月，第31页。

橱和几个手提箱也并不合理，但同样是强行闯入并搜查，在米纳案中，警察因为被侦查案件的危险性较大，自身和周边人的安全可能受到威胁，而采取紧急的搜查并限制相对人自由权的措施反而是合理的。也就是说，合理性原则就是要求警察在特定的情况下，根据自己的专业判断和实践经验，给予合理的事实理由证据对嫌疑人进行拦截、搜查，并在时间、地点、程度、范围等方面均保持一定的合理性。

那么，"合理"的判断标准又是什么呢？在之前的特里案中提到过，所谓的"合理"，就是一定要准确把握公权力与公民权利之间的利益，并且应着重考虑采取强制措施的强制性及其对公民造成的损害，并且根据具体情况具体分析警察实施该措施是否合理。法院基于"合理性"准则来评判警察的行为是否合法性时，除了要考量当时的客观证据外，仍需注重警察"专业"的观察和直觉反应，尊重现场执法警察的反应和行为。同为闯入私宅搜查，米纳案是合理的，但马普案是不合理的；同样，这是行政合理性原则的一个重要内容，即行政行为应建立在正当考虑的基础上。这也就是下一部分所重点探讨的合理性原则的重要子原则——比例原则，但是在探讨比例原则之前还需先来理解另一个重要的子原则——程序正当原则。[①]

程序正当原则发轫于英国自然公正理念，后来被美国所继承，美国宪

---

① 罗豪才、湛中乐老师在《行政法学》（第3版）（北京大学出版社2012年1月）第一章"绪论"第三节"行政法的基本原则"，第三部分行政合理性原则中将合理性原则的具体内容分为五个方面，分别是：（1）行政行为应符合立法目的；（2）行政行为应建立在政党考虑的基础上，不得考虑不相关因素；（3）平等适用法律规范，不得对相同事实给予不同对待；（4）符合自然规律；（5）符合社会道德。并且提到"随着行政法治的发展，合理性原则已经延伸出若干更加具体的、相对成熟而有其独立含义的子原则"，分别是行政公开原则、行政公正原则和比例原则。行政公开原则在这里不做过多的探讨，比例原则在下一部分重点探讨。关于程序公正原则，主要是指公正、公平、合理地对待行政相对人和处理行政管理事项，主要分为实体公正和程序公正两部分。实体公正就是在内容上必须达到不徇私情、不存偏见、不武断专横。而程序公正是本节探讨的重点，程序公正在学理上也可归为"正当法律程序原则"，笔者予以重点讨论。

法第五①和第十四修正案②对其冠以正当程序并做了明确的规定。此后，西方国家逐步接受和确立了这一原则，特别是在 20 世纪 40 年代以后，随着各国行政程序法的制定，程序正当已经成为很多国家行政法的基本原则。③有关警察盘查行为的程序正当问题，笔者认为有以下几个方面。第一，立法机关在制定相应盘查规则时应符合相应程序，包含专家咨询、听证程序等广泛吸收社会公众意见。第二，警察在实施盘查行为时应严格按照规定的程序。启动盘查程序时，应遵循启动标准，在我国即为对"有违法犯罪嫌疑的人员"才可启动盘查程序；另外，盘查之前，应按照规定出示证件，告知对方权利义务以及救济途径；还应注意相应的程度和范围，不得损害当事人权益；在结果方面，如果符合继续盘查的条件，则要按照规定带至公安机关继续盘查，或是实施其他强制措施需要相应的审批手续，如

---

① 美国宪法第五修正案：无论何人，除非根据大陪审团的报告或起诉书，不受死罪或其他重罪的审判，但发生在陆、海军中或发生在战时或出现公共危险时服役的民兵中的案件除外。任何人不得因同一犯罪行为而两次遭受生命或身体的危害；不得在任何刑事案件中被迫自证其罪；不经正当法律程序，不得被剥夺生命、自由或财产。不给予公平赔偿，私有财产不得充作公用。原文：No person shall be held to answer for a capital, or otherwise infamous crime, unless on a presentment or indictment of a Grand Jury, except in cases arising in the land or naval forces, or in the Militia, when in actual service in time of War or public danger; nor shall any person be subject for the same offense to be twice put in jeopardy of life or limb; nor shall be compelled in any criminal case to be a witness against himself, nor be deprived of life, liberty, or property, without due process of law; nor shall private property be taken for public use, without just compensation（来源于全球法律法规网，http://policy. mofcom. gov. cn/）。

② 美国宪法第十四修正案第一款：所有在合众国出生或归化合众国并受其管辖的人，都是合众国的和他们居住州的公民。任何一州，都不得制定或实施限制合众国公民的特权或豁免权的法律；不经正当法律程序，不得剥夺任何人的生命、自由或财产；在州管辖范围内，也不得拒绝给予任何人以平等法律保护。原文：All persons born or naturalized in the United States, and subject to the jurisdiction thereof, are citizens of the United States and of the State wherein they reside. No State shall make or enforce any law which shall abridge the privileges or immunities of citizens of the United States; nor shall any State deprive any person of life, liberty, or property, without due process of law; nor deny to any person within its jurisdiction the equal protection of the laws（来源于全球法律法规网，http://policy. mofcom. gov. cn/）。

③ 参照马怀德主编《行政法学》（第 2 版），中国政法大学出版社 2009 年 8 月，第二章"行政法的基本原则"第六节"程序正当原则"，第 57 页。

果查证并无违法犯罪情节则应立即放行，不得违法留置。第三，法官在审理盘查案件时也应符合相应程序规定，比如举证责任分配问题、不得自证其罪问题等等。

三　比例原则

比例原则是指行政机关在采取某项措施时，必须权衡公共利益目标的实现和个人或组织合法权益的保障，若为了实现公共利益目标而可能采取对个人或组织不利的措施时，应将不利影响限制在尽可能小的范围内，而且要保持二者之间适度的比例。① 比例原则作为一项法律原则真正出现在公法领域是在 19 世纪，主要集中在警察法内。1802 年德国学者贝格出版的《德国警察法手册》一书中提出，"行政权追求公益应有凌越私益的优越性，但行政权力对人民的侵权必须符合目的性，并采行最小侵害之方法"，也即"比例原则"。② 比例原则还有三个要求即适当、必要和均衡，也就是要求警察在实施盘查行为时应遵循适当、必要、均衡的原则。首先，警察在实施盘查行为时必须能够实现其所宣称的目的，或者至少有助于目的的实现。在万毅老师的《盘查程序研究》一书中，提到过这样一段警察在盘查时与当事人的对话③：

> 当事人：为什么要检查？
>
> 警察：为了通缉逃犯。
>
> 当事人：我是罪犯吗？
>
> 警察：不是。

---

① 罗豪才、湛中乐主编《行政法学》（第 3 版），北京大学出版社 2012 年 1 月，第 33 页。

② 参照马怀德主编《行政法学》（第 2 版），中国政法大学出版社 2009 年 8 月，第二章"行政法的基本原则"第四节"比例原则"，第 51 页。

③ 万毅、艾明、刘宁等：《盘查程序研究》，上海三联书店 2015 年版，第 142 页。该书此页脚注中注明，对话源自 www.fl365. com/nhlaw/bbs/topic. asp？TOPIC_ID = 167382&FORUM_ID = 47。

当事人：那我有犯罪嫌疑吗？

警察：没有。

当事人：既然没有为什么要检查？

警察：……

可以判断，此次警察的盘查行为并没做到盘查行为有助于目的的实现，警察从始至终都没有认为这位当事人有任何的嫌疑，因此警察的盘查行为可以看作一次毫无目的、毫无原则的随意搜查行为，这严重影响公民的合法权益，更没有遵守比例原则。其次，警察在实施盘查行为时还应满足必要性要求，也就是说警察采取的应是在可选择的几个适当措施之中对个人或组织合法权益造成侵害最小的措施。比如说，在特里案中，警察一开始只是对其进行拍身搜查，直到感觉有武器时才命令三人进入商店，脱掉特里的外套，从中抽出一把左轮手枪，并拍身搜查奇尔顿和卡茨的外衣并从奇尔顿的上外套口袋中没收一把左轮手枪。警察因为在拍身搜查的过程中并未发觉疑似武器，所以从来没有对卡茨的外衣进行贴身细摸，并且在感觉到手枪前也未搜摸特里或奇尔顿的上外套。此案中，警察遵循比例原则，并没有超过必要限度，采用的都是对嫌疑人权益侵害最小的措施。最后，警察在实施盘查行为时应遵循均衡的原则，其也被称为"狭义比例原则"。[①] 简单地说就是警察在实施盘查行为时，其采取的措施与目的之间是成比例关系的，可以理解为，盘查行为所侵害的个人或组织的合法权益越多，那么实施盘查行为目的的公共利益价值就应该越大。

研讨该问题时，需要再次提及马普案和米纳案，米纳案中，警察基于在一个有关开车射击的团伙的调查中搜集的情报信息，有理由相信西城疯子团伙中至少有一个人住在该处，并且怀疑这个人是武装危险分子，

---

① 罗豪才、湛中乐主编《行政法学》（第 3 版），北京大学出版社 2012 年 1 月，第 34 页。

因为他最近涉及一起开车射击案；并且鉴于怀疑搜查的房屋中至少住着一个或多个武装团伙分子，搜查存在高度风险，所以，在搜查前一个特警队被派来确保住所和场地的安全；因此，警察的后续搜查、限制人身自由的行为，更多的是为保障自己及周围人的生命安全。与不特定多数人的生命安全相比，对单个人人身自由的限制的确也在相应限度内。马普案却有不同，当警察确保自身安全后，仍然对其人身自由进行限制，并对房屋进行搜查，最终找到的淫秽物品被最高法院认定为"毒树之果"予以排除。

比例原则是法治国家中非常重要的一项原则，其目的就是防止公权力滥用，保护人权。许多人认为警察的盘查行为虽然意义重大，但有时还是会侵犯公民的合法权益，然而警察盘查权行使的初衷正是为更好地保护公民权利。因此，警察实施盘查行为时应依据相应规定，符合比例原则，从而更好地保护公民的合法权益。

四　公益性原则

如前所说，警察行使盘查权的本质是为保障公民的合法权益，维护社会秩序。也就是说，警察行使盘查权是以维护公共利益为目标的。因此，警察盘查行为的启动、实施都应以维护公共利益为出发点，以保障公民合法权利为目标，保障公民合法权益得以实现。公益性原则与保护公民权利与自由原则有相似的要求，与比例原则也有重叠部分。其实所谓的公益性原则就是如何保护公众的利益，理想状态下的警察盘查行为所达到的效果是：警察发现某人有违法犯罪嫌疑，依据相关法定程序对其实施盘查，如果经过盘查确认该嫌疑人有违法犯罪嫌疑，从而使其得到法律的制裁，不仅保障了公众的安全还起到法治教育作用；或是警察有合理理由怀疑某人有携带武器威胁警察安全的可能，对其进行拍身搜查，搜到武器保障公民以及警察自身的人身安全。以上两种情形均为理想状态下警察实施盘查行为所达到的效果，从结果上看既保障了警察和公民的人身安全，又维护了社会秩序使犯罪分子得到了应有的处罚，维护了社会公平。至少从理想状态来看，或者说从当时立法者制定盘查制度所希望达到的效果来看是具有公益性原则的。

然而，现实情况是复杂多变的，由于实施盘查行为的警察素质差异、具体情况的不同，并不是每次盘查都可以达到理想状态，但是为了保持盘查制度公益性的初衷，规定其他不同情况的处理方法，归根结底也是符合公益性原则的。还是举例来说明，如果警察依法实施盘查行为却发现没有违法犯罪行为，则予以立即放行。警察为维护社会秩序根据合理的理由实施盘查行为，到目前为止一直是符合公共利益目的的，但是当嫌疑被澄清时对被盘查者立即放行也是符合公共利益的。因为看似只是对一个人的盘查，似乎针对的只是这一个公民的合法权益，然而警察在实施盘查行为时由于当时的情形、自身执法能力等多种因素，类似警察拦截检查后发现并无违法犯罪行为的现象也符合常态，那么今天一个警察拦截一个公民，明天另一个警察拦截另一个公民，说到底每一个警察都有潜在的可能性去合法拦截一个公民，那么，针对的就不只是一个人而是整个公民群体。因此，对整个公民群体的保护自然也符合公益原则。

问题是，在警察实施盘查行为时如何能更好地实现公共利益目标呢？首先，警察启动盘查程序时，应以维护公共利益或公共秩序为目的，不能像万毅老师的《盘查程序研究》一书中提到的那段警察盘查时与当事人的对话一样，随意启动盘查程序。其次，应分清楚公益性和私人性，公共秩序是具有公益性质的，而个体事件只要不影响外部秩序便应算作私人事件。当然，警察在依公共利益要求行使盘查权时，也应尽可能小地限制相对人权益，做到适当、均衡。

第二节 警察盘查与人权保障的冲突与协调

在美国宪法的十条修正案中，每一条都体现着对人权的保护。例如，我们探讨最多的宪法第四修正案①是美国宪法中保护公民在巨大的公权力下，私权利不受侵害的重要内容。不仅如此，美国宪法中还有其他对人权的保护规定，比如公民基本权利的规定、政府权力的制约、权利受侵害的救济等等。英国是近代宪法的发源地，英国 1215 年的《自由大宪章》开英国人权主义的先河，之后的《权利法案》《王位继承法》都是限制王权、保障人权的体现。人权保障历来受到重视，而人权保障也是警察行使其职权的终极目标。在英美法系中，他们认为，在强大的公权力面前，个人的力量是相对弱小的，个人受到不公正对待的可能性较大，这时，法应该偏向弱小的公民以使其免受不公正待遇。

美国宪法第四修正案也是对《人权法案》的沿袭，从内容上也看出来该修正案正是为了保护公民免遭不法搜查和扣押。特里案则提到虽然盘查并不是真正意义上的搜查和扣押，其对公民权利的侵害性更小，但是也要受宪法第四修正案规制。这很明显是为了保障公民的基本权利，对盘查进行"合理性"的限制。于是宪法第四修正案正是涉及盘查问题的基础性规定，只要是研究相关盘查合理性问题，都要基于人权保障的规定。很显

---

① 美国宪法第四修正案：任何公民的人身、住宅、文件和财产不受无理搜查和查封，没有合理事实依据，不能签发搜查令和逮捕令，搜查令必须具体描述清楚要搜查的地点、需要搜查和查封的具体文件和物品，逮捕令必须具体描述清楚要逮捕的人。以上为笔者翻译。朱曾文先生译为："人民之人身、住房、文件与财物不受无理搜查和扣押之权利不得侵犯；除非有正当理由，经宣誓或代誓宣言确保，并特别开列应予搜查之地点与应予扣押之人或物，不得颁发搜查或扣押证。"（《美国宪法及其修正案》，商务印书馆 2014 年版，第 14 页）王希先生译为："人民的人身、住宅、文件和财产不受无理搜查和扣押的权利，不得侵犯。除依据可能成立的理由，以宣誓或代誓宣言保证，并详细说明搜查地点和扣押的人或物，不得发出搜查和扣押状。"（《原则与妥协：美国宪法的精神与实践》（增订版），北京大学出版社 2014 年第 3 版，附录第 811、812 页）

然，超出必要限度所采取的盘查措施是不当的，必须遵循比例原则，要求公权力与公民个人私有财产权、人身权的平衡。

一 从自由与秩序的关系分析盘查权的实施

警察行使警察权不得侵犯公民的基本权利是法治国家与人权社会的重要标志，但是在现实生活中警察实施盘查措施损害个人权利的情形确实屡见不鲜。在衡量两者之后，在实现秩序价值的同时，在一定限度范围内实现公民自由，是法治国家警察当场盘查权的法理基础，从根本意义上来说更是公共秩序的维护与人权的保障之间的平衡。

因此，可以说很容易发现，警察盘查涉及了双方利益的平衡，也就是自由与秩序的冲突。自由与秩序在法理学中时常同时出现，二者对立统一，既有冲突也可以非常和谐。自由是每个个体都应享有的权利，但同时自由也是相对的，世界上没有绝对的自由，每个人在行使自己自由的权利时都要同时兼顾他人的自由权利。物权法中的相邻关系就是一个很好的证明，虽然具有房屋的所有权或使用权，但仍然要在占有、使用、收益、处分财产时受到一定的约束。而且作为一部公平的良法，无论是谁，在追求自由的同时都会受到一定的约束。若没有这些对自由的约束，必然会导致个体相互冲突、社会秩序混乱，也难以实现长期的真正的自由。自由的实现依赖于秩序的建立，秩序中的自由才是真正可实现的自由。而且秩序也约束着自由，从而使其不得滥用，如果秩序没有原则地对个人的自由进行干涉，整个社会都将处于受限的不自由状态，这种秩序也会因为违背社会发展规律与客观需要而难以持久。曾经，也有学者用火车与铁轨的关系来比喻自由和秩序，一方面两者相互依存，互为前提；另一方面，秩序是对自由的一种必要的约束。

警察行使盘查权，是维持社会秩序的重要手段，虽然公民享有不受无理搜查和扣押的宪法权利，但其也不能成为政府维持公共秩序的阻碍。对不同情况应有不同的分析，如果为了公共安全而在一定程度上损害了公民自由，但有正当充分的合理理由，并且对公民的自由的侵犯程度很小，那么也可以算作警察合理地实施了盘查。与之相反，如果盘查没有充分的证据以及合理怀疑的理由，或者说盘查对当事人的权益造成了明显过当损害，那么其明显不符合法治精神，该盘查也是明显不合法、不合理的。

因此，笔者认为，警察盘查的界限其实就是自由与秩序的平衡，盘查权的启动与实施若有不当，则很有可能造成对公民自由的侵犯，自由与秩序的冲突最根本的体现就是在警察盘查权限上。那么怎样统筹自由与秩序才是规范警察盘查制度至关重要的问题，如何权衡自由与秩序才是能否合理合法地实施盘查行为的根本。警察采取盘查措施的实质是对少数人的人权进行限制，来保护国家和多数人的权利和利益。警察机关代表国家行使权力，无论是维护公共安全、社会治安秩序，还是预防、惩治违法犯罪活动，其根本就是为了保护公民的人身自由以及合法财产。

所以，从根本意义上来说，警察实施盘查行为与人权保障也算是殊途同归的，其实警察依法行使警察职权最根本的就是尊重和保障人权。警察盘查尽管会在一定程度上对公民个人的权利造成限制或侵犯，但是在更大意义上却利于达到公共秩序的维护，满足公民对公共秩序的诉求目的，并最终有利于社会最多数人的人权保障。公民为了获取更大范围内的自由与权利，应当在一定限度内忍受警察对个人权利的干预与限制，接受并支持警察为维护社会秩序而为的合法盘查。

二　非法证据排除规则中的人权保障

具体来说，警察盘查权这一重要的警察权力，若行使不当，当事人可主张通过盘查行为所获得的证据为非法证据予以排除。之前所提到的马普案就是实施这一规则的典型案件。本案由于警察闯入马普的私人住宅以及搜查均是不合法的，因此，取得的证据应予以排除。最高法院认为："75年前，*Boyd v. United States 116 U. S. 616, 630（1886）*中第四修正案和第五修正案被视为在案件事实中'几乎彼此渗透'（'almost into each other'）。本院认为这两个修正案的原则教义：'适用于政府和公务人员对公民住所和隐私的所有侵扰构成冒犯的不是破坏公民住所的门，不是搜查其抽屉，而是对公民不可抗辩的安全、自由和私有财产权利的侵犯……破门而入，打开盒子和抽屉是加重情形；但是任何强制逼迫获取的证言或私人材料并将其用作定罪或没收财产的证据的行为是为（宪法修正案）……所谴责的。'"① 而宪法第四修正案也明确提到"公民的人身、住宅、文件和财产不受无理搜查和扣押"，该案中，虽然警察得到了证据，然而证据的合法性确有异议，针对该问题，美国联邦最高法院表示："如果信件和私人材料可以被这样扣留并用作不利于被指控犯罪的公民的证据，第四修正案声称的对不受此类搜查和扣留的权利的保护就变得无效，目前所列的内容也很可能不为宪法所容。法院和公务人员将犯罪者正法的努力固然很值得表扬，但不能以牺牲经过多年来辛苦努力反映在基本法中的重要原则为代

---

① 本案例 *Mapp v. Ohio, 367 U. S. 643（1961）*，原文来自 http://caselaw. lp. findlaw. com/。
原文：Seventy-five years ago, in Boyd v. United States, 116 U. S. 616, 630（1886），considering the Fourth and Fifth Amendments as running "almost into each other" on the facts before it, this Court held that the doctrines of those Amendments" apply to all invasions on the part of the government and its employes of the sanctity of a man's home and the privacies of life. It is not the breaking of his doors, and the rummaging of his drawers, [367 U. S. 643, 647] that constitutes the essence of the offence; but it is the invasion of his indefeasible right of personal security, personal liberty and private property … . Breaking into a house and opening boxes and drawers are circumstances of aggravation; but any forcible and compulsory extortion of a man's own testimony or of his private papers to be used as evidence to convict him of crime or to forfeit his goods, is within the condemnation … [of those Amendments] ．"

价。"① 可见，最高法院一方面肯定法院和公务人员将犯罪者正法的努力，另一方面也批评其不适当、不合法的方式方法。最后，最高法院在该案中明确表明使用扣留的证据涉及"对被告人宪法权利的否定"，并因此援引1914 年的 Weeks 案，该案是最高法院"首次"认为"在联邦公诉中，第四修正案禁止采纳非法搜查和扣留中获得的证据，本院自此要求联邦法执法人员严格遵守该规定，本院认为这一规定，即使从司法角度看，也是简洁明确、合乎宪法要求的威慑性保护，若不坚持此规定，第四修正案早沦为'一纸空文'"。② 霍姆斯法官也强调说，"依据违法扣留和刑讯逼供进行的指控得不到法院判决的支持……"，而且这样的证据"应当完全不被采纳"。

本案中，对非法证据的排除主要是指对警察违反宪法第四修正案而公然闯入马普私宅所搜查的证据予以排除，从理论上讲，如果通过非法搜查取得的证据可以作为定罪的依据，那么必然会导致警察权力的滥用，警察会为搜集证据不择手段，甚至刑讯逼供也会屡见不鲜，久而久之，警察执法会全凭自己的感觉，即感觉谁像是罪犯，谁就是罪犯，这会严重扰乱社

---

① 本案例 *Mapp v. Ohio*, *367 U. S. 643*（1961），原文来自 http://caselaw. lp. findlaw. com/。
原文：If letters and private documents can thus be seized and held and used in evidence against a citizen accused of an offense, the protection of the Fourth Amendment declaring his right to be secure against such searches and seizures is of no value, and, so far as those thus placed are concerned, might as well be stricken from the Constitution. The efforts of the courts and their officials to bring the guilty to punishment, praiseworthy as they are, are not to be aided by the sacrifice of those great principles established by years of endeavor and suffering which have resulted in their embodiment in the fundamental law of the land.

② 本案例 *Mapp v. Ohio*, *367 U. S. 643*（1961），原文来自 http://caselaw. lp. findlaw. com/。
原文：Thus, in the year 1914, in the Weeks case, this Court "for the first time" held that "in a federal prosecution the Fourth Amendment barred the use of evidence secured through an illegal search and seizure." Wolf v. Colorado, supra, at 28. This Court has ever since required of federal law officers a strict adherence to that command which this Court has held to be a clear, specific, and constitutionally required-even if judicially implied-deterrent safeguard without insistence upon which the Fourth Amendment would have been reduced to "a form of words"。

会秩序，影响公共安全。而非法证据的排除正是对警察权力的一种限制，追捕罪犯固然重要，但也要使用正当合法的手段。从某种意义上讲，非法证据的排除也是对警察没有合法适当履行职责的一种惩罚，即如果在收集证据的过程中采取了不合法的方式，那么所收集的证据就是无效的，付出的努力也是徒劳的，无法达到令犯罪分子绳之以法的效果。而且，从法律规定上看，美国宪法的第四修正案也对公民权利做出明确规定，既然普通公民违反法律要受到惩罚，那么国家机关更应以身作则。最高法院在判决书的最后提到：它与正当程序条款所保护的其他基本权利在方式和效果上都具适用性，我们不能再任这一权利因以执法之名的警察一时兴起选择终止享有这一权利的行为而消灭。我们基于理性和真理的判决，给予了公民宪法所赋予的保障，而给了警察亦不少于正式执法所应有的权力，给予了法院审判中必需的司法完整性。①

三　合理怀疑中的人权保护

特里案明确了"合理怀疑"的盘查启动标准，对规范和保障警察行政行为提供了实践范例；"合理怀疑"标准是整个警察盘查行为启动程序中的核心，并且"合理怀疑"标准中包含着丰富的人权理念。

首先，警察的盘查行为仅是暂时性地对公民人身权利的限制，其是警察在案件尚未发生时、突遇案件发生时、案件发生极短的时间内赶赴现场后，凭借执法经验对有合理理由怀疑的违法犯罪嫌疑人或其他人采取暂时

---

① 本案例 *Mapp v. Ohio*, 367 U. S. 643（1961），原文来自 http://caselaw. lp. findlaw. com/。
原文：It is enforceable in the same manner and to like effect as other basic rights secured by the Due Process Clause, we can no longer permit it to be revocable at the whim of any police officer who, in the name of law enforcement itself, chooses to suspend its enjoyment. Our decision, founded on reason and truth, gives to the individual no more than that which the Constitution guarantees him, to the police officer no less than that to which honest law enforcement is entitled, and, to the courts, that judicial integrity so necessary in the true administration of justice.

性人身自由限制。因此，警察的盘查措施具有紧急性、临时性、限权性甚至还会具有一定危险性。其实警察所采取的也只是一种临时性的应急措施，根本目的自然是要打击违法犯罪行为，维护公共秩序，保障公民合法权益。但是即使这样，警察也不能只靠自己的主观感知来确定某人是否违法从而实施盘查权，而应该有相应的根据，是可以使独立第三人都信服的合理理由，也许是基于自身专业判断、职业经验，也许是知情人的指认，不过一定是符合正当性的。另外，警察实施盘查权的时间、地点都有严格的界限，从而保障警察执法的正当性和公民的合法权益。警察为保障公共利益启动盘查程序，在实施盘查措施时，也应当保护被盘查的这些公民的人权，而且即使需要对他们进行下一步的继续盘查，也需要保障他们的人权。在法院没有对一个人作出有罪判决之前，所有公民在法律面前都不是罪犯，也都享有平等的权利，因此警察执法时所面对的是一个普通公民，是一个享有平等权的公民，而不是法律意义上的罪犯。

其次，如果警察有合理的理由推断该嫌疑人可能持有枪支或是武器威胁自身和周围人的人身安全，可实施"轻拍搜身"的方式对该嫌疑人进行盘查。美国州际犯罪委员会在1942年制定的《统一逮捕法》第3条规定，如果警察有合理的理由相信所盘问的嫌疑人随身携带武器，使警察处于危险境地时，警察可以对该嫌疑人进行搜查，如果警察在搜查中发现武器，可以将武器扣押至讯问结束，如果经讯问后并未对嫌疑人实施逮捕，应当将武器返还嫌疑人。这就是警察的盘查权和公民的人权之间的统一关系。之前所说的警察在启动实施盘查时应注重保障人权，因为他们都是在法律面前享有同样权利的公民。那警察呢？警察难道不是公民吗？很显然，警察当然也是公民，尽管警察在执法中代表的是国家公权力机关，但是，作为最基本的属性，公民才是每个人最基本的身份。那么警察在日常执法中，通常会遇到各种危险的境遇，法律又该如何来保护他们的权利呢？因此，警察盘查便规定了特里规则，即当警察感觉自己的人身安全遭受威胁时，就可以对嫌疑人实施轻拍搜身，以保障自身的人身安全，这也是人权保障的重要体现。在国家面前，在法律面前，所有的公民都享有平等的人权，因此，国家不仅保护普通公民的人权，也保护违法嫌疑人的人权，当然，作为国家公权力行使的代表，他们的人权更应得到保护。

最后，"合理怀疑"是有限度的。1942 年《统一逮捕法》第 3 条也提到，"如果警察在搜查中发现武器，可以将武器扣押至讯问结束，如果经讯问后并未对嫌疑人实施逮捕，应当将武器返还嫌疑人"。其所指的就是"合理怀疑"的限度。当警察具有上述所提到的安全意识而搜查可疑人员，发现武器后扣押盘问，如果盘问之后没有发现违法情况，当然应该返还扣押的物品，这和行政法上的扣押是一致的。不过，这里必须是以持有的武器不是非法的为条件。其实所谓的"轻拍搜身"规则，一方面是为保护警察以及无辜群众的生命安全，另一方面也是在一定程度上对警察权进行限制。特里案中，麦克法登警官特意强调，他拍身搜查奇尔顿和卡茨的外衣并从奇尔顿的上外套口袋中没收一把左轮手枪。麦克法登没有对卡茨的外衣进行贴身细摸（因为在拍身搜查的过程中并未发觉疑似武器）且在感觉到手枪前也未搜摸上诉人或奇尔顿的上外套。此案中，麦克法登警官对嫌疑人拍身搜查的目的就是收缴武器，当发现奇尔顿的口袋中有武器时，才令其脱下外衣取出武器，而在拍身搜查的过程中没有发觉卡茨有疑似武器，因此也未对其进行任何贴身细摸。

因此，"合理怀疑"标准不仅对警察的安全予以保护，而且在保护的过程中也为防止警察滥用保护权进行了一定限制，再一次保障普通公民的人权。

四　人权保护的特殊问题——歧视

其实，警察实施盘查措施对人权的侵犯都是体现在不合理的盘查上的，正当的盘查行为不仅能维护社会公共秩序，保障公民合法权益，即便是对个人合法权利有些影响，也属可忍耐的范围，也就是所谓的合理范围。不过也确实存在合法合理的盘查给相对人或第三人带来特别损失的情形，对此自会按照国家规定给予赔偿，这里不做专门探讨。

然而，不当的盘查行为一般有以下表现。第一，盘查执法随意性过大。这其实是从盘查的形式来看的，盘查虽说需要有"合理怀疑"的理由，但"合理怀疑"还是没有非常统一的标准，因此警察不得不具有较大的自由裁量权，因此，除客观情况有时难以界定外，警察实施盘查是否完全合法合理与其自身的素质有很大关系。而这种情况很有可能使无关的个人被牵涉其中，使一些人的人权受到一定的不利影响也是有极大可能的。第二，滥用盘查权。简单来说，若盘查超过合理范围与时间，也肯定是不符合正当程序原则与法治精神的，也的确对被盘查人的权益造成了侵害。第三，对盘查对象的歧视性。所有公民在法律上一律平等，他们都享有人格尊严与平等权利，但是警察在实施盘查措施时势必会出现因职业、身份、相貌或种族等引起的歧视，这种歧视性盘查必然带来对被盘查者的尊严和人格的侵犯。在美国，对盘查对象的歧视尤其是种族上的歧视是非常严重的，因此这是完善警察盘查权所亟待解决的问题。笔者将重点对此进行论述。

阿希尔·阿马教授曾提及，特里案"就种族问题提供了一种迄今为止最具开放性的第四修正案讨论"，无论该观点正确与否，警察在大街上有选择性地截停，都会引发高度敏感的依据种族相貌而进行执法的问题。特里案的判决及远离令状原则的后果，已经加剧了警察与少数族裔社区居民的种族冲突。① 根据美国《侨报》的报道，在美国各大城市，每年有超过

---

① 〔美〕约书亚·德雷斯勒、艾伦·C. 迈克尔斯：《美国刑事诉讼法精解》（第1卷·刑事侦查），吴宏耀译，北京大学出版社2009年版，第283页。

100 万行人在大街上被警察拦阻盘查。这个数字比 7 年前增长了数倍。其中，近九成被盘查者为少数族裔男子，被盘查的白人只有 11%。被警察怀疑犯罪而被盘查的行人中，非裔为五成，拉丁裔为三成，白人有一成，亚裔约为 6%。① 美国的种族歧视问题历史悠久，虽然 20 世纪大规模的民权运动使得理论上或者说公开层面上都不再有种族歧视了，但实际上长期以来的种族隔阂并没有消除，警察盘查权行使对少数族裔的明显偏向就是其表现之一。

根据以上数据，被盘查者中有色人种的数量远远大于白人，警察甚至会把是不是有色人种作为是否予以盘查的标准之一。布朗案中，警察甚至因为一个报警电话，举报一位黑人男子侵入了他的住宅并对他实施攻击，便将周围大学里所有黑人男学生按名单逐一进行询问和检查，不仅如此，警察还把这种拉网式搜查扩展到了所有黑人社区，对每个黑人男性进行截停、询问和检查，不得不说这绝对是不合理不合法的。仅仅因为种族、性别及笼统的年龄特征是不能真正地缩小嫌疑人的范围的，而且不合理不合法的非法搜查，严重损害了当事人的合法权益。但同样的状况不会发生在白人身上。尤其是"9·11"事件之后，传统的种族问题又与反恐或宗教问题相互纠葛，使得情况变得越发复杂。除了黑人与拉丁裔美国人之外，来自中东地区的阿拉伯相貌的人，已经成为盘查权行使的重要对象。② 以种族相貌为依据的歧视性盘查已经大大突破了"合理怀疑"的界限，同时也违反了宪法第十四修正案关于正当程序与平等保护的要求，是不正当的盘查。自从特里案后，法院终于被迫公开地直面"根据种族、阶层进行执法"的问题。虽然，该问题确实已经受到社会各界和最高法院的重视，但

---

① 李珍玉：《种族歧视？遭美国警方盘查的路人 9 成为少数族裔》，中国新闻网，http://www.chinanews.com/hr/hr-mzhrxw/news/2009/10－10/1902181.shtml，2018 年 2 月 5 日访问。

② 郑曦：《论警察的盘查权》，《行政法学研究》2012 年第 4 期，第 61 页。

是由于政治和社会方面的原因，种族问题也许在很长一段时间内仍然是美国警察盘查制度的困扰。

至于美国本土近几年在人权保障上存在的问题，可以得出私人人权的保护相对于国家权力的执行有相对弱化的趋势，换句话说，相比一直宣扬的人权至上，近几年更有一种国家公权力的实施处于相对优先地位的倾向。虽然这一趋势并不是彻底或颠覆式的，但的确渗透到了公共生活的许多层面。而警察权力的扩大也是主要的表现形式之一。警察权力介入了社会生活各层面，而且国家对权力行使范围与强度的宽容也明显增强。例如，很多相同类型的案件可能会出现不同的判决，结果却多半是偏向于公权力的胜利；并且盘查范围逐步扩大，相应的内容、对象都有扩大。那么始终标榜"人权至上"的美国，为什么会呈现公权力大于人权的趋势呢？这也许就不得不提一下国际形势和国内政治现状了。震惊世界的"9·11"事件正是美国公权力地位迅猛上升的强力催化剂。而传统的种族问题再加上新时代的反恐和宗教问题，使美国社会不稳定性加深，因此为缓解社会存在的危险，不得不加强公权力对社会秩序的维护，也因此对诸如盘查等公权力的实施越来越放宽限制。但是，作为人权保障先驱的美国，当然也不会抛弃对人权的基本保障。因此，虽然公权力有逐步扩大的趋势，但是也依然在可以容忍的限度之内。至于所被容许的对人权的侵犯更是为了维护社会秩序、保障社会安全和大多数人的利益不被侵犯。那么，从这一意义上来说，人权保障似乎又被赋予了新的时代含义。

在许多国家中，歧视问题都是一个难以回避的问题，对此，英国1984年《警察与刑事证据法》规定截停搜查权受下列的限制：合理怀疑一定要基于相关情报或者信息而产生，而不能仅因为相对人的肤色、年龄或衣着方式等个人因素而产生。不过，在美国，种族歧视问题显得非常严重。尽管美国南北战争以来种族歧视问题得到一定缓解，但是由于种族歧视问题由来已久，因此并没有那么容易消除，也因此发生了许多法律问题。警察盘查行为是种族歧视最为明显的方面，警察往往因为被盘查对象是黑人而多加注意，有的甚至侵犯其公民权益对其随意进行拍身搜查和逮捕。1973年达拉斯截停研究发现，年轻的、黑皮肤的和社会地位低的人最可能被逮捕，此外，尽管黑人与白人在受到警察暴力侵犯方面概率相同，但黑人更可能被警察杀害，黑人死于警察枪击的比例大概是白人的 9 倍，超过一半的警察枪击受害者是黑人，而黑人只占美国人口的 10%。[①]

不仅是美国的种族歧视问题，在我国因为衣帽、穿着等问题引发的区别对待问题也时有发生。余凌云教授在《警察盘查论》一书中提到这样一个调查，清华大学法律硕士孟璞曾做过一个很有趣的调查，她暗中观察警察在北京火车站对进站旅客的当场盘查情况。据发现，警察盘查的对象多为成年男性，一般不拦女性、老人和未成年人；一般不拦停戴眼镜的；避开警察走的人一定会被拦。[②] 也就是说在警察眼里，衣冠不整年轻的不戴眼镜的男性就有可能成为怀疑对象，若再出现避开警察走这一看似合理的理由，则其更可能会成为被盘查的对象。然而，此种盘查的启动程序更像是警察带了一副"有色眼镜"来实施盘查行为，这显然不利于社会秩序的维护和公民合法权利的保障。正如当年轰动一时的孙志刚案件，警察拦住他的原因竟是"他不修边幅"，而没有其他什么"合理怀疑"。

歧视问题的确是警察实施盘查行为时对人权保护的威胁，那么，一方

---

① 郑曦：《论警察的盘查权》，《行政法学研究》2012 年第 4 期，第 63 页。另外，此处笔者认为作者所提到的"达拉斯截停"应该是指发生在达拉斯地区的一次警察盘查行为，其仍采取了特里截停的方式。因此，笔者认为此处可以理解为根据 1973 年发生在达拉斯地区的特里式截停研究发现存在种族歧视的情况。

② 余凌云：《警察盘查论》，中国人民公安大学出版社 2011 年版，第 78 页。其中，余凌云教授在书中指出，警察盘查的对象多为成年男性，一般不拦女性、老人和未成年人，这或许是潜意识中对犯罪多发群体的基本特征的认识——年轻、男性；一般不拦停戴眼镜者或许是对素养高低的一种朴素的认识；避开警察走的人一定会被拦，是典型的"有违法犯罪嫌疑"或"形迹可疑"。

面应完善立法，建立严格的盘查体系，另一方面应做好监督制约机制，完善救济措施，保护人权。

五 对盘查造成损失之救济

警察实施盘查措施时，若给当事人的人身或者财产造成了损失，那么应通过正常的救济程序予以补救。这既是对警察执法时的过错的一种及时的弥补，也是人权保障的必然要求。当然，各国对盘查的救济也各有不同。盘查的救济内容也不相同，一般来说对盘查行为的救济主要是针对滥用盘查权、盘查违反法定程序等违法行为而设立的救济，但也有些国家（地区）对合法盘查致损的情形予以救济。

（一）美国对于盘查的救济

在美国，拍身搜查的特里规则是在司法实践中所形成的。所以，对违法盘查的重要救济方式之一就是由法院所启动的非法证据排除规则。非法证据排除规则是法院主导的，在刑事审判过程中，对通过非法搜查或扣押而获取的材料一律予以排除，不能作为证据使用。该规则正是为实现美国宪法第四修正案的禁止不合理搜查与扣押而设定的。根据这一规则，不合理盘查所获得的材料不能作为证据使用，因此其也是限制了不当盘查，保障了盘查制度的正当性。不过，在保护公民权利、控制不当盘查中，该规则也有很多不足之处。尤其应当先认识到，非法证据排除规则以实现法院审判公正与程序公正、司法纯洁性为目的，遏制警察非法行为只是其附带后果，而不应成为出发点。[1] 其实，该规则虽然对遏制违法盘查行为有一定积极作用，却不是该规则的主要作用，其不仅仅是为遏制违法行为，其最终意义在于实现法院审判公正与程序公正。

---

① 马明亮：《非法证据排除规则与警察自由裁量权》，《政法论坛》2010 年第 4 期，第 131 页。

　　但是该规则在违法盘查的救济上也是有很多缺陷的。第一，在对嫌疑人进行拦截和拍身搜查之后，如果发现被盘查者并没有任何违法现象，这时也就不会走诉讼程序，更不会有适用非法证据排除规则的可能了，所以对受害人来说其并没有真正得到救济。第二，警察实施盘查措施时，一般现场只有警察和被盘查人，因此被盘查人也很难能证明该盘查行为是违法的，就更不用提非法证据排除了。第三，非法证据排除作为一种事后救济，其不利的后果其实是由检方承担的而不是警察。第四，盘查所侵害的一般都是受害人的人身自由、财产安全或是隐私权等，仅靠非法证据排除并不能充分地保障相对人权益。

　　另外，美国对盘查的救济方式还有追究违法警员的刑事责任、民事侵权诉讼和行政救济等方式。根据美国法律，无论是谁，借法律法规的名义故意剥夺公民宪法权利的，应被处以一年以下的监禁，单处或并处罚金。据此，能对实施违法盘查的警察追究其责任。不过，因为要证明该违法盘查是故意为之，实践中举证有困难，通过这一司法程序追究警察的刑事责任也存在问题。当然，我们还能通过民事侵权诉讼寻求救济，而且受害者既可以起诉违法盘查的警察，也可以起诉其所任职的机关。当然英国法律也明确规定了，若警察在没有经过法律授权就采取搜查（包括盘查）措施，特别是采用暴力攻击时，就构成了侵权，而且其可作为要求民事损害赔偿的依据。此外，美国被非法盘查的公民还能向对警察行为有监督权的机关或组织要求对违法警察进行行政处罚。目前在美国并没有统一的警务监督模式，不过一般倾向于由警察系统进行内部监督。①

　　还有学者认为，美国宪法只规定了搜查、扣押，而没有明确盘查的相关问题，不过最高法院解释称依据宪法精神，盘查时的拦截与拍触可以视

---

① 孟璞：《警察的当场盘查》，《行政法论丛》2008 年第 11 期，第 235 页。

为宪法上的扣押与搜查，所以对警察违法盘查的救济，适用关于违法搜查扣押的救济程序。① 也就是说，若采取盘查措施的警察侵害被盘查对象，他很有可能要承担民事赔偿责任，违法情节较为严重的，还会被追究刑事责任。有学者还尤其指出，在美国侵权法中有一个特殊的领域，是关于公共权力机构对个人权利侵犯的问题的，而且建立了不同于普通侵权行为的救济制度，该领域一般被叫作"公共侵权法"。② 另外，当事人甚至可以依据联邦宪法，主要是第四、第五及第十四修正案，提起宪法侵权诉讼。

（二）大陆法系国家与地区对于盘查的救济

在大陆法系国家，除了非法证据排除适用外，被盘查人的权利救济可以通过行政复议或行政诉讼的方式进行，尤其强调被盘查人有权向法院提起行政诉讼。比如说在日本，被盘查者有权依法提起行政诉讼而且违法采取盘查措施的警察要承担民事责任、行政责任甚至是刑事责任。德国也有相似的规定。从盘查性质上看，德国对即时强制的救济规定基本适用于对盘查的救济，也即"无预先的行政行为而适用强制方法的，对强制方法允许采取针对行政处分一般可采取的法律救济"③，其实就是把警察的盘查视为行政行为中的行政处分，若关系人对此不服，可以提起诉愿及撤销之诉等；如果被扣押的物品在起诉前已经归还，即使该措施已经没有实际意义，当事人依然能够依照《行政法院法》提起事后确定之诉，所以说，行政诉讼是其主要手段。

我国台湾地区"警察职权行使法"专设"救济"一章，对公民救济权提供了法律保障。其第29条规定，"义务人或利害关系人对警察依本法行使职权之方法、应遵守之程序或其他侵害利益之情事，得于警察行使职权

---

① 万毅：《论盘查》，《法学研究》2006年第2期，第126页。
② 万毅：《论盘查》，《法学研究》2006年第2期，第135页。
③ 余凌云：《警察盘查论》，中国人民公安大学出版社2011年版，第37页。

时，当场陈述理由，表示异议。前项异议，警察认为有理由者，应立即停止或更正执行行为；认为无理由者，得继续执行，经义务人或利害关系人请求时，应将异议之理由制作记录交付之。义务人或利害关系人因警察行使职权有违法或不当情事，致损害其权益者，得依法提起诉愿及行政诉讼"。这是对执行异议程序及行政诉讼的救济途径之规定。该法第30条规定："警察违法行使职权，有'国家赔偿法'所定'国家'负赔偿责任之情事者，人民得依法请求损害赔偿。"第31条规定："警察依法行使职权，因人民特别牺牲，致其生命、身体或财产遭受损失时，人民得请求补偿。但人民有可归责之事由时，法院得减免其金额。前项损失补偿，应以金钱为之，并以补偿实际所受之特别损失为限。对于警察机关所为损失补偿之决定不服者，得依法提起诉愿及行政诉讼。损失补偿，应于知有损失后，两年内向执行机关请求之。但自损失发生后，经过五年者，不得为之。"上述第30条和第31条是警察违法或依法行使职权给人民造成损害的赔偿与补偿的标准。所以，我国台湾地区制定了较为完善的救济制度，从执行异议程序、行政诉讼到赔偿与补偿等涉及事中及事后的各个方面都有所规定。该法确实对警察的盘查行为起到良好的规制作用，并且救济方式也非常具有针对性，是台湾地区目前对警察盘查行为进行救济的主要法律依据。

我国现行《人民警察法》虽然有关于我国警察盘查权的规定，但是没有明确地规定盘查的救济问题。俗话说"无救济即无权利"，这很明显已成为我国盘查立法的一大缺陷，应予以完善。不过，很多学者认为可以根据盘查的性质找到对应的法律依据进行救济。比如说，《行政复议法》第6条第2项之规定，对行政机关作出的限制人身自由或者查封、扣押、冻结财产等行政强制措施决定不服的，可以依法提起行政复议。我国《行政强制法》第8条规定，公民、法人或者其他组织对行政机关实施行政强制，享有陈述权、申辩权；有权依法申请行政复议或者提起行政诉讼；因行政机关违法实施行政强制受到损害的，有权依法要求赔偿。所以说，从盘查的性质上来看，将盘查行为认定为一种强制措施，这其实就给予了相对人可以通过提起行政复议或进行行政诉讼救济的权利。一般认为，《行政诉讼法》也能成为对盘查提起行政诉讼的法律依据，因为依据该法第 12 条第 2 项，"对限制人身自由或者对财产的查封、扣押、冻结等行政强制措施和行政强制执行不服的"属可诉范围，显然对警察盘查行为不服也可提起行政诉讼。另外，我国《国家赔偿法》第 3 条规定了行政赔偿的范围，"违法拘留或者违法采取限制公民人身自由的行政强制措施的"列在其中，符合条件的相对人可依此要求行政赔偿。对违法的盘查行为可以提起行政赔偿，对合法的盘查行为造成损失的可以提起行政补偿。

具体到警察行政法而言，我国《城市人民警察巡逻规定》第 8 条赋予了公民对于人民警察违法违纪的行为申诉、控告的权利。这是警察违法实施职权行为救济途径的雏形，公民通过申诉、控告来救济自己的权利，并且《人民警察法》以及《公安部关于公安机关执行〈人民警察法〉有关问题的解释》两部法律规范性文件中也有对警察违法实施盘查行为对公民造成损害后的救济措施。不过较多的是关于内部的处理措施，即内部处分等。如前所述，笔者认为警察盘查行为属于行政行为，因此，当公民权利受到侵害时自然可以通过申请行政复议和进行行政诉讼来保护自身权益。不仅如此，对当事人造成损害的还可以申请国家赔偿。如果盘查行为所造成的损害是由第三人所致，那么第三人应承担相应责任，若第三人无法承担或无法全部承担赔偿责任，那么公安机关应予以补足。不过也应该意识到，对警察盘查的救济需要设专章明确的规定，应进一步完善立法，使我国警察盘查救济制度更加规范化与专业化。

人权保护原则不仅体现为警察实施盘查行为应受到制约，符合一定限度；还应体现为当公民权利受到侵害时，公民是否可以依据相应的法律法规进行救济。非法证据排除规则就是权利受侵害的救济方式之一，即要求法官对通过非法方式收集来的证据进行排除；不仅如此，还应有其他的救济制度，盘查的启动、实施过程中和结束后的救济可以视为盘查行为过程中人权保护的三道防线，即从三个阶段保障人权，防止警察盘查权的滥用。救济程序是人权保护的重要组成部分，如果只有事前、事中的人权保护而没有事后的保护，则必然会导致漏洞百出，无法真正达到人权保护的效果。

总之，人权保护不仅涉及公民权利，也关乎公共权力的有效运行与制约，从深层次来说，人权保护还体现政府与人民、国家与社会的关系。公法以规范公共权力和保障公民权利为宗旨，以宪法为基础的公法都保护公民权利，保障人权是其重要目标。并且，人权保护原则也是整个公法领域的共有原则和基本准则，它所体现的精神贯穿整个公法体系。因此，在警察具体的盘查行为中，应把人权保护作为重要目标。

结　语

　　尊重和保障人权，是一个国家民主进步与法制健全的标志。我国宪法明确规定要"实行依法治国，建设社会主义法治国家"，在这一进程中，我们的价值选择应该倾向于对公民权利的尊重和保护，倾向于对行政权力行使的控制和防范。我国较为强盛的国家主义传统偏重于对权力的授予，不注重对权力的理性规制。《人民警察法》正是在这种理念的基础上制定出来的，它更多的是对警察权力的授予，而几乎没有对权力的规制和限定。正是立法理念上的错位和立法技术上的粗糙，导致这一权力不断异化。

　　警察权力的发展与规制一直是研究行政权力的重点之一，而警察的盘查行为作为警察执法过程中的常见行为，其适用的合法性与正当性对于评价警察职务的执行及相对人合法权利的维护有十分重要的意义。警察盘查行为是警察行使职权的一个方面，之所以有必要对盘查行为进行研究，一方面是因为盘查行为在实践中发挥着极其重要的作用。盘查作为公安机关行政执法的一种手段，为查处各类治安案件、刑事案件起到了重要作用，国内外警察盘查实践都有数据证明这一点。另一方面是因为它与群众切身利益密切相关，一旦滥用后果十分严重。警察的盘查行为会直接限制被盘查人的人身自由及其隐私，而且，尽管被盘查的对象往往只是个别人或少数人，但由于盘查的目的在于维护公共安全、预防控制犯罪，也即公共利益的维护，所以盘查涉及的是全社会的利益。必须协调公共利益与被盘查个体的权益，避免盘查权的随意行使，保证盘查在预防和查处违法犯罪行为中发挥积极作用，同时也充分保障盘查对象的合法权益与自由，依适当标准、采正当手段启动与执行盘查。因此，笔者认为，警察盘查行为值得重视与深入研究，并重点以美国判例为研究对象展开讨论。

美国在特里案之后，受特里规则的影响确立了一系列相关判例，这些判例都涉及对警察盘查行为的理解与规制，对于我们研究与完善盘查行为的启动与运行标准、防止警察权力的滥用都有积极的借鉴作用。正是看中了这种价值，我们才创新性地想到了结合美国联邦最高法院的判例来探讨警察的盘查行为。

本书先从理论出发，采用比较的方法。首先，明确警察盘查的概念、特征、性质、作用等基础性问题，重点是关于盘查性质的探讨。在我国，盘查从本质上是行政性质但也确实存在一些刑事属性，这一特征是之后探讨盘查实施程序和原则的基础。其次，就是关于警察盘查的程序问题，警察盘查的程序问题是整个盘查制度的核心问题，程序的规定一方面是依法行政的重要体现，另一方面也是维护社会秩序，保障公民权益的重要内容。本书主要从启动标准、范围、程度等几个方面来探讨，明确"合理怀疑"的启动规则，并提出关于时间界限的新思路，通过相应案例对盘查的范围和程度也有了进一步的认知。最后，就是关于警察盘查的基本原则，之所以要对基本原则进行探讨，是想回归盘查的最根本目标，以实现维护社会公共秩序，保障公民合法权益的立法初衷。在此重点探讨合法性原则、合理性原则、比例原则、公益性原则这四项基本原则，跳出制度之外从法理的角度分析警察的盘查行为。另外，我们也特别关注了盘查行为与人权保护的关系问题，以救济方式为重点探求公民权益如何得以保障，这在尤其重视保护人权的当下值得关注。而在新形势下，美国当前对公权力的重视明显优先于对私人权益的保护，这与复杂的国际与国内政治环境有关，警察权力的扩大趋势在判例发展中也有明显体现。

本书理论与实例相结合，理论部分结合各国立法与实践，尤其在盘查程序部分以美国为重点，对盘查从宏观到微观上有了较清晰的理论认知。在理论概述之后，用了主要篇幅对美国盘查相关的判例作了梳理与归纳，从具体案件的整理与归纳中，发现特里案系列案件的判决在盘查的内容、范围及对象等方面的发展与变化。尽管当前已存在个别对特里案及其后续相关案例的研究，但将这一系列案件汇总到一起，并对各案判决进行整理与归纳，并以此作为对盘查行为研究的材料，无疑具有新颖性。笔者认为这一汇总与归纳的价值是值得肯定的，它将直观地反映出美国联邦最高法院对于涉及警察街头拦截与拍身搜查案件的判决意见的历史发展变化，从宏观与微观、横向与纵向等不同方面可以看出法官案情分析侧重点的不同与案件具体情况的差异从而导致的判决结果的不同。而这些判例之所以有不同判决结果，还因为在相当程度上受国家政治环境及当时情势的影响，总的来说体现出警察盘查权扩大之趋势。根据判例法的特征，这一系列案例的汇总与归纳不仅是对过去判例的分析与总结，其价值更体现在对日后相关案件处理方式的指导作用上。

而事实上，笔者的整理与归纳可能还不够成熟。一方面，笔者仅依据有关资料对过去的较典型案例作了整理，相关案例还在不断更新中，且在美国联邦最高法院的茫茫判例中，尚有许多没有被收录的案件，当然，至少笔者可以肯定，现有判例无疑已经发挥了对未来相关案件的预测与指导作用。另一方面，由于站在一个较新的视角分析问题，笔者目前的理论分析可能还不够深入，还需结合各种实践予以完善。

　　警察的盘查行为作为行政权力的一种，若被滥用，既会对相对人直接造成不利的影响，又会影响社会秩序的稳定，不利于形成合理稳定的权力运行机制。因此，对盘查行为的规范与制约值得重视。笔者在对各国盘查理论进行充分说明和论证的基础上，对特里案等一系列判例进行翻译、概括、归纳与研讨。笔者有充分的理由认可这种文献研究的方式，也希望通过笔者可能还不够成熟的整理、归纳与研讨，提供一份有价值的资料，以助于进一步深入研究盘查行为，促进其在实践中的完善。

参考文献

著作

1. 〔美〕约书亚·德雷斯勒、艾伦·C. 迈克尔斯：《美国刑事诉讼法精解》（第一卷·刑事侦查），吴宏耀译，北京大学出版社 2009 年版。

2. 〔美〕乔恩·R. 华尔兹：《刑事证据大全》，何家弘译，中国人民公安大学出版社 2004 年版。

3. 〔德〕哈特穆特·毛雷尔：《行政法学总论》，高家伟译，法律出版社 2000 年版。

4. 〔德〕克劳思·罗科信：《刑事诉讼法》，吴丽琪译，法律出版社 2003 年版。

5. 〔英〕麦高伟、杰弗里·威尔逊主编《英国刑事司法程序》，姚永吉等译，法律出版社 2003 年版。

6. 〔英〕威廉·韦德：《行政法》，徐炳等译，中国大百科全书出版社 1997 年版。

7. 〔日〕田口守一：《刑事诉讼法》，刘迪等译，法律出版社 2000 年版。

8. 〔日〕盐野宏：《日本行政法通论》，杨建顺译，北京大学出版社 2008 年版。

9. 余凌云：《警察盘查论》，中国人民公安大学出版社 2011 年版。

10. 余凌云：《警察行政权力的规范与救济》，中国人民公安大学出版社 2002 年版。

11. 萧伯符、张建良等：《法治之下警察行政权的合理构建》，中国人民公安大学出版社 2008 年版。

12. 中国政法大学刑事法律研究中心编译《英国刑事诉讼法》（选编），中国政法大学出版社 2001 年版。

13. 朱新力主编《外国行政强制法律制度》，法律出版社 2003 年版。

14. 惠生武：《警察法论纲》，中国政法大学出版社 2001 年版。

15. 林钰雄：《刑事诉讼法》（上册），中国人民大学出版社 2005 年版。

16. 方世荣主编《行政法与行政诉讼法》，中国政法大学出版社 1999 年版。

17. 杨解君主编《行政法学》，中国方正出版社 2002 年版。

18. 夏登峻主编《英汉法律词典》（第 4 版），法律出版社 2012 年版。

19. 薛波主编《元照英美法词典》，北京大学出版社 2013 年缩印版、北京大学出版社 2017 年精装重排版。

20. *Black's Law Dictionary*，1979 年第 5 版、1999 年第 7 版、2004 年第 8 版、2009 年第 9 版（West Publishing Co.）和 2014 年第 10 版（Thomson Reuters.）。

论文

21. 林俊益：《临检与搜索》，《月旦法学杂志》（中国台湾地区），2002。

22. 郝宏奎：《盘查战术浅探》，《公安学刊：浙江公安高等专科学校学报》，2001（3）。

23. 钱钟勇：《浅谈盘查押解战术在实战中的规范》，《北京人民警察学院学报》，2001（3）。

24. 蒋连舟、李新钰：《试论警察盘查权与人权保障》，《河北法学》，2006（4）。

25. 余凌云：《警察盘查之理由研究——以美英法及我国实践为例》，中国法学会行政法学研究会2010年会论文集，2010。

26. 余凌云：《行政裁量的治理——以警察盘查为线索的展开》，《北大法律评论》，2009（2）。

27. 余凌云：《盘查程序与相对人的协助义务》，《北方法学》，2011（5）。

28. 吴俐、邢其伟：《盘查制度若干问题初探》，《东南司法评论》，2009。

29. 侯友宜：《积极性的临检盘查是最佳的预防犯罪措施》，《警光杂志》（中国台湾），546。

30. 高文英：《我国警察盘查权运行及其理论研究现状》，《中国人民公安大学学报》（社会科学版），2006（4）。

31. 高峰：《比较法视野下的盘查措施》，《现代法学》，2006（3）。

32. 高一飞、林国强：《论盘查的法治化》，《河南科技大学学报》（社会科学版），2007（1）。

33. 安文霞：《对我国警察盘查法制化问题的理性检讨》，《河南公安高等专科学校学报》，2008（4）。

34. 万毅：《论盘查》，《法学研究》，2006（2）。

35. 叶必丰、何琳：《行政即时强制界说》，《求是学刊》，2000（1）。

36. 孟昭阳：《论公安行政行为与刑事侦查行为的界定》，《中国人民公安大学学报》，2002（3）。

37. 李震山：《论行政管束与人身自由之保障》，《警政学报》（中国台湾地区），1995（26）。

38. 吴景钦：《警察职权行使法中关于临检之正当性探讨》，《军法专刊》（中国台湾地区），2004（6）。

39. 应松年：《论行政强制执行》，《中国法学》，1998（3）。

40. 胡建淼：《试论德国行政上的即时强制制度及理论》，《浙江社会科学》，2001（1）。

41. 朱新力：《论行政上的即时强制》，《浙江学刊》，2001（5）。

42. 高洁如：《美国警察当场盘查的标准》，《世纪桥》，2008（5）。

43. 胡建刚：《美国盘查制度研究》，《中国人民公安大学学报》（社会科学版），2012（3）。

44. 王峰：《中外警察当场盘查制度比较研究》，《江西公安专科学校学报》，2007（3）。

45. 艾明：《论警察盘查措施》，《贵州警官职业学院学报》，2006（2）。

46. 郝银钟、席作立：《宪政视角下的比例原则》，《法商研究》，2004（6）。

47. 郑曦：《论警察的盘查权》，《行政法学研究》，2012（4）。

48. 马明亮：《非法证据排除规则与警察自由裁量权》，《政法论坛》，2010（4）。

49. 孟璞：《警察的当场盘查》，《行政法论丛》，2008（11）。

50. 吴逸夫：《警察临检权之研究》，（中国台湾地区）台湾海洋大学2006年硕士学位论文。

51. Kimberly A. Lincoln，"Stop and Frisk：Search and Seizure on Less Than Probable Cause"，Vol. 32，*Howard Law Journal*，1989.

52. Rachel Karen Laser，"Unreasonable Suspicion：Relying on Refusals to Support Terry Stops"，Vol. 62，*The University of Chicago Law Review*，1995.

53. E. Martin Estrada，"Criminalizing Silence：Hiibel and the Continuing Expansion of the Terry Doctrine"，Vol. 49，*Saint Louis University Law Journal*，2005.

54. David Keenan, Tina M. Thomas, "An Offense-Severity Model For Stop-And-risks", Vol. 123, *Yale Law Journal*, 1989.

55. Arthur H. Garrison, "NYPD Stop and Frisk, Perceptions of Criminals, Race and the Meaning of Terry v. Ohio: A Content Analysis of Floyd, et al. v. City of New York", Vol. 15, *Rutgers Race & the Law Review*, 2014.

56. 案例原文来自 http://caselaw. lp. findlaw. com/和 https://supreme. justia. com/，同时参阅 Westlaw 和 Lexis 数据库进行了校对。

后　记

　　我幼时爱书，大学时与法学结缘，毕业至今已做了近二十年的"教书匠"，也算圆了幼时的梦想。回顾自己的学术生涯，在诸位前辈及同仁的帮助下，有幸出版过几部专业书籍。而今，人生进入不惑之年，早已习惯背负责任与义务的箧笈前行，在行进路上每当遇到险阻，备感无助孤独时，举目四望，彷徨中拿起书本，让自己沉淀下去，消除烦恼郁闷，心灵终归平和与愉悦。

　　"明法者强，慢法者弱。"《特里盘查：美国警察拍身搜查规则研究》一书是我司法部课题的结项之作。拙作由五部分组成，包括引言、正文七章节、结语、参考文献和后记。拙作主要内容涉及两个方面。一方面是对特里盘查的叙述和阐明，在对特里盘查进行理论概述之后，用了主要篇幅对美国特里盘查相关的判例作了梳理、翻译与研究，从具体案件的整理归纳中，发现特里案后继系列案件的判决在盘查的内容、范围及对象等方面的发展与变化；并对盘查的程序和人权保障问题进行了深入研究和探讨。另一方面是本书草稿中的附录，因篇幅所限，附录部分没有在正式文稿中出现，该部分汇集本课题具体汇总、翻译、归纳与研究的 8 个典型案例的译文与原文，笔者将这一系列案件汇总到一起，并对各案判决进行了全文翻译，这将为系统把握特里盘查案系列案件提供极具实用价值的资料，便于进行深入的文献研究，以填补当前的缺漏。

《特里盘查：美国警察拍身搜查规则研究》的出版得到了社会科学文献出版社刘骁军编审的大力举荐，在此一并表示感谢，书中观点仅为一家之言，如有不当之处，恭请各位师友雅正。

图书在版编目（CIP）数据

特里盘查：美国警察拍身搜查规则研究 / 杨曙光著
. -- 北京：社会科学文献出版社，2019.9
ISBN 978 - 7 - 5201 - 5100 - 9

Ⅰ.①特… Ⅱ.①杨… Ⅲ.①警察 - 行政执法 - 研究
- 美国 Ⅳ.①D971.221.4

中国版本图书馆 CIP 数据核字（2019）第 129233 号

特里盘查：美国警察拍身搜查规则研究

著　　者 / 杨曙光

出 版 人 / 谢寿光
组稿编辑 / 刘晓军
责任编辑 / 关晶焱
文稿编辑 / 张　娇

出　　版 / 社会科学文献出版社·集刊分社 （010）59367161
　　　　　 地址：北京市北三环中路甲 29 号院华龙大厦　邮编：100029
　　　　　 网址：www.ssap.com.cn
发　　行 / 市场营销中心 （010）59367081　59367083
印　　装 / 三河市尚艺印装有限公司

规　　格 / 开　本：787mm × 1092mm　1/16
　　　　　 印　张：18　字　数：231 千字
版　　次 / 2019 年 9 月第 1 版　2019 年 9 月第 1 次印刷
书　　号 / ISBN 978 - 7 - 5201 - 5100 - 9
定　　价 / 88.00 元